工程建设理论与实践丛书

隧道施工技术与工程管理

SUIDAO SHIGONG JISHU YU GONGCHENG GUANLI

蒋大良 王 平 郑华智 主编

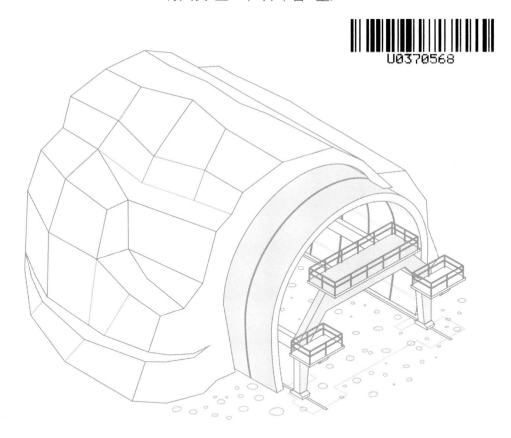

华中科技大学出版社
http://press.hust.edu.cn
中国·武汉

图书在版编目(CIP)数据

隧道施工技术与工程管理/蒋大良,王平,郑华智主编.—武汉:华中科技大学出版社,2023.5

ISBN 978-7-5680-9249-4

Ⅰ.①隧… Ⅱ.①蒋… ②王… ③郑… Ⅲ.①隧道施工-施工管理 Ⅳ.①U455.1

中国国家版本馆 CIP 数据核字(2023)第 067607 号

隧道施工技术与工程管理
Suidao Shigong Jishu yu Gongcheng Guanli

蒋大良　王　平　郑华智　主编

策划编辑:周永华
责任编辑:陈　忠
封面设计:杨小勤
责任监印:朱　玢
出版发行:华中科技大学出版社(中国·武汉)　　电话:(027)81321913
　　　　　武汉市东湖新技术开发区华工科技园　　邮编:430223
录　　排:华中科技大学惠友文印中心
印　　刷:武汉科源印刷设计有限公司
开　　本:710mm×1000mm　1/16
印　　张:20
字　　数:359 千字
版　　次:2023 年 5 月第 1 版第 1 次印刷
定　　价:98.00 元

本书若有印装质量问题,请向出版社营销中心调换
全国免费服务热线:400-6679-118　竭诚为您服务
版权所有　侵权必究

编 委 会

主　编　蒋大良　（中铁十八局集团有限公司）
　　　　　王　平　（中铁十九局集团第五工程有限公司）
　　　　　郑华智　（深圳惠盐高速公路有限公司）

副主编　李小斌　（青海省交通建设管理有限公司）
　　　　　夏　天　（中铁广州工程局集团有限公司）
　　　　　尹庭杰　（川藏铁路有限公司）
　　　　　刘春生　（中交四公局第二工程有限公司）

编　委　骆子瑾　（中铁十六局集团第四工程有限公司）
　　　　　蒋新强　（中铁十八局集团有限公司）
　　　　　张　雷　（中铁一局集团第五工程有限公司）
　　　　　王　松　（中铁四局集团第五工程有限公司）
　　　　　鞠海峰　（中国能源建设集团南方建设投资有限公司）
　　　　　尹　波　（四川金沙人力资源开发管理有限公司）
　　　　　范明浩　（浙江八咏公路工程集团有限公司）
　　　　　刘巨龙　（中土集团南方建设发展有限公司）
　　　　　李照众　（中铁二十四局集团有限公司）

前 言

随着基础设施建设的逐步加快,隧道建设规模不断扩大,隧道建设技术水平的提高越来越受到人们的重视。众所周知,隧道工程是一种地下细长结构,这决定了长隧道的施工周期将相对较长。要想按时完工或缩短工期,就必须提高施工速度,而施工技术是影响施工速度的决定性因素,因此,隧道工程施工技术对整个工程的进度至关重要,它不仅影响施工单位的经济效益,甚至决定整个项目的成败。隧道工程具有隐蔽、施工复杂、受自然灾害影响、地质条件复杂、参数离散、施工技术难度大、风险高等特点。近年来,随着我国隧道工程的发展,人们的安全生产意识逐渐增强,对隧道工程施工管理的要求也越来越高。在施工管理过程中,要注意各种不可避免的不良地质和施工风险的干扰,经过详细分析,形成系统有效的管理方法,注重施工安全,保证工程质量,提高施工水平。此外,隧道施工技术管理在项目管理中发挥着重要作用,主要体现在安全、质量、进度、成本等方面。良好的施工技术管理可以促进隧道工程的建设,反之亦然。

随着基础设施建设的逐步加强,中国已成为世界上隧道工程数量最多、发展最快的国家。运营隧道结构作为运输的咽喉,其安全状况直接影响到客货运输的效益和安全。然而,由于水损害、冻害、不良地质和衬砌材料的侵蚀,运营隧道衬砌混凝土出现开裂、变形、松动、剥落、脱落等现象,降低了衬砌结构的承载力,缩短了使用寿命,甚至导致衬砌结构失稳和破坏。如何对运营隧道进行健康诊断、疾病及灾害防治是非常重要的。基于此,本书结合实际工程案例,分析了当前较为主流的隧道工程施工技术,并从多个角度分析了实际隧道工程施工管理措施。

本书编写人员及分工如下:蒋大良负责编写第9章、第10章等内容,王平负责编写第1章、第4章、第5章第1节、第6章第6～12节、第11章及前言等内容,郑华智负责编写第6章第1～5节、第12章等内容,李小斌负责编写第2章、第5章第6～7节等内容,夏天负责编写第5章第2～5节、第7章等内容,尹庭杰负责编写第8章等内容,刘春生负责编写第3章等内容。另外,在编写过程中,骆子瑾、蒋新强、张雷、王松、鞠海峰、尹波、范明浩、刘巨龙、李照众等对本书编写及审核工作提供了大力支持。

目　　录

第1章　绪论 … (1)
　1.1　隧道与隧道工程 … (1)
　1.2　隧道的种类与作用 … (9)
　1.3　国外隧道工程的发展 … (9)
　1.4　国内隧道工程的发展 … (10)

第2章　隧道位置选择与构造设计 … (12)
　2.1　隧道勘察 … (12)
　2.2　隧道洞口位置选择 … (23)
　2.3　隧道平纵断面设计 … (25)
　2.4　隧道构造设计 … (26)

第3章　隧道结构体系的设计计算 … (29)
　3.1　隧道结构体系的设计 … (29)
　3.2　隧道结构计算 … (33)

第4章　隧道施工 … (38)
　4.1　隧道开挖 … (38)
　4.2　超前帷幕注浆施工 … (42)
　4.3　径向注浆施工 … (51)
　4.4　局部注浆与疏水施工 … (55)
　4.5　施工缝、沉降缝防水施工 … (57)
　4.6　纵、环向排水盲管施工 … (60)
　4.7　隧道通风施工 … (61)

第5章　特殊隧道施工 … (65)
　5.1　超前地质预报 … (65)
　5.2　隧道施工通风 … (67)
　5.3　衬砌背后回填注浆施工 … (71)
　5.4　仰拱、仰拱填充施工 … (76)
　5.5　双线隧道CRD施工 … (80)

5.6　超前小导管、锚杆施工 …………………………………………… (85)
5.7　洞口超前大管棚施工 ……………………………………………… (88)

第6章　新奥法 ……………………………………………………………… (94)
6.1　新奥法简介 ………………………………………………………… (94)
6.2　新奥法基本特点和施工的基本要点 ……………………………… (95)
6.3　新奥法适用条件及施工要求 ……………………………………… (98)
6.4　新奥法的主要原则 ………………………………………………… (99)
6.5　新奥法施工流程 …………………………………………………… (100)
6.6　横断面开挖技术要点 ……………………………………………… (101)
6.7　出渣技术要点 ……………………………………………………… (104)
6.8　初期支护技术要点 ………………………………………………… (106)
6.9　现场量测与监测技术要点 ………………………………………… (107)
6.10　防水隔离层施工技术要点 ……………………………………… (109)
6.11　混凝土施工要点 ………………………………………………… (110)
6.12　二次衬砌技术要点 ……………………………………………… (111)

第7章　隧道掘进机及其施工 …………………………………………… (117)
7.1　隧道掘进机 ………………………………………………………… (117)
7.2　TBM 施工 ………………………………………………………… (120)
7.3　复合式 TBM 隧道施工注意事项 ………………………………… (122)

第8章　隧道养护 ………………………………………………………… (125)
8.1　隧道运营阶段的养护工作 ………………………………………… (125)
8.2　隧道档案的建立 …………………………………………………… (128)
8.3　隧道水害及整治措施 ……………………………………………… (130)
8.4　衬砌裂损及整治措施 ……………………………………………… (132)
8.5　衬砌侵蚀及整治措施 ……………………………………………… (135)
8.6　隧道冻害及整治措施 ……………………………………………… (136)

第9章　隧道施工机械设备管理 ………………………………………… (141)
9.1　隧道施工机械设备管理现状 ……………………………………… (141)
9.2　隧道施工机械设备管理措施 ……………………………………… (142)
9.3　隧道机械设备的使用方法 ………………………………………… (143)
9.4　隧道机械设备保养 ………………………………………………… (145)

第10章　隧道施工技术案例——以建平隧道工程为例 ……………… (147)
10.1　工程概述 ………………………………………………………… (147)

10.2 主要技术标准……………………………………………………（147）
10.3 自然地理特征……………………………………………………（148）
10.4 施工总体方案……………………………………………………（150）
10.5 施工重难点分析及其对策措施…………………………………（160）
10.6 安全目标和安全保证体系及措施………………………………（238）

第 11 章 隧道施工管理——以蒙辽铁路专线工程 CFSG-3 标段为例 …（249）
11.1 工程概况…………………………………………………………（249）
11.2 工程内容和数量…………………………………………………（250）
11.3 征地拆迁数量、类别，特殊拆迁项目情况………………………（250）
11.4 工程特点…………………………………………………………（251）
11.5 控制工程及重难点工程…………………………………………（252）
11.6 施工进度计划……………………………………………………（253）
11.7 首件工程评估……………………………………………………（254）
11.8 资源配置方案……………………………………………………（255）
11.9 标准化管理实施要点……………………………………………（256）
11.10 试验检测机构及监测制度 ……………………………………（262）
11.11 建立完善的工期保证体系 ……………………………………（263）
11.12 施工环境保护内容及措施 ……………………………………（264）
11.13 职业健康安全管理制度 ………………………………………（267）

第 12 章 特大断面隧道施工技术及管理——以深圳市东部过境高速公路工程为例 ……………………………………………………………（270）
12.1 工程概况…………………………………………………………（270）
12.2 主要技术参数……………………………………………………（271）
12.3 隧址区自然地理概况……………………………………………（274）
12.4 工程特点、难点及对策……………………………………………（275）
12.5 施工总体布置及规划……………………………………………（278）
12.6 总体施工进度计划………………………………………………（283）
12.7 主要分项工程施工方案和技术措施……………………………（290）
12.8 现场施工监控量测及计划………………………………………（299）
12.9 建立健全各项规章制度…………………………………………（303）

参考文献………………………………………………………………（307）
后记……………………………………………………………………（309）

第1章 绪 论

1.1 隧道与隧道工程

1.1.1 隧道的概述及发展历程

1. 隧道的概述

隧道指的是在地下、水下或者山体中铺设铁路、修建公路,为方便机动车、列车通过的工程项目。根据类型划分,隧道可以分为山岭隧道、水下隧道和城市隧道三种类型。其中,山岭隧道指的是为缩短运输距离、绕行大坡道而从山岭和丘陵下穿越的隧道;水下隧道指的是为穿越海峡而在海底建设的隧道;城市隧道指的是为满足城市实际发展需求而在城市地下穿越的隧道。在我国,数量最多和规模最大的隧道为山岭隧道。

2. 国外、国内隧道的发展历程

自18世纪20年代英国首次在蒸汽机车牵引的铁路上开始修建隧道(著名的泰勒山单线隧道和维多利亚双线隧道)以来,法国、美国、瑞士等国开始紧跟其后,陆陆续续修建了大量的铁路隧道。隧道建设在19世纪取得了辉煌的成绩,其中超过5 km的隧道有11座、超过10 km的隧道有3座,而最长的隧道为瑞士的圣哥达铁路隧道,长度为14.998 km。同时,在19世纪90年代末,建设完成并通车的还有秘鲁的加莱拉铁路隧道。该隧道修建于海拔约4782 m的山体中,是当时世界上海拔最高的铁路隧道。

穿越我国青藏铁路的风火山隧道是目前世界上海拔最高的单线铁路隧道,在修建这条隧道时,由于技术条件的限制,施工人员都是采用人工凿孔与黑火药爆破相结合的施工方法。直到1986年,在建设处于阿尔卑斯山脉中的仙尼斯峰铁路隧道时,人们才首次使用风动凿岩机代替人工凿孔。随后1987年美国在修建胡萨克铁路隧道时,用硝化甘油炸药代替黑火药,隧道施工才取得了长足的进步。

20世纪初期,欧美地区的一些国家逐渐修建铁路网,建成的超过 5 km 的隧道有 20 座。其中,超过 19.8 km 的隧道为辛普朗铁路隧道,它是通往意大利和瑞士的重要隧道;新喀斯喀特铁路隧道是通往美国和加拿大的重要隧道,长约 8.1 km。以上隧道建设全部采用中央导坑法施工技术,年平均施工进度为 4.1 km 和 4.5 km,是当时施工进度最快的隧道。有统计数据显示:在 19 世纪中期,隧道建设最多的国家为英国、美国、日本和意大利。以日本为例,截至 20 世纪 70 年代末,日本共建成铁路隧道 3800 余座,总长度约为 1850 km,其中超过 5 km 的隧道就有 60 余座,是世界上铁路隧道最多的国家,比如 1974 年日本建成的新关门双线隧道,长约 18675 m,是当时世界上长度最长的海底铁路隧道,其次还有 1981 年建成的大清水双线隧道(长约 22228 m)、青函海底隧道(长约 53850 m)。

20 世纪 60 年代以来,隧道机械化施工技术和水平得到了进一步的提升,全断面液压凿岩台车以及很多的大型机械设备被应用到隧道施工中,特别是喷锚技术的出现和新奥法施工技术的应用更是为隧道的建设开辟了新的路径。同时,随着掘进机的使用,彻底改变了传统隧道开挖的钻爆施工方式,加之盾构构造的不断优化和完善,使其迅速成了松软、含水地层隧道建设的有力工具。

我国是一个多山的国家,在 1887—1889 年修建的台北省道基隆窄轨铁路上的狮球岭隧道,是我国当时第一座铁路隧道,长 261 m,随后又在京汉铁路(北京正阳门(前门)西车站到武汉汉口玉带门)、中东铁路(满洲里至绥芬河)、正太铁路(石家庄至太原)、京张铁路(北京至河北张家口)修建了屈指可数的隧道。其中,京张铁路关沟段建设的 4 座铁路隧道,是我国施工人员运用自己的技术修建完成的第一批铁路隧道,其中最长的隧道为八达岭铁路隧道,总长度 1091 m,在 1908 年建设完成。

在 20 世纪 50 年代,我国建设完成的标准铁路隧道有 238 座,总长 89 km。自 50 年代以后,隧道的建设数量和规模不断壮大,特别是在 1950—1984 年短短的 34 年时间里,我国共建成标准的铁路隧道共 4247 座,总长约 2014.5 km,是当时世界上铁路隧道建设数量最多的国家之一,同时还建设完成的有窄轨距铁路隧道共 191 座,总长 23 km。1984 年以后,我国建成超过 5 km 的铁路隧道有 10 座,包括京原铁路(北京至太原)的驿马岭铁路隧道,长为 7032 m;京广铁路(北京至广州)衡韶段大瑶山双线隧道,长为 14.3 km;青藏铁路关角隧道,长为

4010 m。

我国大部分的铁路隧道分布在四川、陕西、云南和贵州4个省份,其中成昆、襄渝2条铁路干线隧道总长为342 km和282 km,占全国铁路隧道总长的31.6%和34.3%。

自20世纪80年代以来,国外一些发达国家就开始修建超大断面隧道并积累了丰富的经验。其中欧洲的瑞士、意大利、德国,亚洲的日本、韩国等在大断面隧道建设技术研究方面一直位于领先地位。

20世纪末期,我国开始修建特大断面隧道工程,并取得不错的成绩。但在现阶段,对于浅埋特大断面隧道的建设仍然处于摸索阶段,主要根据工程类比相关经验指导其设计施工。

众多学者对特大断面隧道的施工方法进行了优化并讨论了优化可能性。叶勇以变形和围岩塑性区为指标研究了特大断面隧道进口段围岩受力特点,并指出在保证围岩稳定性的前提下三台阶法是最适合进口段的开挖工法。王春河等利用数值模拟讨论了上下台阶法和交叉中隔壁法(CRD法)在特大断面隧道施工中对软弱围岩的控制机制。胡云鹏研究了大跨隧道和小净距隧道稳定性机制并提出大跨度小净距分岔隧道双向施工技术。Sun的研究结果表明:在地表沉降较大时,双侧壁导坑法优于CRD法;在围岩收敛较大的情况下,CRD法为更优的施工方法。Jin等研究指出双侧壁导坑法可以更好地控制地表变形,并给出了相应地表变形规律。赵东平等应用有限元程序对比分析了中隔壁法(CD法)和CRD法在V级围岩下深埋大跨度隧道的施工适用性,并给出二衬滞后最大距离不应该大于掌子面2倍洞径。张金柱对比分析了弧形导洞法、CD法、CRD法及双侧壁导坑法在特大断面隧道中的适用性。蒋坤的研究结果表明:双侧壁导坑法可以更好地控制隧道拱顶下沉、水平变形和围岩的稳定性。赵秋林等讨论了西康线分岔渐变特大断面隧道最佳施工方案:围岩较好地段采用上下台阶法或全断面法施工更为快速,而在围岩较差地段采用先墙后拱法或侧壁导坑法施工更为安全。拱盖法是近几年发展起来的一种工法,适用于上软下硬地层,该法要求先行分部开挖拱顶并施作衬砌,在拱顶的支护下继续开挖支护下部岩土体,主要应用于浅埋隧道。拱盖法开挖工序简单,爆破扰动小,在保证工程稳定性前提下避免了双侧壁导坑法、CD法、CRD法等引起的工程投入大、周期长的问题。围绕拱盖法开挖引起的围岩力学和变形特征,国内众多学者纷纷展开研究。研究指出,与双侧壁导坑法相比,单层初期支护拱盖法开挖引起的拱顶沉降量较小,水平位移较大。拱盖法具有很明显的空间效应,施工过程中,掌子面前方岩体变形大体经历3个阶段,即前期缓慢变形、中期急速变形及后期稳定变形阶段。某隧道工程现场监测数据表明左、右导洞开挖会相互影响,开挖间距不应小于2.5倍洞径。黄斐等指出现有研究多是针对特定地层,通过定义无单位参数拱脚岩跨比可以提高研究结论的适用性。熊田芳等的研究指出以往研究的多是单层初支的情况,不符合实际情况,第一道初支主要起支护作用,第二道初支作安全储备。

1.1.2 隧道工程

1. 隧道勘测

为掌握隧道的具体位置、确定施工技术和支护形式以及了解衬砌类型,需要对隧道所在区域内的地质地形条件、水文特点、自然气候以及地下水文分布情况进行勘测,这一过程称为隧道勘测。在隧道勘测过程中,首先需要了解的是围岩的类别。围岩指的是在隧道开挖过程中对隧道稳定性带来影响的周边岩体,在1958年我国制定的《铁路工程技术规范》中将围岩分为6类,而关于围岩的分类在当时常用的方法有太沙基、普氏等围岩分类方法,20世纪70年代以后,国际上应用最广泛的围岩分类方法为国际岩石力学学会推荐使用的巴顿分级系统,同时还有日本的弹性波速围岩分类方法,围岩类型的确定可以为后续隧道设计和施工提供重要依据。

隧道设计内容主要包括隧道选线、横断面设计以及辅助坑道设计等。其中隧道选线需要根据隧道建设标准、地质地形条件确定隧道的建设位置和长度,并进行多种技术方案的比较,长隧道工程需要科学合理地设置辅助坑道和通风口,并综合考虑边坡和斜坡的稳定性、安全性,降低和减少塌方现象的产生。横断面设计需要沿着隧道中线的位置逐渐向坡度进行,但是由于隧道内湿度较大,轮轨之间的黏着系数就会随着湿度的上升而逐渐变小,列车空气阻力逐渐增大,因此对于较长的隧道,横断面设计应加以折减。纵坡形状多以单坡和人字坡为主,单坡有利于高程的争取,人字坡可以为隧道施工降水和出渣提供便利条件。为保证隧道建设过程中的排水流畅,最小纵坡坡度应设置为2%~3%。

隧道横断面又称为衬砌内轮廓,我国隧道建设行业将隧道横断面分为蒸汽内燃机车牵引区段和电力机车牵引区段两种,以上两种又可以细化为单线断面和双线断面。在通常情况下,衬砌内轮廓是由单心圆或三心圆形成的拱部、直边墙或者曲线墙,在地质比较松软的隧道建设中需要另外加设仰拱,单线隧道轨面内轮廓面积为 27～32 m²,双线隧道轨面内轮廓面积为 58～67 m²,在曲线段由于外轨超高、车辆倾斜等原因,可以适当加大断面。电气化铁路隧道由于需要悬挂接触网,应提升内轮廓高度,中国、美国和俄罗斯三个国家隧道建设轮廓尺寸如下:单线隧道高度要求为 6.6～7.0 m,宽度为 4.9～5.6 m;双线隧道高度要求为 7.2～8.0 m,宽度为 8.8～10.6 m。当在双线铁路修建 2 座单线隧道时,单线与单线之间的距离控制需要综合考虑地层压力分布带来的影响,石质隧道宽度为 20～25 m,土质隧道可以根据实际情况适当加宽。

辅助坑道主要包括斜井、竖井、平行导坑以及横洞 4 种类型。

(1)斜井。斜井指的是在中线范围内的山体中的某一有利地点开凿的斜向正洞的坑道,斜井倾角为 18°～27°,通过使用卷扬机提升,斜井断面以长方形为主,面积为 8～14 m²。

(2)竖井。竖井指的是在山顶中线范围内垂直开挖的坑道,位置平面一般位于铁路中线的上方或者一侧,距离中线大约 20 m,竖井断面多为圆形,内径为 4.5～6.0 m。

(3)平行导坑。平行导坑指的是距离中线 17～25 m 修建的平行小坑道,通过斜向通道以隧道连接在一起,将其作为扩建第二线导洞备用。自 1957 年我国修建的川黔铁路凉风垭铁路隧道使用平行导坑以来,随之在 50 座超过 3 km 的隧道中就有 80% 的隧道修建了平行导坑。

(4)横洞。横洞指的是在隧道靠近河流的一侧有利地点开挖的小断面坑道。

自 20 世纪 50 年代以来,我国在 1 km 以上长度的隧道测量中首次使用导线法之后,有效控制了隧道的贯通误差,特别是测距仪的诞生和发展,更是解决了大量距的难题。以山岭隧道为例,山岭隧道洞内和洞外全部采用主副闭合导线法,即在主导线上使用光电测距仪量距,在副导线上只测角不量距,由主导线和副导线共同组成的多边形,只平差其角度,不平差其长度。这样一来,主导线和副导线法就比三角网法更加简单实用,也比单一导线法更加安全可靠。比如,我国的大姚山双线隧道就采用了主导线和副导线闭合的导线法作为中线平面控制,在对该隧道进行中线测量以前,就要综合考虑到该隧道在后续打通和运行过程中的偏差数值,这就需要根据隧道的长度和平面形状,先在地形图上布置测点位置和预计的贯通点,并在平面图上量出准确的尺寸,再根据施工组织设计要求精确计算出测角和量距,在此基础上进行测量。4 km 以下的隧道中线贯通误差为 ±100 mm,4～8 km 隧道中线贯通误差为 ±150 mm。

短距离隧道应当使用普通的水平仪,长距离隧道应当使用精密的水平仪,这样可以确保所测量的精度达到相关要求,高程贯通误差为±50 mm。

2. 隧道开挖

就目前的情况来看,我国隧道开挖主要有明挖法、暗挖法、钻爆法和上导坑法等多种类型。明挖法大部分用于浅埋隧道或者城市隧道的建设中;暗挖法则多用于山岭隧道的建设中。以下详细介绍钻爆法。钻爆法在石质岩层中的应用最广泛,使用掘进机直接开挖也得到了迅速的推广。钻爆法需要先在隧道的岩石面上钻一个炮孔,在炮孔中装填炸药实施爆破,然后采用全断面开挖或者分部开挖等方式使隧道成型。钻爆法开挖流程如下:钻孔→装药→爆破→施工通风→施工支护→喷射混凝土→装渣与运输。

(1)钻孔。

科学合理地设计炮孔方案,按照方案中设计的炮孔位置、方向和深度进行钻孔,单线隧道采用全断面开挖法,配备钻孔台车和中型凿岩机,钻孔深度可达2.5~4.0 m;双线隧道采用全断面开挖法,需要配备大型凿岩台车和重型凿岩机,钻孔深度可达5.0 m。炮孔直径为4~5 cm,炮孔分为掏槽孔、掘进孔和周边孔三种,掏槽孔用来开辟临空面,掘进孔可以确保施工进度,周边孔可以有效控制轮廓。

(2)装药。

分别在掏槽孔、掘进孔和周边孔内装填一定数量的炸药,炸药类型既可以是硝铵炸药,也可以是胶质炸药,装填的炸药应超过炮眼长度的60%~80%,周边孔装药可以适当地少一些,为严格控制装药的时间,可以先将硝铵炸药制作成为管状类的药卷,也可以使用专业的装药机械设备将细粒状药粉射入炮孔内。

(3)爆破。

20世纪50年代以前,隧道爆破主要使用明火起爆法,1867年美国胡萨克铁路隧道建设首次尝试使用电力起爆法。此后,电力起爆法得到了迅速的推广和应用,对于全断面的隧道掘进,为了减少爆破对周边围岩的振动和破坏,并保证爆破的效果,可以采用分阶段电雷管或毫秒雷管起爆,拱部使用光面爆破,边墙采用预裂爆破。近些年来出现的非电引爆的导爆索也逐渐得到了推广和应用。

(4)施工通风。

施工通风指的是稀释和排除在爆破过程中产生的有害气体,以及内燃机产生的氮氧化物和一氧化碳,同时排除烟尘,向隧道内供给新鲜的空气,保证隧道内施工人员可以呼吸新鲜的空气,进而改善施工环境。施工通风分为主要系统和局部系统。主要系统利用直径为 1~1.5 m 的管道或者巷道,并配备中型和大型的通风机。局部系统多以吸出式为主,即将隧道在开挖过程中产生的污浊空气吸出洞外,再使新鲜的空气从正洞流入隧道内,对于新鲜空气难以达到的工作面,可以采用局部通风机补充。

(5)施工支护。

隧道开挖必须要进行及时的支护,以减少围岩松动,防止塌方安全事故的发生。施工支护分为构件支护和喷锚支护两种。构件支护主要有金属、木料以及钢木混合构件等,现阶段钢木混合构件支护较多。喷锚支护是 20 世纪 50 年代逐渐形成和发展起来的一种隧道开挖支护方法,其特点是安全、稳定、及时,并且具有一定的柔性,还能与围岩紧紧地贴在一起,施工现场具有较大的活动空间,比如我国的一些黄土隧道中应用的喷锚支护就取得了巨大的成功。

(6)喷射混凝土。

喷射混凝土分为干喷和湿喷两种,现大部分采用干喷法,指的是在干拌的混凝土内掺入一定比例的速凝剂,使用压缩空气机将混凝土从管内喷射而出的方法。但需要在喷口处加水再喷射到岩石面上,一次可喷射的厚度为 3~5 cm。同时,在喷射的混凝土中掺入一定数量的钢纤维,并于岩面挂上钢丝网可以有效提升喷锚支护的强度。钢锚杆应当安装在岩层面上的钻孔内,长度和距离应当根据岩层面的性质而确定,通常情况下的长度为 2~5 m,且使用树胶和水泥浆沿杆体全长锚固。对于岩层面较好的地段仅喷射一层混凝土就可以得到足够的支护强度,而对于坚硬稳定的岩层面可一并进行支护。

(7)装渣与运输。

隧道开挖作业中,装渣机的类型多种多样,常见的有后翻式装渣机、装载式装渣机、扒斗式装渣机、蟹爪式装渣机和大铲斗内燃装载机等;运输机车有内燃牵引车、电瓶车;运输车辆有大斗车、槽式列车、梭式矿车及大型自卸汽车等。运输线分为有轨线和无轨线两种。从钻孔开始到出渣完毕称为一个开挖循环过程。根据我国隧道施工经验,单线全面开挖 24 h 可以分为 2 个循环,每一个循环可进入约 3.5 m 的深度,每日单口进度可超过 7 m,所以每月单口实际进度为 200 m 以上,比如我国的成昆线蜜蜂箐单线隧道在建设过程中,当月单口最高月进度就曾经达到了 200 m。开挖循环作业的特点是一个工序应当接着下一个工序逐项按时完成,如果前一道工序推迟,就会影响下一工序的顺利进行,因而延长整个隧道的建设周期。其中最主要的工序为钻孔和出渣,所耗用的时间占全部作业时间比例较大。

钻爆法开挖包括全断面开挖法和分部开挖法。

（1）全断面开挖法。

全断面开挖法需要使用带有凿岩机的台车先进行钻孔，再采用毫秒爆破和喷锚支护方式，并配备大型装渣运输机械设备和通风设备。全断面开挖法又称半断面法，指的是隧道弧形上半部分先施工，下半部分隔一段距离再进行施工。

（2）分部开挖法。

分部开挖法指需要先使用小断面超前开挖导坑，后再将导坑扩大至半断面或者全断面的开挖方法。此方法的主要特点是可以使用轻型的机械设备，缺点是作业面多，各个工序之间需要拉开一定的距离，干扰因素多，需要使用到较多的人力资源。

根据导坑在隧道断面的位置可以分为上导坑法、中央导坑法、下导坑法以及由上下导坑相互配合的其他方法。上导坑法主要适用于软弱的隧道岩层面，衬砌的顺序为先拱后墙，1872—1881年建设的圣哥达隧道曾采用了上导坑法，而我国的短距离隧道也常使用这一方法。中央导坑法指的是在导坑开挖后的四周打辐射炮眼爆破出全断面或者先扩大隧道的上半部分。20世纪初期，美国曾使用过中央导坑法，比如美国新喀斯喀特隧道建设。下导坑法又称为下导坑领先方法，主要包括上下导坑法、漏斗棚架法、蘑菇形法和侧壁导坑法。

①上下导坑法。

上下导坑法指的是利用领先的下导坑向上预打漏斗孔，为上导坑施工奠定基础，衬砌顺序为先拱后墙，对于围岩较好的情况，可以临时改为先墙后拱。

②漏斗棚架法。

漏斗棚架法一般被应用于坚硬的地层中，以下导坑掘进领先，自上而下分层开挖，再设棚架，衬砌顺序为边墙后砌拱。1961—1966年我国建设的成昆线关村坝铁路隧道就曾运用了漏斗棚架法，月单口成洞超过了152 m。

③蘑菇形法。

蘑菇形法与漏斗棚架法基本相似，也需要设置棚架，但衬砌顺序为先砌拱部后砌边墙，比如1973年我国建设的枝柳线彭莫山单线隧道就运用了此方法，月单口成洞超过了132 m。

④侧壁导坑法。

侧壁导坑法指的是两个下导坑领先，环形开挖，先挖掉中心的土体，衬砌顺序为先墙体后拱部，通常应用于围岩较差的双线隧道建设。

1.2 隧道的种类与作用

1.2.1 隧道的种类

(1)按照所在区域内的地质地形条件划分,隧道可以分为土质隧道和石质隧道。

(2)按照长度划分,隧道可以分为短隧道(铁路隧道规定:$L \leqslant 500$ m;公路隧道规定:$L \leqslant 500$ m)、中长隧道(铁路隧道规定:500 m$<L \leqslant$3000 m;公路隧道规定:500 m$<L<$1000 m)、长隧道(铁路隧道规定:3000 m$<L \leqslant$10000 m;公路隧道规定:1000 m$\leqslant L \leqslant$3000 m)和特长隧道(铁路隧道规定:$L>$10000 m;公路隧道规定:$L>$3000 m)。

(3)按照国际隧道协会(International Tunnelling association,ITA)对隧道的定义并根据隧道的横断面面积大小划分,隧道可以分为极小断面隧道(2~3 m^2)、小断面隧道(3~10 m^2)、中等断面隧道(10~50 m^2)、大断面隧道(50~100 m^2)和特大断面隧道(大于 100 m^2)。

(4)按照所在的位置划分,隧道可以分为山岭隧道、海底隧道和城市隧道。

(5)按照埋置深度划分,隧道可以分为浅埋隧道和深埋隧道。

(6)按照用途划分,隧道可以分为交通隧道、水工隧道、市政隧道和矿山隧道。

1.2.2 隧道的作用

隧道在改善公路运行状态、缩短运输距离、提升运输能力和减少安全事故发生等方面发挥着不容忽视的重要作用。与此同时,隧道还可以缩短行车距离,提高行车速度,提高行车的安全性,保护周边自然环境,提高地下空间利用效率。隧道结构主要包括主体建筑物和附属设备两部分。主体建筑物由洞身和洞门组成,附属设备包括避车洞、消防设施、应急通信和防水排水设施等。

1.3 国外隧道工程的发展

欧洲是世界上最早开始修建特长隧道的地区,比如1872—1882年建设的圣哥达特长隧道,其长度为 14.9 km,是当时世界上最著名的特长铁路隧道。1968年,瑞士和意大利合作,共同建设公路隧道,长度为 16.3 km;2016 年正式通车运行的长达 57 km 的圣哥达机械隧道,被誉为 21 世纪以来的世纪性工程;2000 年建成通车的洛达尔隧道,位于挪威西部地区的洛达尔市和艾于兰市中间,是世界上最长的公路隧道,全长 24.51 km。

受地质地形条件的影响,日本是最早开始建设海底隧道的国家,1988 年建设完成并正式通车的青函海底隧道,是世界上最长的海底隧道,全长 54 km。该隧道除了隧道主体,还建设了两条辅助坑道,一条是为了调查海底地形地质条件而使用的先导坑道,另一条是为了搬运机械设备和运出砂石的作业坑道。这两条辅助坑道高 4 m,宽 5 m,全部建设在海底中,在具体的施工过程中分别采用了超前导坑和平行导坑的施工方法。

1.4 国内隧道工程的发展

1.4.1 铁路隧道方面

我国的隧道建设及地下工程自 20 世纪 80 年代开始实施,进入 21 世纪以来,随着我国经济社会的不断发展,隧道施工技术特别是特长隧道施工技术取得了前所未有的进步,我国隧道建设及地下工程实现了快速的发展。比如 20 世纪 80 年代建设的大瑶山隧道,所在区域为京广铁路的衡广复线,全长 14.295 km,隧道埋深为 70~910 m,这是我国建设的第一条长度超过 10 km 的铁路隧道,并运用了先进的隧道设计和施工方法,采用截弯取直的方式,使得隧道在建设完成后,坪石至乐昌的既有铁路运输距离整整缩短了 15 km。2006 年建成的乌鞘岭特长铁路隧道,全长 20.05 km,该隧道的左线和右线全部采用钻爆法施工,且右线隧道一次建设完成,而左线隧道先以中导的方式贯通,并辅助右线施工至右线贯通后,再将中线扩建成左线隧道。同时,该隧道共设计 15 座辅助坑道,其中有 13 座斜井、1 座竖井、1 座横洞,在具体的施工过程中,一共有 4 个正洞,15 个辅助坑道,共计 19 个工作面。乌鞘岭隧道所处区域内海拔高,地质地形条件复杂,自然环境十分恶劣,但是该隧道的建设为我国其他高海拔地区特长隧道的建设提供了丰富的设计和施工经验。2014 年建设完成的兰渝铁路西秦岭隧道,全长 28.238 km,该隧道在建设时采用 TBM 和钻爆法相结合的施工方式,是截至目前我国使用掘进机修建的直径最大的干线铁路隧道。该隧道建设采用了现代化施工技术穿越复杂的地形、地质条件,是世界地下工程建设发展的必然趋势,也是我国铁路隧道建设历史上最具里程碑效应的工程项目。

1.4.2 公路隧道方面

2007年建设完成并通车的秦岭终南山公路隧道,是目前我国建设里程最长的公路隧道,单洞长约18.02 km,隧道采用多断面钻爆法施工方式,具体施工过程中成功解决了长距离独头通风、有轨无轨运输、机械设备、光面爆破、特长公路隧道施工通风等一系列难点问题,为我国后续的大断面公路特长隧道建设提供了很多宝贵的施工经验。2009年3月建设完成的麦积山隧道全长12.29 km,该隧道在建设过程中采用了独头掘进的开挖方式,即在隧道的东、西两个端口相向开挖,没有开挖其他的作业面,其6330 m的独头掘进长度创下了亚洲公路隧道单洞独头隧道掘进最长的纪录。2012年10月建设完成的西山隧道全长13.63 km,该隧道采用了钻爆法施工方式。其中,运营的通风竖井两座、斜井两座,在具体的施工过程中分别承担着正洞施工4.5 km的任务。2013年9月建设完成并通车的虹梯关隧道,全长13.12 km,是目前我国高速公路第三长隧道,具体施工过程中采用了水压爆破、巷道式施工通风和施工组织、设计优化等措施,切实提升了施工速度,创造了人工钻爆法施工独头掘进556 m的历史纪录。2017年9月建设完成的二郎山隧道,全长13.4 km,是目前我国高海拔地区长度最长的高速公路隧道,该隧道采用了钻爆法施工,创造了我国公路隧道独头掘进长度6757 m的历史纪录。2018年11月建设完成的仓山隧道,全长13.8 km,该隧道分别设置了1号和2号两个通风斜井及一个通风竖井,其中1号和2号通风斜井作为主洞施工的辅助设施。

第 2 章　隧道位置选择与构造设计

2.1　隧 道 勘 察

隧道勘察的根本目的是查明隧道所在区域内的地质地形条件、水文特点、隧道施工和使用对周围自然环境保护带来的影响，为隧道的规划、设计和施工提供所需要的勘察资料，并对其中存在的岩土工程问题、自然环境问题、下水排出问题进行科学合理的分析，制定针对性的施工组织设计方案，从而使整个隧道施工有序进行。

2.1.1　隧道勘察的几个阶段

隧道勘察分为可行性研究勘察、初步勘察和详细勘察三个阶段。

1. 可行性研究勘察阶段

可行性研究勘察按照工作深度，可以细化为预可行性研究和工程可行性研究。预可行性研究中的勘察重点是收集与分析已有文献资料，并在已有文献资料的基础上，通过进一步的勘察，对各个可能的实施方案进行实地调查，对不良地质地形条件进行反复勘探，准确查明地质情况。

2. 初步勘察阶段

初步勘察指的是在已经批准的可行性研究报告上初步选定施工组织设计方案，其目的是满足施工组织设计方案对资料的要求，根据工程项目所在区域内的地质地形条件，选择路线方案。在路线的基本走向范围内，对可能作为隧道施工的区间进行初步勘察，明确隧道施工是否可以通过，或者如何才能通过。

初步勘察流程如下：按照收集到的信息资料、工程地质条件选定隧道线位，为后续的地质调绘、勘探、试验、资料整理等工作的顺利开展奠定坚实的基础。

1）资料收集

初步勘察阶段的资料收集主要包括可行性研究报告、总平面布置地形图以及其他相关的工程性文件。

2）隧道线位

初步勘察的根本目的是选择一种科学合理、技术可行的隧道建设施工方案，如果区域内地质地形条件复杂，地质的稳定性较差或者存在不良的地质现象，需要加强工程地质的选线。应从工程项目地质观点来选择隧道的位置，充分了解和掌握隧道沿线内的地质地形条件，尽可能地制定出具有实际价值的施工组织设计方案，避免在工程项目建设过程中由于地质问题而产生方案变动。

3）初步勘察资料整理

初步勘察资料主要包括调查、测绘、勘探以及试验等方面的资料，需要严格按照相关规定填写，并进行详细的复查和检查，需要向监理单位提交的资料包括图片、文字等，要求字迹清晰，内容齐备，并符合国家现行的相关规定和施工设计编制办法的规定。

3. 详细勘察阶段

1）目的

详细勘察的根本目的是根据已经批准的初步设计文件中所确定的隧道施工原则、技术应用情况等资料，通过详细的地质勘察，为隧道线位的确定和施工组织方案的编制提供重要的理论依据和科学支撑。

2）任务

详细勘察的主要任务是在初步勘察的基础上，进行进一步的补充和校对，明确工程项目所在区域内的地质地形条件、不良地质特征，获得重要的工程地质数据信息，为隧道位置的确定提供准确、可靠的地质资料。

3）步骤

详细勘察的步骤如下：准备工作→沿线地质勘察→试验→资料整理。详细勘察是在初步勘察的基础上进一步查明隧道沿线的地形地质条件、不良地质区域和工程主要的地质问题，因此详细勘察更加深入和详细，最终提交的资料深度也应当能够满足施工组织设计的全部要求。

2.1.2 隧道勘察的几种主要方法

隧道勘察的主要方法有：收集与分析既有资料、测绘与勘探、试验与长期观测等。当下,随着科学技术的日新月异,越来越多的新技术和新方法在隧道勘察工作中得到了迅速的推广和应用。

1. 收集与分析既有资料

隧道勘察各阶段的准备工作是根据勘测任务提出的要求,委派专业的人员,收集和分析既有资料,了解工程项目实际情况,配备勘察仪器。其中,收集和研究隧道所处地区的既有资料不仅是隧道外业工作的重要组成部分,也是进行隧道勘察的一种主要方法。收集与分析既有资料主要包括以下几个方面的内容。

(1)地域地质资料:工程项目所在区域内地形地质条件,比如岩层构造、性质以及土质等。

(2)地形地貌资料:工程项目所在区域内的地貌类型和主要特征,不同地形地质评价等。

(3)水文地质资料:工程项目所在区域内地下水的类型、分布情况、埋藏深度以及变化规律等。

(4)地震资料:隧道沿线及附近区域内地震情况、地震烈度以及地质构造关系等。

(5)自然气象资料:工程项目所在区域内的气温、蒸发和降水、积雪与冻积、风速与风向等。

(6)其他相关的地质资料:工程项目所在区域内的植被、土壤等的情况。

(7)施工经验资料:工程项目所在区域内既有公路、铁路建设情况,工程地质问题的防治措施。

2. 测绘与勘探

测绘与勘探是隧道工程地质勘察的另一重要方法,通过测绘与勘探,可以明确区域内地质条件的实际情况,将查明的地质地形条件和所获得的测绘与勘探资料记录在册。这一过程又被称为调查测绘,即调绘。隧道工程项目地质测绘,主要在沿线两侧带状范围内完成,通常采用的是沿线调查的方法,对不良地质路段以及复杂地质条件路段还需要逐渐扩大调绘范围,以获取完整可靠的地质资料。

1) 地质调查

(1)直接观察。直接观察是隧道工程项目地质调查最主要和最基本的方法之一,它主要利用自然迹象和露头,进行由表及里的勘察与分析工作,以达到了解隧道建设可以通过的地质条件的目的。在具体的地质调查工作中,通常采用地貌学和植物地理学相结合的方法观察和分析区域内的自然现象。前者需要根据地貌的特征推断其形成的原因,评价工程地质条件,后者需要根据区域内植被群落的种类、属性、分布情况和生态特征,准确判断自然气候、水文特点等。

(2)访问当地群众。访问当地群众是隧道工程地质勘察常用的方法,为使地质勘察获得理想的结果,访问当地群众需要注意以下几个方面的问题。

①选择合适的访问对象。隧道工程地质勘察合适的访问对象指的是年纪较大的长辈,或者对地质问题有亲身经历的人。

②进行详细的询问。认真听取不同调查对象的意见,必要时可以带领其到现场边查看边询问。

③对访问对象提供的信息应进行仔细的核对分析。

2)隧道工程地质测绘

隧道工程地质测绘比例可以在以下范围内选择使用:工程项目的可研阶段 1∶50000～1∶5000;初步勘察阶段 1∶20000～1∶2000。以下通过两种情况加以说明。

(1)无航测资料时。

在没有航测资料的情况下,需要进行野外测绘,并注重测绘方法和测量精度,尽可能地以最少的工作量获得最理想的测绘结果。

①标测方法。根据不同比例要求,对测绘地点、地质构造情况以及地质界线等的标测有以下三种方法。

a. 目测法。目测法指的是根据地形地质条件,目估和步测距离。目测法主要适用于比例较小的隧道工程项目地质测绘。

b. 半仪器法。半仪器法指的是使用最简单的测绘仪器,比如罗盘、气压计来测定工程项目的方位和高程,再以徒步的方式测量距离。这一方法主要适用于比例中等的隧道工程地质测绘。

c. 仪器法。仪器法指的是使用专业的测量仪器测定工程项目的方位与高程的方法。这一方法适用于比例较大的隧道工程地质测绘。

测绘精度具体要求:对测绘底图上宽度不小于 2 mm 的地质需要准确标绘在测绘图上;具有重大工程意义的地质体,即使是小于图上 2 mm 的宽度也应当扩大比例范围并标绘在图纸上;相反地,对于工程意义不重大且地质地形条件相近的情况可以合并标绘。

②隧道工程地质测绘方法。

a.路线法:沿着已经确定好的路线穿过测绘场地,将观测的路线和沿线已经查明的地质地形条件绘制于地形图上。路线形式主要分为直线形和"S"形,这两种线形全部适用于不同比例尺的测绘。

b.布点法:根据隧道所在区域地形地质条件的复杂程度和比例尺,预先在地形图上设置一定数量的勘测点和勘测线路。布点法适用于大比例尺和中比例尺的测绘。

c.追索法:沿着地层走向或某一地质构造线进行的布点追索,以便查明隧道工程局部复杂的地质地形条件。追索法主要适用于中比例尺和小比例尺的地质测绘。

③隧道工程地质测绘的路线法。采用路线法测绘的两个关键点是观测路线的设置和观测点的确定。

a.观测路线的设置。除了应当根据隧道中线进行详细的调查和测绘,还应当在路线的两侧设置观测路线,进而在需要测绘的范围之内获得充足的资料,用来编制隧道工程地质图。

b.观测点的确定。观测点需要根据观测的根本任务和目的进行选择,比如为了研究工程项目所在区域内的地质地形条件、地貌界限以及不良的地质条件,经过综合考虑之后应分别设置不同的观察点。

(2)有航测资料时。

①立体镜判断。立体镜指的是对航空像片进行立体观察的仪器。根据其判断标准,结合工程项目所在区域内的地质地形条件,将已经确定的地层、地质构造、地貌以及水文特点等的情况绘制在一张单独的像片上,进而确定需要勘测的路线和地点。

②实地调查测绘。对需要调查测绘的内容,通过实地调查并进行核对、修改和补充,对于复杂的地质条件和不良的地质情况应重点记录。

③绘制工程地质图。根据地形地质条件、地貌特征和隧道施工的具体位置,将测绘于像片上的地质资料,利用转绘仪器绘制于等高线图上,并及时进行野外核对。

3)测绘调查内容

测绘调查内容主要包括以下几个方面。

(1)地形地质、地貌特征。包括地形地质、地貌特征的类型和形成原因以及发展过程;地形、地质条件与隧道岩性、地质构造的关系;地貌特点与工程地质条件的关系。

(2)地层的层次、厚度、形成时间、形成原因以及分布情况。

(3)地质构造。包括岩层断裂和褶曲的位置、构造走向,产状特点和地质力学,岩层特点和接触关系,软弱结构发育情况和路线的关系,对路基稳定性产生的影响。

(4)第四纪地质。包括第四纪地质的形成原因,土的类型以及其在水平和垂直方向上的变化规律,土的物理和化学性质,特殊土质的研究和评价。

(5)地表水和地下水。包括隧道所在区域内的河流、小溪的水位、流量、流速、冲刷、洪水情况以及埋深,地下水的分布情况、化学成分、补给、排泄、水位变化规律以及地下水存在对隧道施工带来的影响。

(6)特殊地质、不良地层。包括各类特殊地质、不良地层的分布范围、形成原因、发育程度,以及分布规律对隧道工程建设造成的影响。

(7)地震。根据沿线地震烈度收集到的区域资料,结合岩层、构造以及水文特点,通过访问得出大于等于7度的地震烈度界线。

(8)施工经验。对工程项目所在区域内的其他建筑物体的稳定性和安全性以及工程项目建设的施工技术进行调查和访问,为下一步的施工提供借鉴。

2.1.3 隧道勘察的主要手段

在隧道的勘察过程中,如果需要查明土的类型和分布情况,应采集地下岩土样本送往现场实验室,明确土的物理与化学性质。这一过程可通过挖探、简易钻探等物理勘探方法进行。以下介绍隧道勘察常用的几种手段。

1. 挖探

挖探分为坑探、槽探两种形式。

(1)坑探。坑探需要使用机械设备或根据人力对土体向下掘进,又被称为试坑,深度较深的称为探井。坑探的断面根据自身的开口形状可以分为圆形、椭圆形、正方形和长方形几种,断面主要有 1 m×1 m、1.5 m×1.5 m 等几种不同的尺寸,但需要根据土层的性质、用途和深度而定,坑深一般以 2~3 m 为宜。

(2)槽探。槽探指的是先挖掘成狭长的槽形,宽度为 0.6~1.0 m,长度根据实际情况确定,深度小于 2 m。槽探主要适用于土层覆盖不厚的地方,通过使用追索构造线的方式明确坡积层、残积层以及揭露层的顺序。槽探一般应垂直于岩层走向或构造线设置。

2. 简易钻探

简易钻探是隧道勘察过程中常用的一种方法,具有工具轻、体积小、操作简单、进尺速度快以及劳动强度低等优点,其缺点是无法采取原土样或者无法取样,特别是对于密实和坚硬的地层十分不容易钻井,常见的钻探方式主要有小螺纹钻勘探、钎探和洛阳铲勘探等。

(1)小螺纹钻勘探。小螺纹钻由螺纹钻头和钻杆组成,通过人工加压回转钻进。小螺纹钻勘探适用于黏性土和亚砂土层,容易获得扰动土样,钻探深度一般小于 6 m。

(2)钎探。钎探又被称为锥探,是将钎具向下冲入土体中,再凭借自身积累的经验查明疏松覆盖层土体的厚度和基岩的埋藏深度。钎探深度一般在 10 m 左右,通常用来查明湿陷性黄土、沼泽、软土的厚度以及基底的坡度等。

(3)洛阳铲勘探。洛阳铲勘探指的是借助洛阳铲的重力向下冲入土体中,钻成直径小和深度大的圆孔,可随时采集土样。钻探深度需要在 10 m 左右,对于黄土层需要在 30 m 左右。

3. 钻探

在隧道地质勘察工作中,钻探是一种最重要和最基础的勘探方法,通过钻探可以获得深度地层中最可靠的地质资料。为确保钻探的质量和效率,避免遗漏重要的地质界面,在具体的钻探过程中不要轻易地放过任何一处可疑的地方,并对获得的地质资料及时进行分析与判断。用地面观察获得的地质资料指导后续的钻探工作,最后核对钻探结果。

根据钻探过程中破碎岩层的方式,可以将钻探分为冲击钻探、回转钻探、冲击回旋钻探、振动钻探以及地球物理钻探等。

以上几种钻探方式需要根据岩层的物理特点,使用专业的钻探仪器,通过岩层的物理变化情况判断地下地质类型,称为物探。物探又可以细化为电法勘探、地震勘探、电磁法勘探、声波勘探、重力勘探、磁力勘探和放射性勘探等。其中,电法勘探指的是通过使用专业的仪器测量岩层的电性,判断地下地质情况。也就是说,当地层间具有一定的导电性,所测地层的长度、厚度和宽度以及埋深不太大,且地形比较平坦或者是游散电流与工业交流电等因素的干扰和影响不大时,通过电法勘探能够取得理想的效果。地震勘探指的是根据岩层、土质的差异,通过利用人工激发的弹性波传播来探明隧道所在区域地质情况的一种方法。

地震勘探直接利用岩层的性质(密度与弹性),较其他传统的钻探方法更加准确,且探测的深度很大,主要用于探测岩层的厚度、埋藏深度、断层破碎带所在的位置以及产状等,研究和分析岩层的弹性,明确岩层的弹性系数。电磁法勘探指的是利用高频电磁脉波的反射原理,探明地层的构造和地下埋藏的物体的勘测方法。它主要通过发射天线的方式向地下辐射宽带的脉冲波,在实际的传播过程中如果遇到不同介质的介电常数或者导电率存在差异,就会自动在分界面上产生反射,返回地表的电磁波就会被天线接收,再根据接收的回波判断目标的所在地,将其作为计算岩层距离和位置的基础。该方法可以用于空中、地面和井中的探测,但大多数情况下用于地面。

2.1.4 隧道建设周围自然环境现状调查

隧道建设周围自然环境现状调查要选择被认为由于隧道建设、使用而造成周围自然环境现状恶化的项目,主要内容包括以下几个方面。

1. 地物、地貌调查

地物、地貌调查主要包括:隧道所在区域内居民住宅、企业事业单位的分布情况;地物、地貌的结构用途、类型以及稳定性情况等;应保持的风景、名胜古迹的具体位置和保护级别;隧道区域内土地资源、水资源的利用情况以及交通状况等。

2. 地形地质调查

地形地质调查主要包括:地形地质的特征、可供工程项目建设选择的施工便道、临时性建筑和弃渣现场;地质构造和不稳定的地层类型以及区域内的水文特点,地下水情况,河流的流向,河湾冲高、冲淤的变化。

3. 大气质量调查

大气质量调查主要包括:气象资料的搜集,如工程项目所在区域内近3年来的风速、风频、大气的稳定度、污染现状;大气污染现状,如空气中悬浮的颗粒、二氧化硫、一氧化碳以及氮氧化物等;大气质量已达国家或地方现行标准的情况。

4. 水体质量调查

水体质量调查主要包括:水资源的类型、供水情况、供水方式、水资源的补给情况、排水方式;水质污染现状,如 pH 值,水温,混浊度,溶解氧,COD,BOD5,As、Hg、Cr、Cd、Pb、Cu、总磷等的含量;现有水体质量是否达到国家和地方标准。

5. 噪声振动调查

噪声振动调查主要包括:工程项目所在区域内噪声的来源,所使用机械设备、车辆以及爆破作业产生的噪声,噪声、振动限定标准。

6. 生态资源调查

生态资源调查主要包括:隧道建设所在区域内森林、草场、水域的位置;野生动物、国家保护动物以及水生生物的分布情况、种类和数量。

2.1.5 预测自然环境影响

1. 废气

机械设备和车辆在使用过程中排出的废气应通过专门的排风井或者隧道的洞口排出。废气中对施工人员身体健康危害较大的包括一氧化碳、氮氧化合物、碳氢化合物,而就目前的情况来看,主要是以前 2 项作为主要预测对象。预测范围指的是隧道在建设过程中对自然环境的影响范围,比如隧道洞口和排风井附近的 100~150 m。另外,根据地形地质条件、气象变化情况,当废气的影响范围逐渐扩大时,预测范围也应当随之扩大。

2. 水质

隧道建设过程中产生的施工废水,要从附近排水处理设备、河流状态、流量等判断其水质。

3. 噪声

隧道的进口和出口,噪声预测需要根据不同的地形条件、植被分布情况拟定针对性的预测公式。

4. 振动

关于振动,应当综合考虑隧道在施工过程中因爆破作业造成的地层振动及其带来的危害。在具体的爆破过程中,它与炸药的种类、使用数量、爆破点的距离、岩层性质、爆破方法以及炮眼的布置情况等多种因素息息相关。

5. 地表沉陷

在隧道洞口、浅埋地段和不良地质的地段，因开挖支护造成的地表沉陷影响周围建筑物的正常使用时，应当根据隧道的地质情况、断面、施工技术以及开挖支护情况对地表沉陷做出科学合理的预测。

6. 植物

为了准确掌握隧道建设对植被的改变量影响，对于区域内稀有的植被要综合考虑地下水变动的影响，以及其对隧道后期正常运行造成的影响，并与周围的自然环境相对比，再进行客观的预测。预测方法可以借助同类工程项目建设对植被影响的案例。

7. 动物

隧道建设给区域内动物带来的影响主要包括以下几个方面：隧道建设途经动物繁殖区域；列车、汽车通行排出的废气、噪声对动物造成危害。

2.1.6　对自然环境影响的评价

隧道建设过程中产生的噪声、振动、地表沉陷应当根据环境保护的相关规定进行客观的评价。

与自然环境息息相关的动物、植物、风景区和已经明确其价值者（法定纪念物，用来进行学术研究的动物、植物），应制定保护措施，据此进行客观评价；关于无法制定保护措施的情况，可根据类似工程项目的自然环境影响进行客观的评价。

2.1.7　环境保护措施

根据对自然环境的预测和评价的结果，应制定符合工程项目实际情况的自然环境保护措施。

1. 水资源保护措施

（1）在隧道施工过程中，为有效预防其在开挖过程中引起的地表水流失和地层下陷情况,可采取超前支护、预注浆或者加固洞身围岩等措施。

(2)当隧道建设需要穿过地表水连接的破碎带时,为有效预防突发性的泥石流进入隧道,可以根据探水孔净流出的水量、水压变化,运用洞内超前帷幕注浆技术,加固破碎带,封堵水路。

(3)隧道与地下径流相遇时,应立即采取拦、堵、截等保水措施。一旦形成水资源漏失,需要根据地质地形条件设置蓄水池,以减少水资源浪费。同时,可通过蓄水池将未经污染的水供给施工使用。

2. 污水防治措施

(1)设置截水管从衬砌背后引出,导入蓄水池,减少与隧道内施工污水的汇合。

(2)利用隧道所在区域内的自然沟壑,设置污水排出设施,对于地形条件复杂的地质地形条件,可以采用平流斜板进行一级处理。

(3)选择使用毒性小、污染少的注浆材料,减少浆液配置中的撒漏,对进入排水系统中的有害物质及时作净化处理,避免浆液流入地表水系和人畜饮用的水源。

3. 粉尘污染防治措施

隧道施工过程中的爆破作业,采取松动爆破、无声振动技术,炮眼钻孔应禁止干孔施钻;对于散装的水泥和石灰的运输,应当使用密封罐运输、存放;弃渣场和搅拌场设置隔尘、隔声等隔离措施。

4. 有害气体防治措施

隧道施工过程中的机械设备、车辆运行产生的有害气体由隧道通过通风排放口排出。由隧道通风排放口排出的废气在扩散和落地过程中其浓度应当符合排放标准。

5. 噪声控制措施

隧道施工过程中,选择使用噪声低的机械设备进场施工,噪声较大的机械设备应当远离居住地布设;设置隔声屏、绿化带可以减少和降低噪声传播。

6. 振动防治措施

隧道建设过程中,搅拌机、空压机、碎纸机应设置砂石垫层减少振动;爆破作业中,在选择炸药品种和用药量的方面应经过严格的试验。

7. 有毒、有害物质防护措施

如遇瓦斯溢出隧道,应立即采取防爆型机械设备,加强施工通风;对于隧道建设过程中含有放射性物质的水、弃渣,应当堆放于远离施工人员居住的地方或者立即封闭。

8. 自然环境保护措施

隧道施工过程中,由于原有土地形状、河道、植被等的改变,难免会破坏原有的自然环境,因此需要制定自然环境复原、修饰以及绿化等的措施。

2.2　隧道洞口位置选择

(1)隧道洞口位置应当选择在山坡比较稳定、地质条件良好的地方,禁止设置在偏压大、地质不良的地段,同时应当避开排水困难的沟谷和低洼处。

(2)悬崖陡壁下的隧道洞口,禁止切削原山坡;坡面、岩顶稳定,无落石或者不可能出现坍塌的情况下,可以贴壁进洞,避免在不稳定的悬崖陡壁下设置洞口;对于实在难以避免的情况,应接以明洞,其长度宜延伸至坍落可能影响的范围之外 3~5 m,或者采取针对性的措施,保证施工安全。

(3)对于不稳定的岩层,或者在隧道开挖过程中容易引起顺层滑动或者坍塌的地段,应当早日进洞。

(4)在滑坡地段选择隧道洞口位置时,应当根据洞外路堑的地质地形条件,尽量少占用农田,合理利用填方,设置排水设施,并经过综合分析和研究后予以确定。

(5)隧道洞口位置应避开附近居民居住点,如果无法避开,应当综合考虑隧道施工爆破作业对周围房屋和居民人身安全的影响。

(6)如果隧道位于黄土地区,应尽量避免设置在冲沟、陷穴附近,以避免洞口坡面出现冲蚀、泥石流和塌陷等病害。对于无地下水、密实、稳定的老黄土地区,除洞外应当满足填方的要求外,经研究决定可以适当地挖深。

(7)如果隧道洞口位于地震多发区域,洞口不应设置在受地震影响后容易出现崩塌、山体滑坡等现象的不良地质处。

(8)洞口边坡、仰坡必须要保证稳定性和安全性,其高度应当根据工程项目所在区域内的地形、地质条件综合确定。

(9)隧道洞口的中线应当与地形地质的等高线正交,如果难以满足上述条件,应当尽量以大角度斜交的方式进洞,并严格按照下列标准处理。

①如果围岩类别为Ⅳ类或者以上,可以斜交进洞,洞门端墙、中线交角不得小于45°。

②岩石比较坚硬且不容易风化时,可以随着天然地势进洞。

③对于比较松软的地层,不得斜交进洞。

④对于岩层破碎、整体性能较差或者斜交角度较小的地段,可以延长隧道,并设置明洞式洞口。

⑤根据隧道洞口的地形、地质条件和排水要求,需要修建明洞,洞口应当尽量设置在山坡、无病害的地段,不应当设置在容易发生山体滑坡和泥石流的地段。

(10)严寒地区的隧道洞口位置。严寒地区指的是多年冻土和积雪的地区,其洞口的选择,应当尽量避开容易产生热融滑坍、冰锥、冰丘、第四纪覆盖层或者地下水发育不良的地段,尽量做到"早进洞、晚出洞",避免对原有山坡的破坏。

隧道洞口开挖深度、高度建议值如表2.1所示。

表2.1 隧道洞口开挖深度、高度建议值

围岩分类		洞口中心开挖深度/m	边坡、仰坡开挖高度/m
Ⅵ	硬岩	14~16	20~25
Ⅴ	硬岩	14~16	20~25
	软岩	10~12	15~20
Ⅳ	软岩	14~16	20~25
	硬岩	10~12	15~20
Ⅲ	硬岩		
	软岩	6~8	10~15
	土		
Ⅱ	土		
Ⅰ	土	<6	<10

注:①边坡、仰坡开挖高度应当从路基边缘算起;
②如果隧道洞口位于第四纪坡积或者堆积等覆盖层,应当顺着等高线贴坡进洞,不应当缩短洞口,避免山坡失稳。

2.3 隧道平纵断面设计

2.3.1 直线隧道的优点

建设的隧道如果线路顺直,则列车可以快速通过,缩短运行距离,提升运行效率。因此,隧道内的线路应当设置成直线。

2.3.2 曲线隧道的缺点

曲线段的隧道,由于列车倾斜或者平移,隧道建设需要加宽,坑道尺寸需要加大,不仅增加了土石的开挖量,还增加了衬砌的圬工量,进而增加了建设隧道的总成本。

隧道的断面是不断变化的,因此在具体的施工过程中,支护和衬砌的尺寸应不一致,施工技术的应用也比较复杂,当列车在曲线隧道内运行时,空气阻力就会比直线隧道更大,造成机车牵引力增加,降低运行效率,甚至出现安全事故。

列车在曲线隧道内行驶,还会产生离心力,加之隧道内空气潮湿,钢轨磨损程度加剧,增加隧道内的养护工作量;如果隧道洞身弯曲,洞壁对气流的阻力就会增大,通风条件就会变差,有害气体无法排出。

2.3.3 隧道设置曲线应注意的问题

隧道建设尽可能采取距离较短、半径较大的曲线,并将曲线设置在洞口附近,如果隧道内需要设置圆曲线,其长度不应短于一节列车车厢的长度,如果一个列车需要同时跨越两个曲线,对于列车行驶的稳定性来说是一种巨大的考验;如果必须要设置两条曲线,两条曲线之间应当有足够长的夹直线,一般应为三节列车车厢的长度。

2.3.4 坡道形式

当隧道处于地层时,除了地质地形条件有变化,线路的坡形不会受到任何因素的影响和限制,无须采用复杂多变的形式。通常情况下,可以采取简单的单坡形式或者人字坡。

从行车的稳定性和隧道养护方便角度出发：隧道内坡段的长度不应当小于列车的长度，两个相邻坡段坡度的代数差值不应大于重车方向的限坡值。

2.3.5　平面线形

隧道平面线形原则上采取直线，在某些特殊情况下必须要设置曲线时，曲线半径不得小于不设超高的平面曲线半径，并符合视距要求。

2.3.6　纵断面线形

隧道纵坡保持在2%以下最好。从排水方面考虑，隧道内不应设置平坡，施工过程中应当设置不小于0.3%的纵坡。

2.3.7　引线

引线的平面、纵断面线形，应当满足基本的行车条件和视距要求，特别在隧道进口的一侧，应当保证足够的距离。引线距离应当能使汽车以匀速进入隧道内，隧道洞口前的引线纵坡应当与隧道纵坡在一定的距离内保持一致。隧道内路肩的宽度比普通道路路肩宽度要小，需要平滑过渡时，路肩应当在适当的距离内收缩，保证列车进出隧道畅通无阻。

2.4　隧道构造设计

2.4.1　衬砌

1. 衬砌的形式

衬砌的形式主要包括整体式模筑混凝土衬砌、装配式衬砌、喷锚支护、复合式衬砌。整体式模筑混凝土衬砌是指就地灌注混凝土衬砌。装配式衬砌是指将衬砌分为若干个构件，这些构件在工厂制作完成，在运输至隧道施工现场的坑道内使用机械设备将其平装成一环接着一环的衬砌。喷锚支护是目前隧道建设过程中一种常见的围岩支护手段，适用于不同类型的围岩。但是，如果将喷锚支护作为永久衬砌，需要综合考虑Ⅰ、Ⅱ级围岩的完整性和稳定性。复合式衬砌主要应用于含水量较大的施工地段。

2. 衬砌的适用条件

整体式模筑混凝土衬砌对隧道地质地形条件的整体适用性较强,抗渗性好,且适用于多种类型的隧道施工。比如,可以使用木模板、钢模板等。装配式衬砌平装成环后,使其立即受力,便于机械设备施工,减轻施工人员劳动强度,节省成本。

2.4.2 衬砌的一般构造要求

1. 混凝土与钢筋混凝土

隧道工程使用的混凝土强度等级不应低于C15;隧道洞门采用混凝土整体灌注方式,其混凝土强度等级不应低于C20。

2. 片石混凝土

对于地形地质条件较好地段的衬砌,可使用片石掺量不超过总体积20%的片石混凝土。当起拱线1 m以外部位有超挖时,超挖地段可以使用片石混凝土进行回填,所使用的石料应当坚硬,强度等级不低于C40,有裂缝或者容易风化的石料不得使用。

3. 石料和混凝土预制块

石料和混凝土预制块用强度等级不低于M10的水泥砂浆砌筑衬砌。石料的强度等级不应低于MU60,并且不应采用有裂隙和易风化的石料。混凝土预制块的强度等级不应低于MU20。

4. 喷射混凝土

喷射混凝土强度等级不应低于C20,所使用的水泥应为硅酸盐水泥。喷射钢纤维混凝土中的钢纤维应采用普通的碳素钢制作,等效直径为0.3~0.5 mm,长度宜为20~25 mm。

5. 锚杆

锚杆的杆体可使用20 MnSi钢筋,也可以使用Q235钢筋;缝管式锚杆可使用 16 MnSi 钢管,也可以使用 Q235 钢管;锚杆的直径应为 18～22 mm,垫板可使用 Q235 钢板。

6. 装配式材料

衬砌材料可使用装配式材料,比如大型的钢筋混凝土预制块、加劲肋铸铁预制块。

2.4.3　铁路隧道净空及要求

不论哪种类型的预制块都应当满足隧道净空及要求。

(1)机动车车辆限界:机动车车辆最外的轮廓界线尺寸。

(2)基本建筑限界:隧道所在区域内各种建筑物和机械设备全部不得入侵的轮廓线。

(3)隧道建筑限界:包围基本建筑限界外部的轮廓线。

(4)直线隧道净空:比隧道建筑限界稍大,并综合考虑不同围岩类型下衬砌结构的受力情况以及施工方便等诸多因素。

第 3 章　隧道结构体系的设计计算

3.1　隧道结构体系的设计

就目前的情况来看,隧道结构体系设计方法主要有以下几种:参照同类工程项目成功设计经验进行设计;以施工现场测量和实验室实验为主的设计方法,比如收敛-约束法;作用和反作用模型,比如荷载结构模型;连续介质模型,比如解析法和数值法。现针对以上四种方法的特点,进行深入的分析与探讨。

3.1.1　隧道结构体系设计与计算模型应遵循的原则

对于介质均匀的圆形隧道,当其平面轴在对称状态下时,围岩和支护结构在相互作用下就会产生收敛约束关系,进而得出围岩与支护结构在平衡时的支护阻力,有了这一支护阻力值,就可以准确计算出围岩和支护结构的应力状态。但是,即使是如此简单的问题,依然需要事先将被研究对象的几何形状、初始应力情况、开挖深度、支护形式以及岩层的物理力学特点转化成为数学应力模型,然后借助数学力学方法得出理想的模型值。一个理想的隧道工程项目数学力学模型可以准确反映出以下几个方面的因素:

(1)必须能够描述有裂缝、破坏带、开挖面形状变化而形成的三维几何形状;

(2)可以说明围岩地质地形条件初始应力的情况;

(3)应考虑对围岩重分布有重要影响的岩石以及支护材料的非线性特点,并能准确测定出反映这些特点的参数;

(4)如果想要明确所设计的隧道支护结构、开挖方法是否可以取得成功,即想明确隧道建设的安全性和稳定性,需要将围岩、锚杆和混凝土结构的局部破坏和整体失稳的判断准则纳入模型中,当然以上判断准则必须符合设计规范中的相关规定;

(5)工程项目建设完成后,要经得起实际的检查和检验,检查和检验的过程不能是偶然与巧合,需要保证检查与检验的一致性。

这种理想的模型对于后续的科学研究和分析是十分重要的,因为只有对隧道围岩性质和施工过程进行模拟,才能准确地掌握围岩与支护结构的工作情况,帮助领导者做出符合项目实际情况的决策。但是,由于这一模型的参数太多,又不容易准确地判断,而将各类影响因素转化至模型中也是比较困难的。因此,该模型还不能被直接应用于设计和实践中,需要先根据理想的模型推演出一种简单的模型,即工程师模型。

3.1.2 隧道结构体系的计算模型

早在 1987 年国际隧道协会就成立了隧道结构设计模型研究小组,搜集和汇总了各个国家目前采用的隧道结构设计方法。通过总结,国际隧道协会研究小组认为隧道结构体系的计算模型可以分为以下 4 种:工程类比法、收敛-约束法、连续介质模型、基础梁模型。以下进行详细介绍。

1. 工程类比法

工程类比法借助成功隧道工程施工经验进行类比,确定隧道地下结构的特点、主体尺寸和衬砌厚度,并在具体的施工过程中根据实际的量测信息进行验证。隧道支护体系验证需要注意以下几点问题。

(1)正确划分隧道围岩等级。

(2)在不同的隧道围岩中,支护体系的参数需要遵循以下原则:减少和降低对周边围岩的损害,尽可能保持岩体原有的强度。因此,可以采取控制爆破技术。

(3)对于隧道出现变形或者松动的情况,要对开挖面进行全面的防护,使其具有充分的约束效应,在台阶的开挖过程中,上半断面的进深不宜过长,以免对整个断面的闭合时间带来影响。

(4)通常情况下,二次衬砌以模筑为主,所以在进行二次衬砌之前需要先设置一道防水层,以形成防水性能强的组合衬砌。

(5)允许岩层出现变形,以减少为发挥支护作用所需要的防护措施。

(6)制定科学合理的隧道量测计划,通过量测,确定支护阻力是否与围岩的类型相一致,或者还需要采取哪种加强措施。

2. 收敛-约束法

收敛-约束法又被称为曲线法,是一种通过测试数据反馈设计方案是否可行的方法,通常情况下需要以隧道在施工过程中横纵断面变形测量值为主要依据,它反映以下四个方面的内容。

(1)围岩在无约束的情况下自由变形。

(2)从初期支护开始,变形由于受支护约束的反作用而逐渐缓解。

(3)如果采取的支护刚度比较大,地压就会急剧增长,如果支护时间较晚,地压就会松动;由此可见,支护的时间和支护的刚度及其与隧道围岩接触的好坏程度直接影响着围岩的稳定性。

(4)依据收敛变形曲线可以正确判断支护体系是否会出现变形或者变形是否趋于稳定。同时,还可以配合施工现场的实际情况和实验室测试,作为设计计算依据。

与传统的设计方法相比,收敛-约束法具有以下优势:

(1)通过对隧道进行轴对称的假设后,位于隧道开挖面附近的岩体与支护体系在相互作用下,可以转化为二维或者一维平面;

(2)根据一维或者二维平面得出隧道周边围岩的变形情况;

(3)定量给出围岩在支护体系的作用下收敛的概略值;

(4)通过控制围岩变形情况体现支护体系效果。

收敛-约束法还具有以下缺点:

收敛-约束法离不开岩体材料本构关系特点,这是制约收敛-约束法无法正常使用的关键所在,这一问题目前依然处于研究和探索的阶段,也有一些成果出现,但依然有很多亟待解决的问题。

3. 连续介质模型

连续介质模型主要包括解析法和数值法,其中解析法又可以细化为封闭解和近似解。比如,圆形隧道洞室弹性力学解(基尔施解)和圆形洞室的弹塑性解(芬纳-塔洛布公式)。但数值法依然以有限元法为主,包括差分法、边界积分法等。

有限元法指的是将结构离散成为不同的有限单元,各个有限单元又分别在共同的节点上互为铰接,以此建立起总体的结构体系和平衡方程,然后按照各个阶段的位移计算得出各个单元的应力。

从不同国家隧道设计的实践情况来看,在隧道结构的设计环节,主要采用以下两种设计方法。第一种是以支护结构作为承载主体,围岩作为荷载的主要来源,需要综合考虑其对支护结构的变形约束作用的模型。第二种则相反,是将围岩看作承载主体,支护结构用来约束围岩变形的模型。前者又被称为传统结构的力学模型,它是将支护体系和围岩分开考虑,支护体系是隧道承载能力的主体,围岩作为荷载的主要来源和支护体系的弹性支撑,故又被称为荷载-结构模型。在这种模型下,隧道支护体系与围岩之间的相互作用主要是通过弹性支撑对支护结构施加约束力来完成的,而围岩的承载能力也会在围岩的压力和约束作用下予以综合考虑。也就是说,围岩的承载能力越高,其给予支护体系的压力就越小,弹性支撑变形抗力就越大,而支护体系所起的作用就会越来越小。这种计算模型一般适用于围岩由于过分变形发生松弛与坍塌,支护体系主动承担围岩松动或坍塌压力的情况。所以说,通过这一种模型对隧道建设进行支护是设计中需要重点考虑的问题,其中最重要的还是围岩所形成的松动和坍塌压力,以及弹性支撑给支护体系带来的弹性抗力。一旦这两个问题得到了解决,就可以运用普通的结构力学方法计算得出超静定体系的内力和位移。属于这一类模型的计算方法主要有:弹性连续框架(含拱形)法、假定抗力法和弹性地基梁(含曲梁和圆环)法等。当软弱地层对结构变形的约束能力较低,或者地层与衬砌之间的灌浆不密实时,地下结构内力计算通常采用弹性连续框架法。弹性连续框架法指的是在对地面结构内力进行计算的过程中采用的力法和位移法。假定抗力法和弹性连续框架法是隧道内力计算的主要方法,由于其计算过程简便,深受工程师的青睐,沿用至今。

第二种模型又称为岩体力学模型。岩体力学模型指的是将支护体系和围岩看作一个整体,将其作为共同的隧道承载体系,故又被称为围岩-结构模型。在这一模型中,围岩是主要的承载单元,支护体系只是用来约束和限制围岩的变形,这一点正好与第一种模型相反。围岩-结构模型是目前隧道建设中正在广泛使用和发展的一种模型,因为它比较符合当前隧道施工技术水平。在围岩-结构模型中需要综合考虑以下几种几何形状:围岩的非线性特征、支护体系的非线性特征、隧道开挖面空间效应作用下所形成的三维状态以及地质地形中的不连续面等。在这一模型中有些问题可以利用解析法解决,但依然有很多的问题,受数学因素的影响,必须通过数值法,特别是有限元法解决。利用这一模型进行隧道结构体系的设计亟待解决的问题是如何确定围岩的初始应力场,以及围岩的非线性特征、支护体系非线性特征的各类参数和变化情况。一旦这些问题全都得到了解决,在任何情况下都可以通过有限元法明确围岩和支护体系的应力和位移情况。

4. 基础梁模型

达维多夫于 20 世纪 30 年代首次提出了按照局部变形弹性基础梁计算理

论,1956年,纳乌莫夫提出了侧墙按照局部变形弹性基础梁计算的隧道地下结构方法,这一方法将衬砌边墙看作支撑于侧面的基底岩体上的双向弹性地基梁,进而计算围岩压力作用下的支护体系的内力。

除了局部变形理论计算方法,共同变形弹性基础梁计算方法也在地下结构支护体系中得到了应用,共同变形弹性基础梁理论不仅考虑了围岩力学特征,也综合考虑了围岩体在压缩下的共同影响,因此要比局部变形基础梁理论更加合理。1964年,舒尔茨和杜德克按照共同变形弹性基础梁理论综合考虑了径向变形对隧道正常开展的影响。

局部变形基础梁法是纳乌莫夫首次提出的,该方法主要用来计算拱形直墙衬砌内力的特点,指的是将拱圈和边墙分为两个不同的单元分别进行计算,并在各自的计算过程中综合考虑二者之间的相互影响。计算过程中,可以将拱圈看作弹性固定无铰拱,边墙看作双向弹性地基梁,拱圈和边墙的受力和变形情况相互影响,主要表现在:拱圈计算中,拱脚的变位应当取边墙墙顶的变位,计算边墙时墙顶的初始条件与拱脚内力的变位一致。局部变形基础梁法中关于弹性抗力的考虑也应当按照拱圈和边墙分为两种情况。拱圈抗力依然采用假定的抗力图形,零点设置在拱顶两侧大约45°的位置,最大抗力发生在墙顶,作用方向为水平。拱圈任意条件下的截面抗力作用均为径向,抗力图形假设为二次抛物线。

3.2 隧道结构计算

3.2.1 隧道结构计算的结构力学法

隧道结构计算方法主要可以分为以下三种:第一种,刚体力学法;第二种,结构力学法;第三种,连续介质力学法。以下主要介绍第二种结构力学法。结构力学法指的将地层对衬砌结构的作用看作施加于衬砌结构上的荷载,以此计算衬砌结构的内力和变形情况,它仅仅对衬砌结构进行计算,无法计算围岩的应力和变形情况。弹塑性力学法认为:衬砌结构和地层共同构成受力变形体,然后根据连续介质力学法计算衬砌的内力和变形情况。目前,借助这一理论得到的解主要有圆形隧道弹性解、黏弹性解和弹塑性解以及地下连续墙塑性解等,它不仅可以准确计算衬砌结构,还可以准确计算围岩。但是,由于这一计算过程比较复杂,所得到的弹塑性解析解也不多,因此还需依赖数值法和半解析数值法。

1. 拱形半衬砌隧道结构计算方法

半衬砌结构主要设置在比较坚硬的围岩中,所以水平压力较小,可以忽略不计,而作用在衬砌结构上的主动荷载,仅有围岩的垂直压力、衬砌自重以及回填材料重力等。同时,由于拱形半衬砌隧道拱跨比较小,拱圈在大部分情况下又位于脱离区,故不考虑弹性抗力。其力学模型是一个拱脚弹性固定的无铰拱对称问题,对于全对称需要根据结构力学在拱顶截面处通过位移协调方程计算得出。

2. 拱形曲墙假定抗力法

拱形曲墙假定抗力法的计算模型为墙角固定而两侧受周围约束的无铰拱,计算过程如下:将拱顶切开,以一对悬臂梁为基本结构,切开处赘余力为 X_1、X_2、X_3,在主动荷载与弹性抗力的双重作用下,根据拱顶连续位移条件,可以得出三个连续方程;对于其中的被动抗力 σ_h,通过利用最大抗力点 h 处的变形协调条件补充一个方程得出其他未知数。

3. 拱形直墙隧道局部变形法

在拱形直墙式隧道结构的分析过程中,需要将拱圈和直墙分开考虑,即拱圈是一个拱脚弹性固定的无铰拱,拱圈弹性抗力假设为二次抛物线分布,边墙看作弹性地基梁,所产生的抗力全部由温克尔假设确定,墙顶和拱脚弹性固结,墙角和基岩之间会产生较大的摩擦力,不会出现水平位移,它在基岩的作用视为刚性。

4. 矩阵位移法

矩阵位移法的基本思路和计算方法与矩阵力学基本相同,不同的只是需要使用未知的节点代替已知节点,通过单元刚度矩阵代替单元柔性矩阵,单元节点和单元节点之间的位移关系通过单元刚度矩阵来判断,作用在结构荷载处的外部荷载与结构位移之间的关系通过结构矩阵刚度联系在一起。

3.2.2 隧道结构计算的有限单元法

有限单元法是一种数值计算方法,其基本思路是将连续体模型离散成为有限个单元,而单元之间通过节点连接,要求每个单元满足一定的力学条件,最后将所有单元再集成,组合求解问题的数值计算方法。在隧道结构分析中,有限单元法采用线性杆单元模拟锚杆,用梁单元模拟喷射混凝土层,用面单元模拟隧道平面围岩,用体单元模拟空间围岩体,用夹层单元模拟节理,具体计算步骤如下:

(1)将隧道结构离散;

(2)建立单元节点,分析位移与节点之间的关系;

(3)根据虚功原理,用等效节点力代替作用在结构体系上的所有外力;

(4)建立体系静力平衡方程;

(5)引入边界条件,根据静力平衡方程求节点位移;

(6)根据几何方程求得单元应变,再根据物理方程求得单元应力。

3.2.3 隧道结构空间计算思路

隧道结构空间计算需要注意的问题如下。

1. 掌子面空间效应

隧道开挖范围内的应力情况是隧道结构空间需要注意的第一个空间问题,其与平面应力问题在受力方面有着很大的差别,这是因为隧道在开挖之前其前端本身是一个原始的三维应力状态,而从掌子面开挖到隧道成型,隧道围岩等效应力状态就会从三维逐渐变成二维,这一现象称为掌子面空间效应。

2. 围岩压力的空间问题

关于围岩压力的空间问题,目前大部分的隧道施工企业仅是凭借一些经验进行计算。隧道埋深主要分为浅埋和深埋两种。对于在深埋情况下产生的矩形洞室,在计算地形压力时需要引入小于1的空间系数,且空间系数会随着矩形的长和宽逐渐减小。对于圆形深埋的洞室,在计算压力拱高的过程中也需要引入给定的空间系数,以此得出空间工作状态。对于浅埋洞室垂直压力,需要综合考虑岩柱受到摩擦的情况,对引入的空间系数做出适当的调整。根据传统衬砌结构计算方法,对于空间地下室,需要根据成功的施工经验,计算空间围岩压力,然后再按照结构力学、板壳力学对内力进行计算,最后再根据局部变形理论综合考虑弹性抗力作用。

3.2.4 隧道结构计算位移反分析法

位移反分析法与位移正分析法恰恰相反,它指的是通过利用力学中的相关知识,来计算该系统中各项参数和位移。位移反分析法需要根据施工现场测量到的位移来推断工程项目所在区域内初始力学特点和地貌特点,计算方法主要有解析法、数值法、半解析法和半数值法。在隧道工程项目建设过程中,由于各类参数的复杂性以及地层应力的未知性,通过应用位移反分析法可以明确隧道施工技术应用问题带来的误差。同时,由于位移测量比应力值测量更加便捷和经济,且各项数据也更加容易获取,故此,位移反分析法在隧道工程中得到了迅速的推广和应用。

位移反分析法应用流程:施工现场位移测量→数据信息处理→位移反分析→结果检验→有限元法分析与预测→预测结果输出。输出内容主要包括预测曲线变形、判断围岩稳定性、支护类型安全度判断、决策措施应用以及施工现场位移测量。

位移反分析法的基本思路:先假设围岩体为均匀的线弹性体,初始地应力呈线性分布;然后建立一组反分析有限单元逆方程,将方程代入隧道结构体系平衡方程中;最后根据隧道建设总体刚度矩阵,计算节点位移。

3.2.5 隧道结构计算黏弹塑性问题

1. 常用模型

隧道结构计算常用黏弹性模型包括麦克斯韦模型(弹簧元件和黏性元件串联而成)、开尔文模型(弹簧元件和黏性元件并联)。

常用黏弹塑性模型包括宾汉姆模型(分别由弹簧、黏壶、滑块3个元件共同组成)、西原模型(开尔文模型和宾汉姆模型串联而成)。

2. 岩石材料的屈服应遵循的原则

屈服原则也被称为屈服条件,用来判断材料是否可以达到塑性状态。常见的屈服准则主要包括以下几种:太斯伽准则;米塞斯准则;摩尔-库伦准则;德鲁克-普拉格准则;辛克维奇-潘迪准则;双剪应力屈服准则。

3. 芬纳公式

芬纳公式主要用来描述支护体系压力 P_i 与塑性半径 R_0 之间的关系。通过公式可以得出,P_i 越小,R_0 就越大,反之 P_i 越大,R_0 就越小,这样一来极限平衡状态下支护体系的抗力也就越小。但是,在确保围岩稳定和安全的基础上逐步

扩大半径 R_0,则可以有效降低为了维持极限平衡状态的支护抗力,围岩在这一前提下就充分发挥了自身的承载作用。但需要注意的是,这一承载作用是有限的,当 P_i 塑性超出围岩承受的范围就会导致围岩出现松动,甚至塌落。刚出现松动的围岩压力最小,即 $P_{\min}$,超过这一节点围岩的压力还会继续增加,曲线关系也就难以再派上用场。

第4章 隧道施工

4.1 隧道开挖

当前形势下的隧道施工,从造价和施工速度的角度来看,施工顺序如下:全断面法→台阶法→环形开挖留核心土法→中隔壁法(CD法)→交叉中隔壁法(CRD法)→双侧壁导坑法。从施工过程中施工人员的安全角度来看,施工顺序应与之相反。如何科学合理地选择施工顺序,应当根据工程项目的实际情况确定,但不论选择哪一种施工顺序,必须符合安全、质量、环保等方面的要求,唯有如此才能达到降低风险、保证施工进度以及节约成本的目的。

4.1.1 全断面法

1. 相关概述

全断面法指的是按照施工组织设计要求中的轮廓一次性爆破成型,在此基础上修建衬砌的一种施工方法。全断面法适用于以下条件。

(1)全断面法应用于Ⅰ~Ⅳ级围岩中时,围岩应当具备从全断面开挖至初期支护所有时间段内自身稳定的基本条件。

(2)施工企业应购买或者租赁钻孔台车、自制作业台架和高效率的装运机械设备设施。

(3)隧道开挖长度或者施工区段长度不应当太短,根据施工经验不得小于1 km,否则就需要使用大型的机械设备,导致成本变高,经济效益变差。隧道机械化施工主要有开挖作业线、喷锚作业线和模筑衬砌作业线三条作业线,如表4.1所示。

表4.1 隧道机械化施工作业线

作业线	需要使用的机械设备
开挖作业线	钻孔台车、装药台车、装载机配合自卸台车(无轨运输)、装渣机配合电瓶车、矿车或者内燃机车(有轨运输)

续表

作业线	需要使用的机械设备
喷锚作业线	混凝土喷射机、混凝土喷射机械手、喷锚作业平台、进料设备、锚杆灌浆设备
模筑衬砌作业线	混凝土拌和作业车、输送车、输送泵、施作防水层作业平台、衬砌钢膜台车

2. 全断面法的特点

全断面法的特点如下。
(1)开挖断面、作业空间大、干扰小。
(2)有条件的施工企业应充分利用机械设备,减少人力资源投入。
(3)工序少、便于管理和开展施工,可有效改善劳动条件。
(4)开挖一次成型,对围岩的扰动较小,有利于保证围岩的安全性和稳定性。

4.1.2 台阶法施工

1. 台阶法施工概述

台阶法施工指的是先开挖隧道的上半部分截面,待上半部分截面开挖至一定的长度后,下半部分截面再与上半部分截面同时开挖的一种施工方法,根据台阶的长度可以分为长台阶法、短台阶法和微台阶法三种。近些年来,受大断面隧道施工组织设计的影响,三台阶临时仰拱法、多台阶法应运而生。隧道施工中到底应当采用哪一种台阶法,需要根据以下两个条件来确定。
(1)初期支护形成闭合断面的时间要求。围岩的性质越差,闭合时间的要求越短。
(2)隧道上截面采用的开挖、支护、出渣等机械设备对施工场地大小的要求。
对于软弱的围岩,应遵循第一条,并兼顾后者,确保施工进度、质量和安全;对于条件较好的围岩,应综合考虑如何才能充分发挥机械设备的效率,确保隧道施工的经济性。

2. 台阶法施工的特点

台阶法施工需要具备足够的施工空间和快速的施工进度,对于隧道上截面、下截面施工有干扰。台阶法开挖虽然会加大对周边围岩的扰动次数,但依然有利于开挖面的安全性和稳定性,特别是隧道上截面开挖和支护后,下截面施工相对安全很多,但依然需要注意下截面施工对上截面安全性的影响。台阶法施工应注意以下几个方面的要素。

(1)理性面对上截面、下截面作业之间的相互干扰问题。在通常情况下,微台阶是合为一个工作面进行的同步掘进,长台阶是错开进行的,干扰因素较小,而短台阶干扰因素较大,需要合理组织开展施工。对于长度比较短的隧道建设,也可以将上截面全部贯通后,再开展下截面施工。

(2)下截面开挖过程中,应确保上截面的稳定性。如果围岩的稳定性较好,可以分段和分顺序进行开挖;如果围岩的稳定性较差,则应当缩短下截面掘进过程中的循环尺寸;如果围岩的稳定性很差,应当左右错开,或者先拉中槽后挖边帮。

(3)下截面边墙掘进完成后应立即喷射混凝土,并严格按照规定进行初期支护。

(4)及时进行测量,仔细观察拱顶、拱脚、边墙等部位的位移情况,一旦发现问题应当立即封闭仰拱。

4.1.3　环形开挖留核心土法

环形开挖留核心土法施工要点如下。

(1)环形开挖留核心土法的进尺应严格控制在 0.5～1.0 m,核心土面积不得小于整个断面面积的 50%。

(2)开挖完成后应当立即进行喷锚支护、安装钢架支撑,钢架和钢架使用钢筋连接在一起,并严格按照施工要求设计施工锁脚锚杆。

(3)当围岩的地质地形条件较差、自稳时间较短时,开挖之前就应当按照施工组织设计要求完成超前支护。

(4)核心土与下台阶开挖应当在支护体系设置完成后并且混凝土强度达到施工组织设计要求强度的 70% 的情况下进行。

环形开挖留核心土法示意图如图 4.1 所示。

4.1.4　中隔壁法(CD 法)

中隔壁法(CD 法)是指先开挖隧道的一侧,设置中隔壁,然后再开挖隧道另

图 4.1　环形开挖留核心土法示意图

一侧的施工方法,一般适用于软弱围岩的大跨度隧道建设。中隔壁法(CD 法)有时还会被应用于双线隧道Ⅳ级围岩深埋硬质岩地段以及老黄土隧道(Ⅳ级围岩)地段的施工中。

4.1.5　交叉中隔壁法(CRD 法)

交叉中隔壁法(CRD 法)是指先开挖隧道一侧的一或二部分,施作部分设置中隔板或者横隔板,然后再开挖隧道另一侧的一或二部分,设置横隔板,接着再开挖最先施工一侧的最后一部分,并根据工程项目实际情况延长中隔壁,最后再开挖剩余部分的施工方法,主要应用于软弱围岩的大跨度隧道建设中。当采用短台阶法难以保证掌子面的稳定时,应当使用分布尺寸较小的 CRD 施工方法,该施工方法对控制围岩变形具有重要作用。

4.1.6　双侧壁导坑法

双侧壁导坑法施工要点如下。

(1)侧壁导坑开挖完成后方可进行下一步施工,当地质地形条件较差时,每一个台阶的底部应当按照设计要求设置临时钢架或者临时仰拱。

(2)各个部位开挖时,周边轮廓应当保证圆顺。

(3)先于开挖侧喷射混凝土,待混凝土强度达到设计要求后再开挖另一侧。

(4)左右两侧开挖工作面之间的纵向距离不得小于 15 m。

(5)开挖后,形成全断面时应立即完成全断面初期支护闭合。

(6)中隔壁和临时支撑应当在浇筑二次衬砌时逐段进行拆除。

4.2 超前帷幕注浆施工

4.2.1 超前帷幕注浆施工概述

近些年来,在我国高速铁路和客运专线快速建设的利好背景下,铁路隧道建设规模和数量越来越大,特别是在我国的东南部和西部山区,建设有很多的长大和特长隧道,洞身穿越的地质地形条件越来越复杂。其中,超前帷幕注浆就是修建长大和特长隧道过程中必须使用的一种施工方法,该方法技术要求高、施工流程复杂、周期较长、成本较高,如果在具体的应用过程中稍有疏忽,就会给断层涌水封堵带来不利的影响,进而导致封堵失败。

4.2.2 超前帷幕注浆施工特点

1. 止浆墙采用台阶施工方法

根据工程项目的实际情况,应当将止浆墙设置为台阶的形式,这样可以降低止浆墙的施工难度,加快施工进度,减少涌水带来的废渣清理量。钻机和注浆机械设备在二级平台作业,大大提升了机械设备钻孔和围岩注浆的施工效率,同时也为快速穿越和处理涌水塌方赢得了宝贵的时间。

2. 帷幕注浆孔采用上半截面开孔布置技术

帷幕注浆孔采用上半截面开孔的形式布置,能够缩短钻机开孔移动的距离,提高钻机机械设备施工效率。开孔位置需要根据计算机进行准确计算,并采用激光全站仪对钻机的钻杆位置和方向进行严格的控制。该方法是目前隧道建设中一种比较可靠和新颖的施工技术。

3. 注浆采用分段前进式注浆工艺

注浆采用分段前进式注浆工艺,按照先内环后外环和自上而下的顺序进行,这样可以有效防止因塌孔造成的卡钻现象,并能通过缩短分段长度减少压力损失,保证注浆压力的可行和有效。

4. 注浆前采用高压水洗孔工艺

注浆前采用高压水洗工艺,可以保证浆液扩散,浆液可以使用单液、双液和单双综合式,并能根据 P-Q-T 关系进行及时调整,浆液填充越饱满,注浆效果就越好。

5. 隧道拱顶塌方空腔采用长管棚、回填混凝土加固技术

隧道拱顶塌方空腔部位采用长管棚加固、混凝土回填等方式,不仅可以阻止地下水的侵入,还可以为隧道在后续的运营过程中提供重要的安全保障,防止发生返工和遗留问题。

4.2.3 适用范围

超前帷幕注浆适用范围:公路、铁路、水利工程项目等的隧道涌水、涌泥以及塌方严重等的地段建设;水下隧道富水围岩段(比如含水砂层);地下水位变化导致的地层变形地段;因隧道建设可能影响到周边建筑物体安全与稳定的地段;地下水比较丰富的断层破碎带;等等。

4.2.4 工艺原理

超前帷幕注浆技术指的是沿着隧道开挖轮廓线和工作面,严格按照比例、直径、深度以及倾斜角进行钻孔作业,然后向孔内注射水泥浆液,使注入的浆液在开挖轮廓线形成相应厚度的隔水帷幕和加强圈,以此来穿越强富水和围岩破碎层。同时,在帷幕注浆完成后,隧道开挖之前,使用超长管棚对隧道拱顶位置采取补强加固措施和混凝土回填的方式填补拱部空腔,阻止地下水再次入侵,从而为后续隧道的使用提供重要保证。

4.2.5 施工要点

根据施工组织设计图纸中提供的隧道围岩性质,结合超前地质地形预报资料、施工现场涌水塌方情况以及掌子面围岩性质等判断是否可以进行超前帷幕注浆施工,并确定帷幕注浆参数(主要包括加固圈的厚度、一次帷幕注浆的长度、止浆墙的厚度和位置、开挖后注浆加固地段的衬砌类型、防水形式等)。超前地质预报需要按照下列标准施作。

(1)在断层位置前后大约 200 m 的范围内使用 TSP、地质雷达全覆盖等方式完成探测预报,TSP 探测的搭接长度不得小于 30 m。

(2)在距离断层影响带前后 50 m 之内或者 TSP 预报异常范围的 30 m 之内开展超前水平钻探,探明地质地形条件和富水情况。布孔应遵循以下原则:3 个钻孔,其中拱顶 1 个、起拱线部位 2 个,搭接长度不得小于 8 m。

(3)每一个循环都应当进行超前炮孔探测,探孔不得少于 3 个,孔深不得小于 5 m,原则上拱顶设置 1 个,两侧起拱线各设置 1 个。

(4)距离异常带前方大约 10 m 的范围内,采用超前水平钻孔实施加密细探,共布设 5 个孔,其中拱顶 1 个,两侧拱腰、起拱线各 1 个。待准确探明地质地形条件和富水情况之后,再经建设部门、设计部门、监理单位和施工企业四方现场共同确定施工方案的基础上,方可进行下一道工序的施工。

(5)一般的地段需要根据地质地形条件确定是否需要采取超前探测技术。

(6)定期和不定期地监测洞内的水量、水压变化和地表水的径流,并将其详细记录在册。

4.2.6 机械设备选型

为有效提升隧道建设施工效率,钻孔机械设备必须选择同时具备风动、液压以及可以调整钻孔角度等多重功能的凿岩机,注浆机采用双液注浆和单液注浆相结合的方式。

4.2.7 施工方法

1. 止浆墙施工

根据已经确定的施工组织设计方案,并结合施工现场的涌水和塌方情况,确保施工安全,止浆墙施作的位置应当位于掌子面后退的 8~10 m 处,设置成台阶形式;止浆墙扩挖应及时设置临时仰拱,扩挖深度控制在 80~120 cm,并加设抗滑锚杆;止浆墙采用分层浇筑方式,每一层的浇筑高度控制在 2~3 m,直至浇筑至洞顶即可。同时,在线路两侧边墙位置分别预埋 6 或 8 组 ϕ200 泄水钢管,并设置止水闸阀,止浆墙按照单面模板的方式设置外模,内侧采取集中引排水的方式,使止浆墙内侧的混凝土直接覆盖在坍塌的土体之上。止浆墙施工结构如图 4.2 所示。

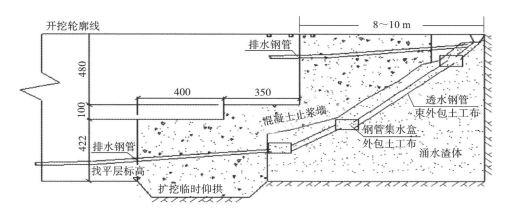

图 4.2　止浆墙施工结构图(单位:cm)

2. 钻孔布设

根据施工组织设计要求,帷幕注浆孔呈圆环布置,隧道开挖轮廓线按照已经确定的支护体系完成边界线的开挖,借助钻孔机械设备操作的灵敏度,综合考虑隧道四周的加固圈和注浆扩散半径的对称性,在隧道上半截面布置开孔,辐射至隧道全断面,以衬砌拱顶开挖轮廓线以下 400 cm 为基准圆心进行布置。

根据扩散半径及设计终孔间距 3~4 m 的要求,终孔布置严格按照隧道轮廓线外 8 m 并与之同心的圆环进行,仔细计算孔口和孔底的坐标,在此基础上计算钻孔过程中隧道轴向水平偏角和立角。由于采用的是半断面布置开孔的形式,加之钻孔的数量较多,为了确保每一个钻孔的孔口和孔底坐标的准确性,还需要准确测量孔口坐标,并对各个钻孔的坐标和角度进行严格的计算。

3. 钻孔、注浆

1)钻孔

(1)止浆墙使用 C30 素混凝土,钻进 ϕ130 孔并安装孔口管。

(2)根据工程项目实际情况及时调整钻杆的仰角和水平角,并灵活地移动钻机,将钻头准确对准孔口管的方向。

(3)使用多功能钻机严格控制钻杆的角度。

(4)分段进行注浆,每一段注浆长度严格控制在 5~10 m,并能根据钻孔揭示的地质地形条件进行适当调整,当在具体的钻孔过程中突然发生高压突水或者比较复杂的地质情况时,应当立即停止掘进,并使用微型摄像头探明已经完成钻探的地质情况,根据已经探明的地质情况及时调整钻孔参数,进行注浆封孔,然后再进行下一段钻进,直至达到设计要求的孔深。

(5)钻孔应遵循"先外圈后内圈、先下部后上部以及由近到远"的原则进行。其中,外圈孔应当先钻底层孔,然后再钻上层孔;内圈孔和外圈孔一样都是先下后上,后注浆孔可以为前注浆孔注浆效果的检查提供有利条件。但需要注意以下两个方面的问题:第一,根据钻孔的情况,及时调整注浆参数;第二,已经完成的钻孔的注浆效果满足设计要求之后,方可进行下一圈的钻孔,可有效减少钻孔工作量,加快施工进度。

(6)钻机开钻过程中,开孔时应低压低速进行,成孔后压力可逐步提升。遇破碎带或者溶腔充填体时,应及时改为低压钻进,避免卡钻。

2)注浆

根据隧道的地形地质条件和熔岩的性质,注浆应采用分段前进式。分段前进式注浆是针对成孔比较困难、涌水量大以及特殊地质条件的一种施工效率较高的注浆技术,也就是遇水即注浆,再扫孔,直至达到设计孔深。

(1)注浆原则。

①岩体破碎带以填充渗透注浆为主。

②对于溶腔充填物,应先填充注浆,然后高压劈裂注浆,最后再以渗透注浆为主。正式注浆开始之前,需要先进行注浆试验,目的是掌握注浆的填充率、注浆量、浆液配比、浆液凝结时间、浆液扩散半径以及浆液终压等参数,为正式注浆提供重要的理论基础和科学支撑,从而保证注浆质量。

③对注浆系统进行严格的压水检查,通常情况下,压水水力应为设计注浆压力的1.2倍。仔细检查每一台注浆设备的密封性和完好性,检查搅拌机是否处于正常的运行状况中,一旦发现问题应当立即解决,以避免在注浆过程中由于机械设备故障而造成注浆中断。

④如果采用的是止浆塞注浆方式,需要仔细检查止浆塞的磨损程度,一旦发现止浆塞不能满足密封要求,应当立即更换,避免止浆塞出现返浆,浆液如果凝固,注浆芯管就无法拔出,给正常施工带来影响。

⑤在一般水压的钻孔中,止浆塞采用人力或者通过机械设备送入孔中时,应当尽可能使用机械膨胀式止浆塞。当静水头较高时,普通的止浆塞难以送入孔中,此时需要采用直径小的高膨胀水压式或者气压止浆塞。止浆塞的耐压强度应大于6 MPa,安装时使用钻机送入孔中的止浆位置,通过中心管向地层注浆。

⑥压水试验注浆系统经检测合格后,方可立即进行压水试验,分别按照一个

压力阶段开展和实施全孔压水试验。先仔细观察静止水压,每隔1分钟观测一次,连续观测的三次压力变化幅度如果全部小于压力平均值的1‰,最后一次压力即为静水压;试验过程中每隔2分钟同时记录一次压入水量和压力值,直至稳定即可,稳定标准为连续4次观测值的变化幅度全部小于平均值的1‰。压水试验过程严格按照相关规定进行详细的记录,并根据地层的渗透性能合理确定注浆的配合比。压水试验结束后立即打开泄浆阀门,将剩余的水放出,准备注浆。

(2)浆液配制。

①单液水泥浆:先在搅拌机内倒入一定比例的清水进行搅拌,接着放入水泥,连续不间断地搅拌180 s即可。

②双液水泥浆:水泥浆配置同上;水玻璃浆的配制方法是先在搅拌桶内放入相应数量的浓玻璃水,然后再加入一定比例的清水,使用波美度计进行测试,将浓水玻璃配置成40°Bé的标准浓度水玻璃液,边加水边搅拌。两种不同的浆液在混合器中经过混合后进入地层,水泥-水玻璃浆中的水泥越浓,水泥浆和水玻璃的比值越大,凝胶时间就越短,一般为短短的几秒钟或者几分钟。如果要想人为延长凝胶时间,可以在其中加入一定比例的缓凝剂,凝胶时间可延长至十几秒或者几十分钟。凝胶时间与水泥的品种、水玻璃浆的浓度、水玻璃浆与水泥浆的体积比等因素息息相关。施工现场试验数据统计结果表明:在确保浆液可灌性和有效扩散距离的情况下,应当根据渗漏水的实际情况、节理裂隙发育情况科学合理地确定浆液的比例,同时在具体的施工过程中根据吸浆量和注浆压力适时做出调整。

(3)制浆应当注意的事项。

为了确保浆液的质量,制浆材料必须准确计量,水泥等固体材料需要采用重量称量法,水和水玻璃等液体材料需要采用体积称量法。其中,水、水泥、超细水泥以及水玻璃的称量误差不得大于5%。

制浆过程严格按照顺序进行加料,对于需要加入外加剂的浆液,在外加剂未得到完全溶解的情况下,不得加入水泥;搅拌过程中严禁将绳头、纸片等杂物带入搅拌机内,搅拌后的浆液经筛网过滤后方可进入注浆机。为避免浆液搅拌不均匀,搅拌时间不得低于3 min。双浆液的制浆量应当确保注浆机可以连续作业。

(4)注浆要点。

①对于围岩比较好、涌水压力比较小的注浆孔,可以将止浆塞直接放入孔中完成注浆;对于孔深大于8 m的钻孔,注入双浆液时应分段注入;对于岩层较差、

成孔困难和水压力较大的注浆孔,需要将注浆芯管焊接在法兰盘上进行注浆。

②对于岩石破碎或者涌水量较大的孔身地段,为保证注浆的连续性和稳定性,确保扩散半径,可以将孔口管作为导向钢管,采用分段前进式注浆,该注浆段完成注浆后,扫孔钻进至下一段,再进行注浆,如此反复循环,直至满足设计要求。

③注浆压力控制。开泵之前旋转压力调节旋钮,将油压调整至设计要求的表刻度上,随着注浆压力的不断增大,泵压随之增高,当达到调定值时,自动停机。对于无法预先设定压力值的注浆,当注浆压力达到预定值时,应当打开泄浆阀减压。

④注浆泵流量的控制。注浆泵流量大小通过调整注浆机的运行速度进行控制。

⑤凝胶时间的控制。通过变换水泥浆、水玻璃浓度以及水泥浆和水玻璃的比例,都可以调整双浆液的凝胶时间,为确保凝胶时间的准确性,每变换一次水泥浆的浓度和配比,都需要重新取样试验,测定凝胶时间,避免发生异常情况。

⑥注浆方法:注浆过程中严格控制单浆液和双浆液的间歇时间,按浆液先稀释后逐渐变换,注浆量先大后小,注浆压力由低至高的原则进行。注浆过程中需要注意以下几个方面的问题。

a. 如果注浆量和注浆压力同时上升,当注浆压力和注浆量达到设计要求的 80%~90% 时,可选择 0.8∶1~1∶1 的双液浆封孔,以缩短下一阶段的扫孔间隔时间。

b. 注浆开始后,如果注浆压力快速上升,达到或超过 5 MPa 时,主要原因可能是岩体裂隙小、进浆速度慢。此时,可以改用进浆量小的注浆泵,连续不间断注入单浆水泥液直至封孔。

c. 在具体的注浆过程中,如果注浆压力较低,进浆量较大,且很长一段时间内注浆压力不上升,需要先注入水泥单浆液 6~8 h 后,再注入水泥-水玻璃双液浆,至注浆压力上升至 5 MPa 以上后,立即封孔,但停注时间不得超过浆液的凝胶时间,或者注入单浆液时在浆液中加入一定比例的速凝剂,直至压力上升至 5 MPa 时立即封孔。

(5)注浆结束标准。

①单孔结束标准。注浆结束标准需要根据注浆压力和注浆量来控制,通常情况下采用定压注浆。当注浆压力逐渐升高时,满足施工组织设计的终压并持续注浆 10 min 以上,可以结束对本孔的注浆;单孔注浆量与设计注浆量基本相同,注浆结束时的进浆量小于 5 L/min,可以结束本孔注浆。全部注浆结束后,

立即打开泄浆管阀门,接着关闭进浆管阀门并注入一定量的清水,冲洗干净注浆管路后方可停机。

②全段结束标准。全部注浆结束后,每个循环柱选择3~5个孔作为检查孔,以判断注浆效果。取岩芯浆液应填充饱满,注浆7 d后单轴抗压强度不得小于5 MPa,浆液注入范围大于设计要求。注浆结束后,单孔涌水量应小于0.2 L/min,由监理单位按照国家规定的相关要求和标准对注浆效果进行检查,并形成书面报告,如果检查不合格应立即进行补充注浆,直至检查合格为止。每次注浆均需要经过监理单位组织评估,待合格后方可进入开挖环节,如果开挖后的涌水量大于允许的涌水量,应立即进行补充注浆。

(6)径向注浆施工举措。

对于断层地段,如果在开挖后依然有岩面出现较大的渗水量则需要进行堵水,可以使用直径为3 m的径向注浆进行围岩固结,注浆孔环向间距控制在1.8 m,纵向间距控制在2.6 m,扩散半径在2 m左右,孔口管使用$\phi 50$无缝钢管($\delta =3.5$ mm),长度为1 m,孔口采用闸阀作为主要止浆措施,注浆浆液使用水泥浆,浆液水灰比根据施工现场实验室的配合比进行确定,注浆压力为0.5~1.0 MPa。

应根据漏水地段的渗漏情况,结合节理裂隙发育情况,科学合理地选择浆液配比,以确保浆液的扩散半径,扩散半径严格控制在3 m之内,混合浆液初凝时间严格控制在2 min之内。注浆孔孔位布置严格遵循"分段、分批和逐渐加密"的重要原则,并根据不同的渗透情况合理布设浅孔、中孔、深孔。中深孔排水降压,浅孔注浆。浅孔注浆过程中应严格遵循"先外后内、先稀后浓"的原则,即施作应从边缘向中心地段靠拢,灌注浆液的浓度应从稀逐渐变浓。

(7)注浆工艺。

注浆采用全孔一次性注入或者间歇式注入的方式进行,这样有利于对浆液的控制,在具体的注浆过程中使用双液注浆机进行注浆,不得用单液注浆机代替。

(8)注浆压力。

采用分级升压法控制注浆压力,刚开始注浆时,遵循由低到高的原则逐渐注浆,将注浆压力控制在出水点压力的2~3倍。

(9)超前大管棚和混凝土回填。

待帷幕注浆施工完毕后、开挖前,使用超长管棚对隧道的拱顶部位进行加固,同时使用C30混凝土进行回填,以保证拱顶的稳定性和安全性。

4.2.8　质量标准和效果验证

1. 隧道开挖之前的验证

注浆完成和管棚施工完毕后、开挖前,应对帷幕注浆段进行探孔检查和钻芯取样检查。探孔检查标准:单位渗水量应当小于 0.2 L/(m·min);静水压力应小于 0.4 MPa。钻芯结果:围岩裂隙中的浆液应保证填充密实,破碎围岩在具体的注浆过程中凝结良好,满足设计和验收标准。

2. 隧道掘进中的效果验证

在隧道掘进过程中必须加强对地质地形条件的描述和围岩及支护体系的变形监测工作;对于松散坍塌体和掌子面前方破碎围岩,裂隙应保证填充密实,掘进过程中围岩的变形能快速收敛,从而保证自稳能力强,无掉渣和掉块等现象。

3. 隧道掘进后的效果验证

围岩变形收敛完成、自稳能力好,边墙、拱顶渗漏应当符合施工组织设计要求。

4.2.9　安全保证措施

(1)施工企业应当将安全生产工作放在首要位置上,加大组织和管理的力度,对安全生产加以高度重视。

(2)注重监控量测工作,严格按照国家现行标准规定的量侧间距和量测频率对断层地段进行监控量测,实时掌握围岩变形情况,根据量测结果及时调整隧道建设施工方案。

(3)各项工序开始之前,对所有施工班组进行安全技术交底,每个班组人员上班前,领工员、班长应进行班前讲话,使每一位施工人员都能严格按照安全、技术、质量等方面的要求开展和组织施工,委派专业的安全员随时对施工现场的安全情况进行巡视,一旦发现安全隐患,应立即进行排除。

(4)制定健全与完善的机械设备保管、使用、维护制度,确保每一种机械设备都能正常运行,严禁开病车、开快车等违章行为,非机械设备专业人员不得擅自动用各类机械设备,特种作业人员必须保证持证上岗。

(5)注重个人自我防护,进入施工现场的每一位人员都应当按照规定佩戴安全帽。

(6)所有工作人员在上班前的 4 h 之内不得饮酒,特种作业人员在上班前的 12 h 内不得服用具有催眠作用的药物。

(7)各个工作面、各个施工路段应按照相关要求设立显著的安全警示标志和道路指示标志,必要时还应委派专人看守和指挥。

(8)注浆作业开始之前,应当仔细检查围岩及初期支护的稳定情况,防止因坍塌危及施工人员和机械设备安全,并委派专业人员仔细检查电线、管路以及接头等,防止注浆过程中出现由于电线管路接头损坏等引发的安全事故。

(9)注浆和喷浆作业时,所有施作人员必须佩戴安全帽、胶皮手套、雨衣裤以及长筒脚靴等。

(10)注浆过程中委派专业人员随时观察压力表,防止在发生管路堵塞时未能及时停机,引起管路压力过高出现破裂或摆动而造成安全事故。在转移注浆管的过程中,首先应当关闭注浆机械设备,管嘴不得对准施工人员。

4.3 径向注浆施工

4.3.1 径向注浆施工设计要求

径向注浆施工设计要求如下。

(1)仔细检查开挖断面、中线和高程,开挖轮廓线应符合施工组织设计要求。

(2)注浆钻孔使用风钻,钻孔直径为 52 mm,孔深为 3 m,孔口插打 $L=1$ m、$t=3.5$ mm 的钢管。

(3)注浆孔应按照梅花形布置。孔口环向间距控制在 175 cm,孔底环向间距控制在 250 cm,纵向间距控制在 200 cm。每环钻注浆孔布设 25 个孔,压注水泥浆 16 m³。

(4)注浆使用普通的水泥浆,水灰比为 0.5∶1~1∶1,注浆压力为 1~1.5 MPa。

(5)满足施工组织设计要求及隧道建设的其他技术要求。

4.3.2 径向注浆施工质量要求

径向注浆应满足下列条件。

(1)注浆孔的数量、布置应符合施工组织设计要求,注浆孔间距允许偏差为±5 cm,钻孔偏斜率的允许偏差为孔深的 0.5%。

(2)单孔注浆压力达到施工组织设计要求时,继续注浆 10 min 后,且进浆速度为开始进浆速度的 1/4 或者进浆量达到施工组织设计进浆量的 80% 及以上时,注浆工作方可结束。

(3)注浆压力、注浆量、进浆速度等注浆参数应符合设计要求。

4.3.3 径向注浆施工流程和工艺

1. 施工流程

径向注浆施工流程:开挖支护→钻孔下注浆管→配制浆液→径向注浆→单孔注浆效果检查→结束。施工流程如图 4.3 所示。

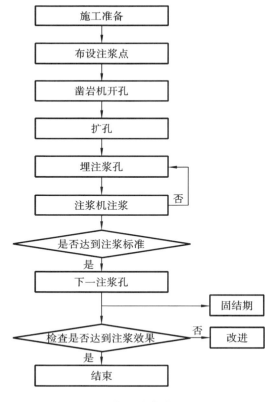

图 4.3 径向注浆施工流程

2. 施工工艺

(1)钻孔使用风动式钻机,具体应当根据工程项目所在区域内的地质地形条件和成孔效果进行确定,钻孔位置应严格满足施工组织设计要求,孔口位置偏差严格控制在 5 cm 之内,孔底位置偏差不得超过孔深的 1%,钻孔应使用高压水枪冲洗干净,并将对钻孔的检查详细记录在册。

(2)钻孔管使用 $L=1$ m、$t=3.5$ mm 的无缝隙钢管,按照设计要求全孔注浆,也可以使用铅丝、麻刀或者木楔等材料将注浆孔的间隙堵塞。

(3)注浆顺序为由下而上,从水少处到水多处,可以使用止浆阀保证孔内压力直至浆液完全凝固为止。

(4)注浆结束条件应当根据注浆压力和单孔注浆量两个标准进行判断。注浆结束条件如下:待注浆压力达到设计要求的终压时,表明注浆量达到了计算值的 80%。全段结束条件为:所有的注浆孔应全部符合单孔结束条件,不发生漏注问题。注浆工作结束后立即委派专人对注浆效果进行检查,如果注浆效果未能达到设计要求,应立即进行补孔注浆。

(5)除在注浆前对钻孔质量、材料质量、注浆后注浆效果进行检查之外,注浆过程中应密切观测注浆压力的变化情况。

3. 施工过程注意事项

径向注浆施工过程注意事项如下。

(1)径向注浆孔孔口位置应当准确定位,与施工组织设计要求的偏差严格控制在 5 cm 之内,偏角应严格符合设计要求,每钻进一段距离,立即检查一段,并及时纠偏,孔底偏差应当小于 30 cm。

(2)注浆孔直径不得小于 52 mm。

(3)注浆之前在相同地质地形条件的岩层中先进行注浆试验,初步了解和掌握浆液的填充效率、注浆数量、浆液的凝胶时间、浆液的扩散半径以及注浆终压等指标。

(4)注浆材料应当使用耐久性能好、强度高、无收缩以及未被污染的水泥基材料,且尽量使用浓度高的浆液。

(5)钻孔和注浆顺序应遵循自下而上、由水少到水少处,且隔空跳排钻注。

(6)孔口位置设置 1 m 注浆管,埋设牢固且具备良好的止浆措施。

(7)径向注浆作业采取全孔一次性注浆的方式进行,注浆过程中应当尽量避免由于机械设备故障、停电、停水、材料缺乏等因素出现的被迫中断,对于因制止串浆、冒浆而有意进行的中断,应当先将钻孔清理至原来的深度后再进行二次注浆。

4. 安全注意事项

(1)钻进过程中如果遭遇涌水、岩层破碎等出现卡钻,应当立即停止钻进,扫孔后再开始钻进。

(2)注浆过程中,如果注浆压力突然升高,应当立即停止注浆,经过仔细检查后再进行注浆。

(3)注浆过程中,应当仔细观察初期支护和围岩的变形情况,制定健全与完善的加固措施。

(4)钻孔。钻孔的位置应当准确无误,施钻过程中的钻机应当尽量靠近岩面,以保证开孔质量,更换钻杆过程中应当仔细检查钻杆是否存在质量问题、是否有损伤以及中心水孔是否畅通无阻等。

(5)注浆过程中如果出现串浆、跑浆等问题,应当间隔一孔或者几孔进行注浆。

(6)注浆过程中,注浆量和注浆压力是两个重要的参数。注浆量和注浆压力的基本规律如下:初始阶段注浆压力较低,在持续注浆过程中注浆压力不断增大;正常阶段的注浆压力和注浆量全部呈现小波浪式的起伏状态,但总体比较平稳;压密注满阶段注入量迅速递减而压力迅速升高。注浆设计注浆量和注浆压力时应按照上述规律进行控制。

(7)为降低和减少注浆对围岩的扰动,施工过程中应当采用微振爆破开挖法,遵循"短进尺、密布眼、少药量、弱爆破"等原则,同时还应当加强爆破过程中的振动监测。

(8)在围岩破碎及富水段钻孔和注浆时,必须设置反压防喷装置,以保证施工人员的安全。

5. 环保措施

(1)在具体施工过程中严格遵守国家、地方政府和铁路相关部门下发的关于环境保护的法律和法规。

(2)对工程项目在建设过程中使用到的各类机械设备进行定点定人管理,特别要加大对机械设备人员的安全和环保教育。

(3)特种作业人员必须持证上岗,并为特种作业人员配备相关的防护用具;对在施工过程中可能出现的粉尘采取必要的防尘和降尘措施。

4.4 局部注浆与疏水施工

4.4.1 局部注浆

隧道开挖后如果围岩表面出现渗水或者大股的涌水问题,应立即进行注浆;对于岩溶区隧道开挖断面的大股涌水,应设置疏通通道,并根据隧道与隧道开挖面的位置和涌水的流量,通过使用不小于其涌水流量的 PVC 管,沿着隧道开挖线的外缘部分接通断面的进水口和出水口,并做好管口的连接点密封。连接管与隧道初期支护体系外缘之间应设置厚度不小于 5 cm 的喷射混凝土层。

4.4.2 施工方案

1. 开挖后局部注浆

如果隧道在开挖后围岩表面裂隙线状出水或者面状淋渗水,应立即进行注浆。

1)注浆工艺流程

注浆工艺流程如图 4.4 所示。

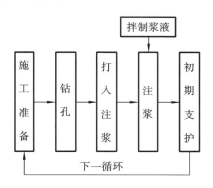

图 4.4 注浆工艺流程图

2)施工流程和要求

(1)注浆管制作。

严格按照施工组织设计要求制作 3.5~6.0 m 的 $\phi42$ 钢花管,呈梅花状布置,钻孔距离控制在 1.2~1.5 m。

(2)侧孔定位。

根据隧道开挖后围岩表面的裂隙线状出水和面状淋渗水情况,设置工作平台,按照间距 1.2~1.5 m 钻孔。

(3)钻孔、扫孔。

按照施工组织设计的位置、孔径、孔深要求钻孔,待所有的孔全部钻完之后,再进行清孔。

(4)安管、注浆。

通过使用锤子将管打入孔内,并安装止浆阀,注浆开始之前先在施工现场进行注浆试验,并根据工程项目的实际情况及时调整注浆参数,积累注浆施工经验,将尾部 100 cm 的地段作为止浆段,注浆完毕后,使用 M30 水泥砂浆填充缝隙。

3)注浆参数

注浆参数如下。

(1)水泥与水玻璃配合比:1∶(0.32~0.36)。

(2)水泥浆液水灰比:1∶1。

(3)水玻璃浓度:35°Bé。模数:2.4。

(4)注浆压力:0.5~2.0 MPa。

(5)注浆扩散半径:0.8 m。

4)需要使用的材料及技术参数

(1)钢花管:ϕ42 钢管,长 3.5~6.0 m,呈梅花形状布设,孔与孔的间距控制在 1.5 m,注浆孔孔径 ϕ10。

(2)技术参数:单孔注浆量(参考):$Q=2\pi RKL\eta\xi$。

2. 检验

(1)所使用的钢管在进入施工现场前,必须严格按照抽样要求和工艺性能进行试验,其质量必须符合国家现行的相关规定和标准。

(2)检验数量以同一个牌号、同一种规格以及同一批次的钢管,每 60 t 为一批,不足 60 t 按照一个批次计算。

(3)钢管的品种和规格必须严格符合施工组织设计要求。

(4)注浆压力应当符合施工组织设计要求,注浆液应当注满钢管和所有的空隙。

3. 安全保证措施

(1)工程项目开始之前,对所有参与工程项目的人员进行全面、系统的培训,增强全体施工人员的安全责任意识。

(2)施工过程中必须使用检验合格的料具,防止发生机械安全事故。

(3)注浆平台必须牢固搭设、保证平稳。

(4)注浆工作人员必须按照要求佩戴相应的防护用品,不得徒手直接接触浆液。

(5)施工过程中的各个班组,应当建立健全完善的交接班制度,并认真地将施工安全等情况记录在工作簿内。

(6)所有进入隧道的人员,必须按照要求佩戴安全帽等安全防护用品,并遵纪守法,施工现场委派专业人员指挥。

(7)无关人员一律禁止进入施工现场。

(8)钻孔作业过程中,要采取针对性的措施,防止孔口出现突水和突泥安全事故,一旦发现迹象,应立即进行处理。

(9)合理把控开孔的压力和钻进的速度,预防钻杆断裂事故发生。

(10)钻孔过程中如果发生卡钻、掉钻、孔斜以及塌孔等问题,要立即采取针对性的措施进行处理。

(11)所有从事注浆的工作人员必须认真听取机长的统一指挥,机长有权处理钻孔现场发生的紧急事宜,直至停钻和施工人员全部撤离。

4.5 施工缝、沉降缝防水施工

4.5.1 施工缝施工

隧道二次衬砌混凝土施工时,由于台车的限制,这一循环与下一循环之间肯定会出现接头位置,这个接头位置称为施工缝,即每循环混凝土施工时的堵头位置。施工缝是由二次衬砌台车的长度决定的,是不可避免的。施工缝施工时,在拱墙位置,应先铺设ECB复合土工防水板,再紧贴防水板焊接一道500 mm×10 mm背贴式止水带,在衬砌混凝土中部固定一条带注浆管遇水膨胀式止水条,防水板、止水条、止水带应贯穿整个拱墙到横向排水管高程附近,具体需要做好以下工作。

（1）混凝土应连续浇筑，尽量减少施工缝，拱圈及仰拱不应留纵向施工缝。墙体若有预留孔洞，施工缝距孔洞边缘不宜小于 300 mm。

（2）水平施工缝。墙体水平施工缝不应设在剪力和弯矩最大处或铺底与边墙交接处，宜设置在高出铺底面不小于 300 mm 的墙体上。拱墙结合的水平施工缝，宜设置在拱墙接缝线以下 150～300 mm 处。水平施工缝在混凝土浇筑前，应将其表面清理干净，然后涂刷混凝土界面处理剂，或者先刷不低于结构混凝土强度等级的净浆，再铺 25～30 mm 厚的 1∶1 水泥砂浆，并及时浇筑混凝土。

（3）垂直施工缝。垂直施工缝设置宜与变形缝相结合。垂直施工缝施工时，应将其表面浮浆和杂物清除，刷不低于结构混凝土强度等级的净浆或涂混凝土界面处理剂，并及时浇筑混凝土。端头模板应支撑牢固，严防漏浆。端头应埋设表面涂有脱模剂的楔形硬木条（或塑料条），形成预留浅槽，其槽应平直，槽宽比止水条宽 1～2 mm，槽深为止水条厚度的 1/3～1/2，将遇水膨胀止水条牢固安装在预留浅槽内。

（4）应采取有效措施确保止水带位置准确，固定牢固。

（5）根据拱圈、边墙和仰拱等各自不同长度的施工环节，设置施工缝，允许各部位的施工缝互相错开，不必贯通。施工缝应近于水平或垂直，并用模板或其他措施，形成预定的形状，以保证其与后续工程紧密地连接。施工缝一般不设键槽。

4.5.2 沉降缝施工

沉降缝是在施工缝的位置有选择地预留，一般应在围岩级别变化处设置，在连续的Ⅴ级围岩深埋段大约每 50 m 设置一道，在洞口段、浅埋地段、断层破碎带前后等处约 8 m 间距设置一道。沉降缝可兼作施工缝，沉降缝施工时，在拱墙位置，应先铺设 ECB 复合土工防水板，再紧贴防水板焊接一道 500 mm×10 mm 背贴式止水带，在沉降缝挡头板位置内部设一个 2 cm 木板，并在混凝土中部设一道中埋式 300 mm×10 mm 橡胶止水带，在这一循环堵头板拆卸后，去除 2 cm 木板，并在其位置填满沥青麻丝。在隧道的沉降缝、施工缝处的路面结构层下面设置横向 $\phi50$ 透水管，排除路面结构层下积水，路面下盲沟用土工布进行包裹，搭接长度 10 cm，$\phi50$ 透水管也采用土工布进行包裹，其中搭接长度 5 cm，路面施工缝 150 mm×150 mm。盲沟至路面结构层之间采用沙砾填充密实。

沉降缝具体施工方法如下。

1. 止水带施工

衬砌台车就位后,在邻近施工缝或沉降缝处的拱架外侧按一定间距安装止水带固定装置。由拱顶向两侧逐段将其放入固定装置的安装槽内并固定,然后安装挡头板。在安装过程中止水带的长度应逐段留有一定的余量,不能绷紧。灌注衬砌混凝土时,应随时注意止水带位置的变化,不能被混凝土横向压弯变形,止水带周围混凝土要振捣密实。

2. 细部构造部位渗漏水处理

细部构造部位渗漏水处理措施如下。

(1)变形缝和新旧结构接头,应先注浆堵水,再采用嵌填遇水膨胀止水条、密封材料或设置可卸式止水带等方法处理。

(2)穿墙管和预埋件可先用快速堵漏材料止水,再采取嵌填密封材料、涂抹防水材料、水泥砂浆等措施处理。

(3)施工缝可根据渗水情况采取注浆、嵌填密封防水材料及设置排水暗槽等方法处理,表面增设水泥砂浆、涂料防水层等加强措施。

3. 施工缝、沉降缝的防水处理

衬砌的施工缝采用膨胀止水条防水及沉降缝中埋式止水带防水。橡胶止水带的材质、性能、规格必须符合设计要求,采用预埋法施工,止水带使用前应严格检查,确认无损坏和孔眼等,方可使用。施工中采用专用夹具对止水带进行定位,避免其在混凝土浇筑过程中发生位移。浇筑混凝土时注意避免混凝土中的尖角石子和锐利的钢筋刺破止水带。在二次衬砌混凝土浇筑后的 12 h 内,拆除堵头模板,然后用钢丝刷将接缝处的混凝土刷毛,并将接缝处清理干净。在下一组混凝土浇筑前先将接缝混凝土洒水润湿,然后刷水泥浆两道,30 min 后可以浇筑混凝土。止水带全环施作,止水带施作除材料长度原因外只允许有左右两侧矮边墙上部两个接头,接头搭接长度不小于 30 cm。仰拱混凝土施工前须将上循环混凝土仰拱接头进行凿毛处理,并按施工缝的设计要求施作止水带。止水带应与衬砌端头模板正交,并固定牢靠,严禁止水带翻滚、扭结。

4.6 纵、环向排水盲管施工

4.6.1 隧道排水盲管的布设

隧道衬砌防水板背后的排水盲管由纵向排水盲管、环向排水盲管和泄水管组成。

纵向排水盲管沿纵向布设于两侧墙脚,各按设计设打孔波纹管1根,用来排出衬砌背后集水,并按设计于边墙设泄水孔,将地下水引入洞内侧沟,并将环、纵向盲管通过泄水管与隧道侧沟连通;环向排水盲管按设计设置打孔波纹管,环向排水盲沟间距按设计布设,沿盲沟两侧使用铁丝+射钉固定,定位间距50 cm,将射钉打入定位孔内,用铁丝将环向盲管定位于射钉上,如图4.5所示。洞内采用双侧水沟,隧道设中心水沟。

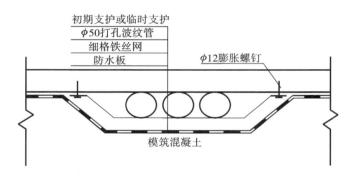

图 4.5 排水盲管示意图

环向、纵向排水盲管用"T"形接头连接,沿边墙按设计间距布设边墙泄水管将地下水引入洞内水沟,纵向排水盲管、环向排水盲管、泄水管采用三通连接,泄水管的出口应离开水沟内壁一定距离,不得紧贴沟壁表面。

4.6.2 排水盲管安设

先在喷射混凝土表面上按设计定出安装环向盲管的位置并画线,根据洞壁实际渗水情况做适当调整,盲管尽可能通过喷射混凝土表面的低凹处和出水点。利用移动式工作台车对作业面净空及喷射混凝土质量进行检查,合格后进行纵环向防水设施施工。纵横向盲沟连接做到平顺畅通,坡度符合设计要求。盲沟的出水口设滤水筻子或反滤层。集中出水点处沿水源方向钻孔,然后将单根引水盲管插入其中,并用速凝砂浆将周围封堵,以便地下水从管中集中流出。泄水管安装时一端安在模板台车的预留孔上,另一端采用三通连接在纵向排水盲管上,并固定牢固。

4.7 隧道通风施工

4.7.1 通风方案选择

隧道施工通风主要采用机械通风,其通风方式按风道类型一般分为巷道式和管道式两种,其中后者按送风方式不同又可分为压入式、吸出式和混合式三种。这几种管道式通风方式各有其优缺点,见表4.2。

表 4.2 几种管道式通风方式的比较

序号	通风方式	优点	缺点
1	压入式	能很快地排除工作面的污浊空气,拆装简单	污浊空气流经全洞
2	吸出式	工作面净化较快,洞内空气较好	风机移动频繁,噪声大,管道漏风,可造成循环污染
3	混合式	洞内空气好、净化快	噪声大,受空间限制

4.7.2 通风设计原则

1. 通风系统

(1)瓦斯隧道各掘进工作面都必须采用独立通风,严禁任何两个工作面之间串联通风。

(2)瓦斯隧道需要的风量,须按照爆破排烟、同时工作的最多人数以及瓦斯绝对涌出量等分别计算,并按允许风速进行检验,采用其中的最大值。

(3)瓦斯隧道施工中,对瓦斯易于集聚的空间和衬砌模板台车附近区域,可采用局部通风机等设备,实施局部通风的办法,以消除瓦斯聚集。

(4)瓦斯隧道在施工期间,应实施连续通风。因检修、停电等原因停机时,必须撤出人员,切断电源。恢复通风前,必须检查瓦斯浓度,压入式局部通风机及其开关地点附近 20 m 以内风流中的瓦斯浓度都不超过 0.5% 时,方可人工开动局部通风机,稀释瓦斯浓度。

(5)瓦斯隧道在贯通前,应做好风流调整的准备工作。贯通后,必须调整通风系统,待通风系统风流稳定后,方可恢复工作。

2. 通风设备

(1)压入式通风机必须装设在洞外新风流中,避免污风循环。瓦斯工区的通风机应设双电源(备用电源采用 400 kW 发电机),且确保风机在停电后 10 min 内启动备用电源,实行 24 h 不间断通风;同时风机运行实行双锁双控管理。

(2)瓦斯隧道应采用抗静电、阻燃的风管,风管百米漏风率应不大于 1%。风管选择根据风管风阻及隧道断面等实际情况,平行导洞采用直径 1.2 m 的风管,正洞选用直径 1.8 m 的风管。

4.7.3 通风检测

建立测风制度,通风系统运行正常后每 10 d 进行 1 次风速及风压全面检测;通风系统调整期间加密测量并做好记录。对风管的漏风点及时进行修补,控制通风系统总漏风率。

4.7.4 保证措施

1. 组织机构

(1)成立以队长为组长,副队长、主管工程师为副组长,作业相关管理人员为组员的通风管理小组,负责隧道通风管理。

(2)成立专业通风作业班组,负责风机、风管的安拆、检测与维护工作。

2. 管理措施

(1)建立瓦斯隧道通风管理制度。

(2)作业队对通风系统和日常管理进行监督检查,杜绝不按批准的专项通风方案实施的行为。

(3)隧道施工通风设备管理要求。

①通风设备必须严格按照批准的专项通风方案进行配置和安装。

②通风设备必须经过监理验收合格后方可投入正常运行,运行期间应加强巡视及维护工作,保证通风系统正常运行。

③通风机必须设置双电源。停电后,须在 10 min 内启动备用电源,实行 24 h 不间断通风。

④如备用电源采用柴油发电机,其功率必须满足风机正常工作需要,燃油必须配备 1 d 以上的使用量。加强日常发电机的维修保养,确保随时能正常使用。

⑤必须采用抗静电、阻燃且百米漏风率不大于 1% 的风管。风管必须按照设备管理制度进行管理,定期进行检查维修。

(4)停风后的处理要求。

①立即停工、断电、撤离洞内所有作业人员。

②长时间未能恢复通风,如停风区中瓦斯浓度不超过 1%,并且通风机及其开关地点附近 20 m 以内风流中的瓦斯浓度均不超过 0.5%,方可人工启动通风机;如停风区中瓦斯浓度超过 1% 但不超过 3%,经采取安全措施后,控制风流排放瓦斯后恢复正常通风;如停风区中瓦斯浓度超过 3%,必须及时制定安全排放瓦斯措施,经审核批准后,控制风流排放瓦斯后恢复正常通风。

(5)通风系统的定期检查。

①分部(队)应每月组织对通风系统进行集中检查,通风管理组每周对通风系统做例行检查。

②通风系统运行正常后,每 10 d 进行一次全面测风,通风系统调整期间加密测量,并做好记录。

③每 10 d 在风管进出口测量一次风速、风压,并计算漏风率,风管百米漏风率不应大于 1%,对风筒的漏风点及时修补,控制通风系统总漏风率。

(6)严格执行停风报批制度。

①因通风系统检修及其他原因需要主要通风机停止运转,必须提前提出申请,逐级上报,根据停风时间长短由分部(队)审批后方可实施。

②停风时间在 30 min 以内的,由工区报作业队队长同意后方可停风。

③停风时间超过 30 min 的,由作业队报分部经理同意后方可停风。

④通风机应有专人值守,按规程要求操作风机,如实填写各种记录。

3. 技术措施

(1)风机支架应稳固结实,避免运行中振动。

(2)通风机前后 5 m 范围内不得堆放杂物,通风机进气口应设置铁箅,并应装有保险装置。

(3)风管挂设应做到平、直,无扭曲和褶皱。

(4)通风管破损时,应及时修补或更换。

第 5 章　特殊隧道施工

5.1　超前地质预报

超前地质预报或隧道超前地质预报(tunnel geological prediction/prospecting)，是指隧道开挖时，对掌子面前方及其周边(主要是铁路隧道)的围岩与地层情况做出超前预报。

5.1.1　物探方法

超前地质预报常用的物探方法有很多，分类不尽相同。根据《客运专线铁路隧道工程施工技术指南》(TZ 214—2005)，将几种物探方法及其适用范围介绍如下。

1. 机械钻探

机械钻探是指使用超前地质钻杆在隧道断面的若干个部位进行钻探，依据钻杆内岩土结构、构造及水文地质判定前方围岩的性质。一般取隧道断面的三个点(中上部、左侧、右侧)，对钻探出的围岩进行综合对比分析，然后按每 2 m 一个断面记录其围岩状况。超前钻杆的长度不等，一般以 20 m 为主。

2. 电法

(1)直流电法：探测隧道掌子面和侧帮的含水构造。
(2)高密度电法：探测岩溶、洞穴、地质界线。

3. 电磁法

(1)甚低频法：探测隐伏断层、破碎带；探测岩体接触带；探测含水构造及地下暗河等。
(2)地质雷达法：探测隐伏断层、破碎带；探测地下岩溶、洞穴；探测地层划分。

（3）折射波法：划分隧道围岩级别；测定岩体的纵波值。

（4）反射波法：划分地层界线；探测隐伏断层、破碎带；探测地下洞穴；测定含水层分布。

（5）散射波法：划分地层界线；探测隐伏断层、破碎带；探测地下洞穴；测定含水层分布；确定围岩速度。

（6）红外线法：也称红外线地下水探测，主要探测局部地温异常现象，判断地下脉状流、脉状含水带、隐伏含水体等所在的位置。

5.1.2　地震法

地震法是当前隧道中长期超前预报的主流方法，它包括 TSP、TGP、TRT、TST、HSP、负视速度等各种方法。其中 TSP、TGP、TRT 应用的是反射理论，尚需在小孔径偏移成像病态问题方面进行努力。

1. TSP 法

其工作原理是利用在隧道围岩以排列方式激发弹性波，弹性波在向三维空间传播的过程中，遇到声阻抗界面，即地质岩性变化的界面、构造破碎带、岩溶和岩溶发育带等，会产生弹性波的反射现象，这种反射波被布置在隧道围岩内的检波装置接收，输入仪器中进行信号的放大、数字采集和处理，实现拾取掌子面前方岩体中的反射波信息，达到预报的目的。

2. TST 法

该方法充分认识三维波场的复杂性，能进行方向滤波，仅保留掌子面前方的回波，避免现行超前预报方法中虚报、误报率高的技术缺陷。能准确确定掌子面前方围岩波速分布，为岩体工程类别判定提供依据，同时避免现行方法预报位置不准确的缺陷。TST 法具有如下优点。

（1）TST 是国内外唯一实现了地下三维波场识别与分离的超前预报技术，能够有效消除侧向波和面波干扰，保证成像的真实性。

（2）TST 是唯一实现了围岩波速精确分析的超前预报技术，能够保证构造定位的精确性。

（3）TST 是建立在逆散射成像原理基础上的超前预报技术，与传统的反射地震技术相比具有更高的分辨率。同时运用了地震波的运动学和动力学信息，不但可精确确定地质构造的位置,还可获得围岩力学性状的空间变化。

(4)TST采用独特专业设计的观测方式,在保证观测数据准确性的同时满足围岩波速分析、三维波场分离和方向滤波的需要。

3. HSP 法

该方法的原理和地震波探测原理基本相同,都是建立在弹性波理论的基础上,传播过程遵循惠更斯-菲涅耳原理和费马原理。本方法探测的物理前提是岩体间或不同地质体间明显的声学特性差异。测试时,在隧道施工掌子面或边墙一点发射低频声波信号,在另一点接收反射波信号。采用时域、频域分析探测反射波信号,进一步根据隧道施工掌子面地质调查、地面地质调查及利用一隧道超前施工段地质情况推测另一平行隧道施工掌子面前方地质条件的预报方法,便可了解前方岩体的变化情况,探测掌子面前方可能存在的岩性分界、断层、岩体破碎带、软弱夹层及岩溶等不良地质体的规模、性质、延伸情况等。

5.1.3 高密度电法和地震法结合

我国南方岩溶发育,地质构造复杂,地下水丰富。为确保工程质量与安全,适于采用高密度电法(沿隧道轴线进行勘探)和地震法结合的超前预报方法。高密度电法将整个山体成像,找到溶洞等含水带;进一步结合地震法对隧道掌子面前方的地质结构进行预报,结果更加可靠。

5.2 隧道施工通风

隧道在穿越煤系地层时,瓦斯等有害气体的突出是普遍现象。甲烷是瓦斯气体中的主要成分,在隧道掘进的过程中,如若遇到了煤系地层,开挖隧道过程就可能使这些区域的围岩破碎,或者使原有的裂隙发育,让其内部的瓦斯气体泄漏出来。爆炸是瓦斯气体导致灾害的主要现象。如果瓦斯在隧道内引发爆炸,区域内的温度可达到 2000 ℃甚至以上,并且快速消耗隧道内的氧气,同时生成大量有害气体,对隧道内部作业人员的人身安全造成威胁。因此在进行隧道掘进开挖时,需要对该隧道通风工程有一个整体的认识并且确定合适的通风方案,以保障隧道工程施工作业人员的人身安全,保证施工作业安全且有效率地进行。

5.2.1 隧道施工通风的必要性和技术现状

1. 隧道施工通风的必要性

在隧道的掘进过程中,隧道工程的各个分支项目得以开展时,隧道内部的施工作业人员开始进入山体的深处,隧道内部的含氧量开始逐渐降低,并且空气中还会混杂其他有害于人体的有毒气体,隧道内部的空气质量变得较差,因此隧道内部的施工作业人员的安全会受到一定的威胁。所以,设置相应的隧道通风措施是隧道掘进过程中的必要环节。对应且适当的隧道通风工程,可以将隧道内的瓦斯等有害气体含量降至远低于威胁人员安全的浓度水平,并且保证隧道内的含氧量能够达到施工作业人员在施工作业中正常呼吸的水平,在优化作业环境的同时提高作业人员的作业效率,保证工程安全有序地完成,达到改善工程施工质量的目的。在隧道工程中,如果没有设置工程措施来保障较好的通风工作,隧道内部的氧气浓度会降低,相应地,有害气体的浓度随之升高。同时,因为隧道内部的光线相对不好,这也使现场施工作业人员不能对现场的具体情况进行全面的了解和认识,对现场地质情况掌握得不够全面。这样就会造成周围岩体的稳定性不能及时得到检验,施工工艺也不能及时根据现场情况进行相应的调整。如果在隧道工程中无法及时发现岩石松动的问题,就会对现场施工作业人员的安全造成威胁,从而导致发生隧道施工安全事故的概率增大。

2. 隧道施工通风技术现状

在隧道施工掘进过程中,特别是特长隧道的施工,通风问题普遍存在。目前,我国的隧道通风主要采用两种通风方式,一种是管道式通风,另一种是巷道式通风。因为通风方式单一,我国的通风技术和国外相比还存在着一定的技术差距。隧道通风工程是环保工程中非常重要的一种,因为它包含隧道内部的环境保护和隧道外部的环境保护。但是由于现在大部分隧道的施工都在野外,隧道内部的环境保护工作就成了隧道通风环保工程的重中之重。

5.2.2 隧道施工通风技术要点

在隧道通风方案的制定过程中,隧道规模是需要考虑的重要因素。在保证隧道内施工通风能供给作业人员舒适环境的基础上,需要对现有的设备进行充分利用,并且进行合理的管理和适当的调配,进而在提高通风效率的同时,有效地降低成本,达到节约且节能的目的。

1. 根据隧道的长度,选取适宜的风机

通风风机设备的科学选型,也是隧道通风工程中重要且关键的环节。通风风机设备的选型需要根据隧道施工段的长度来进行。如果施工隧道的长度较短,那采用高风压的通风设备对其进行通风就会造成比较大的资源浪费。但是如果施工隧道的长度比较长,较低风压的设备也不能保障施工隧道安全通风的需求。所以在实际的隧道通风工程中,应该将多级风机设备进行组合运用,并且根据现场不同的情况,选择更合适的通风风机设备。这样就能在保证隧道通风安全要求的同时,也能达到资源节约、节能环保的目的。

2. 综合考虑,选取适宜的风管

选用风管时,应该首先综合考虑技术因素和经济因素,确保能选择适宜且优质的风管。在保证通风方案比较经济的同时,也能对隧道内施工的通风质量进行保证。具体因素如下。

(1)风压损失因素。风压损失因素取决于通风风管的直径。一般在隧道施工的过程中为了达到施工通风的需求,通风风管一般都是选用较大直径,并且在一定情况下,风管直径越大,越能降低通风过程的摩擦风阻,降低通风风机的运行功率和能耗,有效减少通风的成本。

(2)管道摩阻损失因素。在对管道进行选型时,应该优先选择橡胶材质的风管。因为这种材质的风管不仅内壁光滑,并且质量比较好,风管的衔接处也是用细针缝制的。在进行安装的时候,应该要保证风管处于挺直和平顺的状态,这样才能让风管在通风设备运行时更加平稳、顺畅。

(3)管道漏风损失因素。因为风管在制作的时候会受到制作技术的影响,在衔接的位置会因为针线针头和针眼的位置而出现漏风问题,而且在通风运行中也会出现破损并且导致漏风。所以,在制作风管的时候,增加风管长度的同时,也要尽可能地减少风管衔接口的数量。在风管投入使用的时候也需要做好防风工作,做好日常对风管的护理,及时并且准确地发现风管内的破损漏风位置,并用相应且适宜的措施进行处理。

3. 完善通风保障措施

在进行隧道掘进施工时,将隧道内部的空气质量改善到理想的水平是隧道

通风工程的目标。这不仅需要运用更加适宜实际环境的通风方式,也需要在日常的隧道通风工作中加强组织管理,运用较为全面并且有效的通风措施。

(1)做好隧道施工时的防尘措施。水幕降尘是处理隧道内灰尘行之有效的方法。水幕降尘不仅对仪器设备的需求比较简单,并且实用性强,宜操作,在达到比较好的降尘效果的同时也能优化隧道内部的空气质量。

(2)优化隧道通风系统。在隧道进行通风的时候,应防止内部通风系统出现循环风,保证施工过程中产生的有害气体能够及时且彻底地排出隧道内部。

(3)保证风机设备运行时间。只有保证通风设备运行合适的时间,才能满足隧道内部的空气环境需求,不会因为通风时间不足而导致有害气体在隧道内部积累。

(4)保障隧道施工人员安全。在施工作业前,应当对施工人员进行隧道通风的安全知识培训,使其树立安全意识,重视通风工程中的安全性。

4. 施工区域的科学划分

在进行隧道掘进施工时,需要结合施工现场的具体情况来将施工区域进行科学的划分。每一个施工区域都需要有对应的施工方案。现在智能化的机械更多地用于隧道工程中,制定的隧道通风方案和通风过程中运用的仪器设备数量更加具有关联性。科学的施工区域划分也可以有效降低隧道通风的成本,但是要想进一步降低成本,还需要在隧道通风设备运行时加强对风机的定期检查和维护,并尽可能地将隧道内部的空气压力降低。

5. 完善通风管理工作

制定隧道通风管理制度是隧道工程一项重要的工作。现场的人员需要根据隧道工程的实际情况制定对应的隧道通风标准,并且分配专业的人员对隧道通风的各个仪器设备进行日常的检查和维护。在隧道掘进过程中,施工爆破作业是不可避免的,所以在进行施工爆破作业时需要作业人员对通风风管和风机等设备进行防护。在爆破作业完成后,及时拆除对风机设备等的防护并开启风机设备,随时保证施工作业人员的安全,从而保障施工效率。

总之,在隧道施工作业前,需要现场人员对施工过程中可能遇到的瓦斯风险进行研究,做好各种紧急预案,在加强施工作业人员对于通风工程的安全教育的同时也做好瓦斯灾害的预防和防治措施,拟定出一套符合现场实际作业情况的科学的施工和通风方案,使得施工作业人员在开挖隧道遇到瓦斯灾害时能够从容应对,在隧道正常开挖掘进的时候能够使内部空气达到施工作业人员正常呼吸的标准。现代化的隧道施工作业,不仅需要给施工作业人员树立正确的通风安全意识,也需要在施工作业时使施工作业人员应用新技术,在保证现场人员安全的同时,保障隧道施工通风工程的质量,提高隧道掘进的效率,使隧道工程能够保质保量按时完成。

5.3 衬砌背后回填注浆施工

5.3.1 衬砌背后空洞原因分析

隧道二衬背后脱空主要集中在拱顶和侧壁拱腰等部位。从二衬背后脱空部位分析,总结得出大致有以下几个原因。

(1)光面爆破效果不好,造成隧道开挖轮廓凹凸不平,有棱角;初期支护喷射混凝土没有把凹凸面补平,平整度达不到规范要求;防水板安装未预留足够的松散系数;二衬混凝土被防水板挡住未与初期支护表面密贴,导致二衬背后出现脱空现象。

(2)人为原因:现场技术管理人员不清楚现场衬砌实际需要的混凝土数量,提供的混凝土用量不准确,导致搅拌站停止搅拌,而实际衬砌在未注满的情况下停止,造成二衬脱空;拱顶混凝土施工出现堵管,现场人员在未仔细分析的情况下即认为已经泵满,停止混凝土泵送造成二衬厚度不足,出现脱空现象。

(3)技术原因:混凝土水灰比偏大、混合料坍落度大、混凝土振捣不密实,导致混凝土因自重下沉;混凝土收缩徐变,造成留有空隙;用输送泵送混凝土时,拱顶面的混凝土在输送过程中把部分空气密闭在狭小的空间内无法排出,未有效振捣,造成留有空隙。

5.3.2 初期支护背后空洞原因分析

初期支护背后空洞原因分析如下。

(1)施工工艺不精准。由于混凝土的收缩特性,喷射混凝土与岩面不能密贴,产生空隙,形成空洞。

(2)超挖严重、喷射混凝土厚度过大,在重力作用下混凝土整体下沉,形成空洞。

(3)采用下台阶爆破,导致作业环境能见度较差,作业人员看不到空洞。爆破使围岩破碎,特别是拱脚部位的岩体,开挖下台阶时,上部拱脚在爆破振动和重力的作用下,产生向下的位移甚至掉块。掉块后产生的空洞,显而易见可以补喷混凝土,但是由于下滑产生的空洞不易被发现,再加上作业环境能见度低,就成为质量和安全隐患。

5.3.3 衬砌厚度不足原因分析

衬砌厚度不足原因分析如下。

(1)Ⅲ级围岩开挖爆破时炮眼间距个别过大,造成光面爆破效果差,局部欠挖,开挖放样时个别欠挖部位未量测到。

(2)断面扫描间距 5~10 m,局部 1~3 m 范围欠挖未扫描到。

(3)衬砌台车就位量取衬砌厚度时,该欠挖处部位较隐蔽,不在台车端头与窗口范围内,未量取到,造成混凝土施工完毕后检测出欠挖。

5.3.4 初支强度不足原因分析

初支强度不足原因分析如下。

(1)喷射混凝土的石子过大,喷射时回弹量较大,混凝土内石子减少。

(2)水泥存储不规范,雨季连续下雨使水泥受潮、活性降低。

(3)养护时间不够。

5.3.5 处理措施

1. 衬砌背后空洞处理

1)施工程序与灌浆顺序

(1)施工程序:准备材料及器具、疏通管道、检查压浆孔、合格后制作水泥浆、压浆、堵孔封管、检查灌浆情况。

(2)灌浆顺序:回填灌浆施工自较低的一端开始,向较高一端推进,即沿线路上坡方向进行,注浆过程中要时刻观察注浆压力和流量的变化。

2)衬砌背后压浆工艺流程

衬砌背后压浆工艺流程如图 5.1 所示。

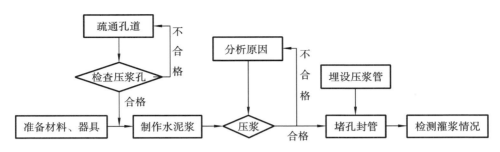

图 5.1 衬砌背后压浆工艺流程图

2. 施工准备

1）灌浆孔布置

衬砌施工时,在拱顶预埋注浆管,预埋注浆管采用能与注浆机出浆口匹配的 $\phi 20$ 镀锌钢管,钢管伸入混凝土端,紧靠防水板,用密度纸包住端口,防止混凝土堵塞注浆管。每 8~10 m 埋设一个注浆管,注浆管埋设于隧道拱顶。隧道拱部纵向埋设 $\phi 20$ 聚乙烯管,在防水板铺设完后,将聚乙烯管固定在防水板拱顶内侧,与两侧的注浆管相连。边墙和拱腰的空洞根据检测出的部位进行钻孔埋设,钻孔横向间距 2 m,交错布置,排气孔设置在拱腰注浆孔上 30~50 cm,倾角向下倾斜 3°。灌浆孔预埋管接口处留有丝扣,便于灌浆管相接,注浆管口凸出衬砌内缘 3~5 cm。

2）注浆施工前准备工作

(1) 材料及机械设备:P·O42.5 普通硅酸盐水泥、压浆机、制浆机、电焊机。
(2) 浆液配比(水泥∶水∶外加剂=1∶0.33∶0.01),每立方米浆液(水泥∶水∶外加剂=1500 kg∶500 kg∶15 kg),拌浆时严格按照配合比搅拌。
(3) 回填灌浆前检查孔口管接缝处,对可能漏浆的部位及时做密封和加固处理,对预埋注浆管要全部清通,以保证灌浆时排气畅通。

3）灌浆施工要求

(1) 注浆管由直径 20 mm 镀锌钢管制成,外漏端应有连接管路的装置。注浆管应在衬砌浇筑时预埋或采用钻孔埋设法,钻孔时按照设计衬砌厚度设置限深装置,钻眼到达实际衬砌厚度处停止钻孔,检测衬砌背后是否脱空和防水板是否破损。如钻孔深度达到实测厚度仍未钻透,应边钻边测量且做好记录。

(2)注浆顺序沿线路上坡方向进行,注浆过程中要时刻观察注浆压力和流量的变化。

3. 灌浆施工

正常灌浆情况下压力控制在 0.2 MPa 以内,用压力控制浆量。达到下列标准之一可视为该孔灌浆结束:

(1)在设计灌浆压力下,注入量不大于 5 L/min,延续灌注 15 min 后可结束注浆;

(2)漏浆严重,采取间歇性、低压、浓浆灌浆,经反复多次(3 次以上)仍不能恢复注浆的,宜采取加入速凝剂的特殊方法结束灌浆;

(3)注浆时,附近待注孔的拱顶孔渗浆,经反复停、注,仍然漏浆的结束注浆。灌浆孔和检查孔施工检查结束后,使用 M10 水泥砂浆将管孔封填密实。

4. 几种特殊情况处理

(1)规定压力下不进浆。采用 0.5~1.0 MPa 压力冲压,调整浆液配比,对浆液进行稀释,压灌 5~10 min,使局部堵塞部分冲压畅通,以达到浆液灌注到孔周围的目的,并充实脱空处。用正常灌浆压力与配比灌到不吸浆为止可停灌封孔。

(2)吸浆量较大。灌浆过程中如果吸浆量较大,则采用更浓的水灰比以间歇灌浆方式进行,其浆液配比为 2∶1,间歇灌浆一般停灌待凝 2~3 h 后再灌。

(3)串浆。灌浆过程中发生串浆时,如果串浆孔具备条件可同时进行灌注,一泵一孔,否则必须将串浆孔堵塞,待灌浆孔灌浆结束后,对串浆孔再进行通孔、冲洗,而后继续灌浆。

(4)冒浆、漏浆。根据具体情况采用封堵、低压、浓浆、限流、限量、间歇灌浆或掺加速凝剂等方法进行处理。

(5)灌浆工作因故中断。灌浆工作因故中断时可按下述原则进行处理:及早恢复灌浆,否则立即冲洗孔,而后恢复灌浆,若无法冲洗或冲洗无效,则用凿子将该孔弄通,而后恢复灌浆;恢复灌浆时,采用 1∶1 水泥浆进行灌注,如果注入率与中断前相近,继续灌注;恢复灌浆后,如果注入率与中断前相比减少很多,且在较短时间停止吸浆,则必须采取增加压力和减小浓度的方法补救注浆;吸浆量大、灌浆难以结束地段,采用低压、浓浆、限流、限量、间歇灌浆或掺加速凝剂方法处理。

5.3.6 预防与保证措施

1. 二衬空洞预防措施

(1)加强光面爆破管理,控制周边眼间距与装药量,铺设防水板时根据超挖情况控制防水板伸缩度。

(2)对混凝土输送泵进行维修,保证泵送压力,作业人员加强振捣。

(3)台车就位加固应严格检查,各丝杆支撑全部加固完毕方可浇筑混凝土。

(4)严格控制原材料质量和混凝土搅拌时间,混凝土浇筑完毕后及时养护,或采取补偿性混凝土施工。

2. 初期支护空洞预防措施

(1)掌子面进行初期支护施工时,钢筋网片尽量密贴围岩;采用逐层多次喷射的方式防止一次喷射。

(2)控制超挖,加强光面爆破管理,调整混凝土的配合比和混凝土的初凝时间。

(3)加强作业区的照明与通风,让作业人员能及时发现上部拱脚的空洞并及时补喷。

3. 二次衬砌厚度保证措施

(1)加强光面爆破管理,严格控制周边眼间距,Ⅲ级围岩控制在 35~40 cm,保证光面爆破效果。

(2)在下一排炮放样时复测上一循环的断面,有欠挖处及时标记出来进行补炮,不遗留到后面复测断面时再处理。

(3)加密断面扫描的纵向与环向间距。

(4)衬砌台车就位后对衬砌端头与台车窗口附近使用钢尺加密量测,量取厚度不够的地方及时补炮处理,不留隐患。

(5)经常进行衬砌无损检测,对检测出的问题进行原因分析、处理,完善施工工艺,保证衬砌厚度符合设计要求。

4. 初期支护强度保证措施

(1)隧道衬砌所用水泥均应有出厂合格证,且新鲜无结块,进场后还应进行抽样试验,经试验合格方可使用;杜绝使用过期水泥。

(2)砂、石子粒径、级配、含泥量等应符合要求,严格控制混凝土配合比,保证计量准确,混凝土应按技术要求拌制,保证搅拌时间充足和拌匀。喷射混凝土终凝后洒水养护时间应不少于 7 d。

5.3.7 安全及环保要求

1. 安全要求

(1)施工时,所有操作工人必须佩戴安全帽、防尘口罩、防尘工作服、雨靴、橡胶手套。
(2)注浆操作手必须控制好注浆压力,严格执行注浆结束标准。
(3)电线外皮应完好,开关应装在固定开关箱内。
(4)注浆结束后,应清洗注浆机及管路,避免堵管炸裂伤人。

2. 环保要求

回填注浆施工中,容易造成对环境的污染。为保护自然环境,应加大在环境保护方面的投入,真正将各项环保措施落实到位。生产中的废弃物应及时处理,运到当地环保部门指定的地点弃置。为杜绝隧道质量隐患,要严格控制施工质量,合理安排施工程序,改善施工环境,注重施工工艺,严防初支衬砌背后空洞现象的发生。

5.4 仰拱、仰拱填充施工

5.4.1 施工方法

采用仰拱栈桥施工,半幅检底,全幅混凝土浇筑。

1. 工艺流程

工艺流程:测量放线→半幅开挖→基底检查→安设仰拱栈桥→另外半幅开挖→全幅基底检查→仰拱拱架封闭成环→挂网→喷射混凝土→仰拱钢筋绑扎→关模→仰拱钢筋混凝土浇筑→安设中心排水混凝土管→仰拱填充混凝土浇筑→养护。具体如图 5.2 所示。

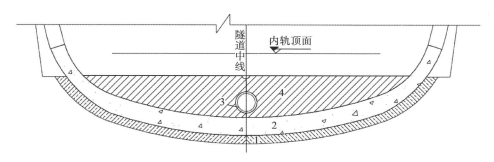

图 5.2 仰拱及其填充施工工序图

1—仰拱拱架安设、喷射混凝土,封闭成环;2—施作仰拱钢筋(有钢筋段),施作仰拱模板,
仰拱混凝土浇筑 C35 素混凝土(C35 钢筋混凝土);3—安装中心水沟排水管;
4—仰拱填充混凝土浇筑 C20 混凝土

2. 施工措施

施工前于隧道边墙每隔 5 m 施放测量控制点,作为仰拱开挖及混凝土施工控制点。为不影响机械车辆通行,仰拱、仰拱填充利用栈桥平台进行混凝土施工。混凝土在洞外采用拌和站集中拌和,由混凝土搅拌运输车运至洞内进行浇筑。

3. 检底施工

检底前测量组在两侧边墙上每 5 m 对开挖段进行中线、水平放线,并用断面仪对开挖断面进行检查,以控制开挖深度和超欠挖,洞口段或特殊地段一次开挖长度 1～1.5 m,一般地段一次开挖长度 3～5 m,开挖采用人工配合反铲装渣,自卸汽车运输出渣。底板欠挖硬岩采用人工钻眼松动弱爆破开挖,为保证底部成型,要根据检底尺寸,调整好钻眼角度及深度,同时控制好装药量,做好炮眼的堵塞,并对附近的机械设备等进行防护,防止飞石打坏设备。软岩采用风镐开挖。开挖过程中要根据测量的中线及水平控制桩对隧道的超欠挖进行控制。开挖后架设仰拱栈桥,另外半幅开挖;全幅开挖后安设仰拱拱架,焊接仰拱连接钢筋和钢筋网,喷射混凝土对仰拱进行封闭。

4. 仰拱钢筋施工

采用 5 排定位钢筋对仰拱钢筋进行定位,中线一排,两侧边墙各一排,仰拱不同弧度变化处一排。设立定位钢筋时测量组要进行放线控制。定位钢筋固定好后,按技术参数对钢筋进行绑扎。先绑扎底层钢筋,然后绑扎顶层钢筋。根据交底图提前进行钢筋的下料及弯制成形,并进行钢筋的编制,当钢筋检查合格后进行混凝土的浇筑。小边墙钢筋与仰拱钢筋要同时施作。钢筋接头采用焊接,接头采用双面焊时,焊缝长度不小于 $5d$(d 为钢筋直径),接头采用单面焊时,焊缝长度不小于 $10d$。仰拱钢筋施工时,要符合下列要求。

(1)受拉热轧光圆钢筋的末端应作 180°弯钩,其弯曲直径 d_m 不得小于钢筋直径的 2.5 倍,钩端应留有不小于钢筋直径 3 倍的直线段(图 5.3)。

(2)受拉热轧光圆和带肋钢筋的末端,当设计要求采用直角形弯钩时,直钩的弯曲直径 d_m 不得小于钢筋直径的 5 倍,钩端应留有不小于钢筋直径 3 倍的直线段(图 5.4)。

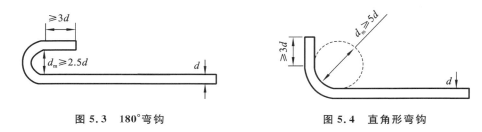

图 5.3　180°弯钩　　　　　　　　图 5.4　直角形弯钩

(3)弯起钢筋应弯成平滑的曲线,其弯曲半径不得小于钢筋直径的 10 倍(光圆钢筋)或 12 倍(带肋钢筋)(图 5.5)。

(4)用光圆钢筋制成的箍筋,其末端应作不小于 90°的弯钩,有抗震等特殊要求的结构应作 135°或 180°的弯钩(图 5.6);弯钩的弯曲直径应大于受力钢筋直径,且不得小于箍筋直径的 2.5 倍;弯钩端直线段的长度,一般结构不得小于箍筋直径的 5 倍,有抗震等特殊要求的结构,不得小于箍筋直径的 10 倍。

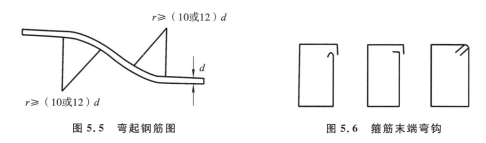

图 5.5　弯起钢筋图　　　　　　　　图 5.6　箍筋末端弯钩

5. 关模

关模前要根据各部位的交底尺寸进行绷线定位,仰拱采用Ⅰ16定型拱架配合组合钢模板进行关模,端头模板采用 5 cm 厚的木板关模,挡头木板要根据仰拱预留钢筋进行钻孔。模板接缝应严密，横缝水平，竖缝垂直，不漏浆，支撑牢固。立模前要将模板清理干净并刷油。

6. 混凝土浇筑

采用混凝土罐车配合梭槽进行放料，分层分段浇筑，采用插入式振捣棒振捣。

(1)混凝土浇筑检查。在浇筑混凝土前，确认基底无虚渣、积水及其他杂物，并检查钢筋布置情况及保护层厚度。浇筑混凝土前必须对以下项目进行仔细检查：

①模板的高程、位置及截面尺寸；

②模板、支架、支撑等结构的可靠程度；

③预埋件的安装位置和高程；

④钢筋的安装位置；

⑤脱模剂涂刷情况；

⑥在浇筑过程中，对模板、支架、钢筋骨架、预埋件等加强检查，发现问题及时处理。

(2)混凝土浇筑时自由倾落高度不得大于2 m，当大于2 m时，采用梭槽或串筒进行浇筑。

(3)浇筑混凝土分层进行，其分层厚度控制在30 cm左右。

(4)混凝土的振捣。

①采用插入式振捣器振捣混凝土时，移动间距不宜大于振捣器作用半径的1.5倍(50 cm)。

②插入下层混凝土内的深度宜为5～10 cm，以保证上下层结合良好。

③振捣器尽可能垂直地插入混凝土中，如条件困难，可略带倾斜，但与水平面夹角不宜小于45°。

④振捣棒捣固时宜快插、慢拔，在每一孔位的振捣时间，以混凝土不再显著下沉、气泡不再逸出并开始泛浆为准，一般为20～30 s。

⑤振捣时不得碰撞模板和预埋管件，距模板的垂直距离不小于5～10 cm。

⑥混凝土必须振捣密实，无漏振及过振现象。填充混凝土应在仰拱混凝土终凝后浇筑，填充混凝土强度达到5 MPa后允许行人通过，达到设计强度的100%后允许车辆通行。

5.4.2 施工缝的处理

(1)无仰拱钢筋地段在施工缝处预埋接槎钢筋,接槎筋采用螺纹钢,直径要大于 16 mm,预埋及预留长度不小于 $30d$(d 为钢筋直径),间距不大于 $20d$,呈梅花形布置。

(2)施工缝处的水泥砂浆薄膜、松动石子或松弱混凝土层应凿除,并用水冲净、湿润,使其表面形成一个新鲜清洁有一定石子外露、起伏不平的麻面。

(3)施工缝处的新层混凝土要振捣密实。

(4)仰拱施工缝要预埋橡胶止水带,且仰拱施工缝与填充施工缝要错开 1 m 以上。

(5)混凝土拆模。混凝土强度达到设计强度的 70% 时,才可以拆模。

(6)混凝土养护。混凝土浇筑完后的 12 h 要对混凝土表面进行保湿养护。当隧道内湿度小于 60%,洒水天数不少于 14 d;湿度大于 60% 且小于 90% 时,洒水天数不少于 7 d。湿度大于 90% 可以不养护。湿度采用干湿温度计量测,洒水养护以混凝土表面保持湿润状态为准。当气温低于 5 ℃时,不得洒水。

5.5 双线隧道 CRD 施工

5.5.1 施工流程及工艺

1. 施工准备

(1)施工测量放样。开挖前应将控制开挖的中线、水平控制桩引至开挖部位掌子面,确定开挖轮廓。需爆破的应根据钻爆设计布置好炮眼。

(2)钻爆设计。岩石隧道开挖前,应根据工程地质条件、开挖断面、开挖方法、掘进循环进尺、钻眼机具和爆破材料等进行钻爆设计。内容包括:炮眼的布置、数目、深度和角度,装药量和装药结构,起爆方法和爆破顺序,凿岩机的台数安排等。设计图应包括:炮眼布置图、周边眼装药结构图、钻爆参数表、主要技术经济指标及必要的说明。

(3)根据施工设计图及定型图绘制开挖施工草图。施工草图上的中线、水平控制桩应与现场放样桩点相对应。隧道施工为避免侵限,一般需将净空放大 5 cm,所以在绘制开挖草图时也应将开挖轮廓尺寸放大 5 cm(底部不再放大)。

而且还要根据实际,结合规范要求,预留一定的初期支护变形量。

(4) 做好开挖作业的照明安装,钻眼机具到位,高压风、水管的连接到位。

(5) 做好洞内、外排水系统,保证排水畅通。

(6) 规划弃渣场位置,布设出渣路线,准备出渣设备。

2. 施工流程

CRD 法施工流程如图 5.7 所示。

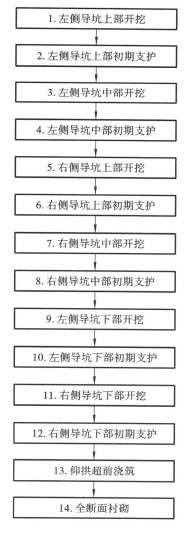

图 5.7　CRD 法施工流程

3. 施工工艺

CRD 法施工示意图如图 5.8 所示。

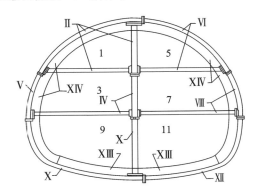

图 5.8 CRD 法施工示意图

(1)1 部开挖及支护。

①利用上一循环架立的钢架施作隧道洞身,侧壁导坑纵向超前支护。

②开挖 1 部,同时,每循环进尺一次,掌子面喷 8 cm 厚混凝土封闭(仅对Ⅴ级围岩)。

③施作 1 部导坑周边的初期支护和临时支护,即初喷 4 cm 厚的混凝土,架立钢架(包括导坑的临时钢架),并设立锁脚锚杆。

④钻设径向锚杆后复喷混凝土至设计厚度。

(2)3 部开挖及支护。

①开挖 3 部,同时,每循环进尺一次,掌子面喷 8 cm 厚的混凝土封闭(仅对Ⅴ级围岩)。

②施作 3 部导坑周边的初期支护和临时支护,即初喷 4 cm 厚的混凝土,接长钢架(包括导坑的临时钢架),并设锁脚锚杆。

③钻设径向锚杆后复喷混凝土至设计厚度。

(3)开挖 5 部并施作导坑周边的初期支护和临时支护,步骤和工序同(1)。

(4)在滞后于 5 部一段距离后,开挖 7 部并施作导坑周边的初期支护和临时支护,步骤和工序同(2)。

(5)开挖 9 部并施作导坑周边的初期支护和临时支护,步骤和工序同(2)。

(6)开挖 11 部并施作导坑周边的初期支护和临时支护,步骤和工序同(2)。

(7)逐段拆除靠近二次衬砌 6~8 m 仰拱范围内中隔壁底部钢架单元,灌注该段Ⅷ部仰拱。
(8)灌注该段的隧底填充,并接长中隔壁临时钢架底支撑于仰拱填充顶面。
(9)根据监控量测结果分析,待初期支护收敛后,逐段拆除多余的临时钢架。
(10)利用衬砌模板台车一次性灌注ⅩⅣ部二次衬砌(拱墙衬砌一次施作)。

5.5.2 工艺原理

交叉中隔壁法(CRD法)施工原理和中隔壁法施工原理一样,通过中隔壁,将大断面隧道分割成两半施工,将隧道跨度减小,同时分割后的隧道两侧采用三台阶交叉施工,可以减小隧道开挖的空间效应、爆破对围岩的扰动和炸药用量,同时及时施工的初期支护、临时仰拱可以步步成环闭合,大大提高支护强度、刚度,和中隔壁一起有效地支撑、传递围岩荷载,从而有效控制大跨度、软岩隧道开挖的变形,使施工更加安全可靠。

5.5.3 施工方法

采用CRD法施工,先采用超前小导管对上台阶拱部进行超前支护,采用风钻钻眼爆破从两侧分三台阶交叉进行开挖,开挖进尺0.8~1.5 m(一到两环钢架),即完成一侧1、3部开挖及支护后,即可开始另一侧的5、7部开挖支护,形成左右两侧开挖支护交叉进行,同时设临时仰拱,步步成环闭合。采用挖装机装渣,自卸汽车运渣,每一台阶开挖完成后立即施工初期支护。仰拱初期支护两侧交叉进行,使整个初期支护尽快闭合成环,同时仰拱紧跟。

5.5.4 施工技术要点

CRD法施工技术要点如下。
(1)采用CRD法开挖,由于开挖步骤比较多,工序比较复杂,必须合理安排工序,才能保证施工规范、有序进行。
(2)采用CRD法施工时,应沿两侧分部交叉进行,每开挖一部均应及时施作喷锚支护、安设钢架、施工临时仰拱、施作中隔墙。
(3)各部分开挖时,钢架设计加工尽量与开挖轮廓吻合,支护尽量圆顺,从而减小应力集中。
(4)每一分部的开挖高度控制在4 m左右,现场可根据设备、地质等情况适当调整,地质条件很差时左右侧上部开挖应考虑预留核心土切环开挖。

(5)每一分部开挖后,应及时施工初期支护,同时通过施工临时仰拱使初期支护步步成环。

(6)为保证先开挖分部的受力良好,中隔壁应设置成圆弧形。

(7)中隔壁和临时仰拱在施工仰拱时拆除。

(8)采用 CRD 法施工,可以保证初期支护步步成环,从而大大提高初期支护强度、刚度和可靠性,可以更有效抑制软弱围岩的开挖变形。

(9)由于工序多,施工用水和隧道渗水容易在边墙处汇集,浸泡拱脚基础使其变软,从而造成初期支护和围岩的整体下沉,因此施工中的施工用水和隧道渗水必须设法有效排放。

(10)中隔墙的作用在于分隔隧道、形成中心支柱,从而"减小"开挖断面,减小隧道断面效应,同时传递荷载,因此在施工中爆破必须注意药量控制,不能对中隔墙造成很大破坏,注意加强中隔墙的支护质量,确保其支撑强度,同时注重临时仰拱的施工,可以大大提高支护强度,从而保证施工顺利。

5.5.5　质量验收及控制标准

(1)隧道开挖断面的中线和高程必须符合设计要求,每一开挖循环检查一次。

(2)严格控制超欠挖。隧道开挖不应欠挖,当围岩完整、石质坚硬时,允许岩石个别凸出部分侵入衬砌(每 $1\ m^2$ 不大于 $0.1\ m^2$、高度不大于 $5\ cm$)。拱脚和墙脚以上 $1\ m$ 范围内严禁欠挖。开挖断面的检查验收主要采用测量仪器对隧道开挖断面进行测量并描绘实际的隧道开挖轮廓,通过比较隧道设计轮廓线与实际开挖轮廓线,按比例计算出相应部位的超欠挖值。

(3)做好光面爆破,使开挖轮廓尽量与设计吻合,保持轮廓线圆顺,避免因开挖不圆顺造成应力集中而产生坍塌。钻孔时应按钻爆设计严格控制炮眼的间距、深度和角度。掏槽眼的眼口间距和深度允许偏差为 $5\ cm$。周边眼的间距允许偏差为 $5\ cm$,外插角应符合设计要求,眼底不应超出开挖断面轮廓 $15\ cm$。相关标准规定光面爆破或预裂爆破的炮眼痕迹保存率,硬岩不应小于 80%,中硬岩不应小于 60%,并在开挖轮廓面上均匀分布。松散软岩很难保留炮眼痕迹,可不作炮眼痕迹保存率的要求,只要开挖轮廓成形较好,也可认为合格。

(4)洞身开挖中,应在每一次开挖后及时观察、描述开挖面地层的层理、节理、裂隙结构状况、岩体的软硬程度、出水量大小等,核对设计地质情况,判断围岩稳定性。

(5)隧道开挖后及时施作初期支护并达到一定强度后,方允许下一工序的开挖,以保证围岩的稳定和施工安全。

5.6 超前小导管、锚杆施工

5.6.1 超前小导管施工

超前小导管施工工艺流程见图5.9。

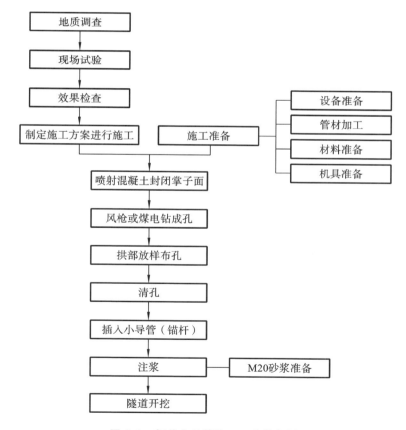

图5.9 超前小导管施工工艺流程图

1. 小导管制作

小导管前端做成尖锥形,尾部焊接加铁箍,管壁上每隔 10～20 cm 按梅花形钻眼,眼孔直径为 6～8 mm,尾部长度不小于 30 cm,作为不钻孔的止浆段。注浆小导管构造见图 5.10。

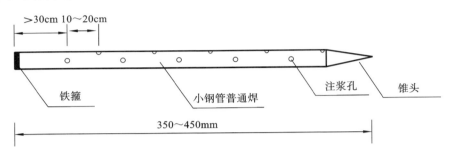

图 5.10 注浆小导管构造图

2. 小导管安装

(1)测量放样,在设计孔位上做好标记,用凿岩机或煤电钻钻孔,孔径较设计导管管径大 20 mm 以上。

(2)成孔后,将小导管按设计要求插入孔中,或用凿岩机直接将小导管从型钢钢架(格栅钢架)上部、中部打入,外露 30 cm 支撑于开挖面后方的钢架上,与钢架共同组成预支护体系。

(3)钻孔、安装应符合下列要求:

①小导管的安设应采用引孔顶入法;

②钻孔方向应顺直;

③钻孔直径应与注浆管径配套,一般不大于 50 mm,孔深视小导管的长度确定;

④采用吹管法清孔。

3. 注浆

采用 KBY-50/70 注浆泵压注水泥浆或水泥砂浆。注浆前先喷射混凝土 5～10 cm 厚封闭掌子面,形成止浆盘。注浆前先冲洗管内沉积物,按由下至上的顺序进行。单孔注浆压力达到设计要求值,持续注浆 10 min 且进浆速度为开始进浆速度的 1/4 或进浆量达到设计进浆量的 80% 及以上时注浆方可结束。停止时先停泵再关闭球阀,最后清洗管路。注浆施工中认真填写注浆记录,随时分析和改进作业,并注意观察施工支护工作面的状态。注浆参数应根据注浆试验结果及现场情况调整。注浆参数可参照以下数据进行选择。

注浆压力:一般为 0.5～1.0 MPa。
浆液初凝时间:1～2 min。
水泥:P·O42.5 普通硅酸盐水泥。
砂:中细砂。

4. 注浆异常现象处理

(1)串浆时及时堵塞串浆孔。
(2)泵压突然升高时,可能发生堵管,应停机检查。
(3)进浆量很大,压力长时间不升高,应重新调整砂浓度及配合比,缩短胶凝时间。

5.6.2 超前砂浆锚杆施工

1. 工艺流程

超前砂浆锚杆施工工艺:钻孔→清孔→注浆→插入杆体→焊接固定→质量检查。

2. 工艺要点及技术措施

锚杆预先在洞外钢构件厂按设计要求加工制作。按设计要求定出孔位;施工采用风动凿岩机钻孔,锚杆的钻孔直径应大于锚体直径 15 mm,钻孔应圆而直;锚杆钻孔深度应大于锚杆设计长度 10 cm,深度的允许误差应为 5 cm。钻孔达到标准后,用高压风清除孔内岩屑;用注浆泵通过注浆管将水泥砂浆注入孔内,水泥砂浆强度等级不应低于 M20。注浆管应先插至孔底 50～100 mm,开始注浆后,徐徐均匀地将注浆管往外抽出,并始终保持注浆管口埋在砂浆内,以免浆中出现空洞。注浆的体积应略多于需要的体积,将注浆管全部抽出后,应立即迅速插入杆体,可用锤击方法使杆体强行插入钻孔,当杆体插入后若孔口无砂浆溢出,应进行补浆。杆体插入孔内的长度不应小于设计长度的 95%,锚杆安装后不得随意敲击。将安装好的杆体与格栅拱架焊接固定。

5.7 洞口超前大管棚施工

5.7.1 洞口超前大管棚的作用及适用条件

洞口长管棚适用于洞口Ⅴ级围岩,无自稳能力或洞口段地表有重要建筑物的情况。其目的是加固周边一定范围围岩,与钢架组合成预支护系统,防止洞口软弱围岩坍塌,创造进洞条件。

5.7.2 施工工艺及方法

1. 洞口大管棚施工作业流程

洞口大管棚施工作业流程如图 5.11 所示。

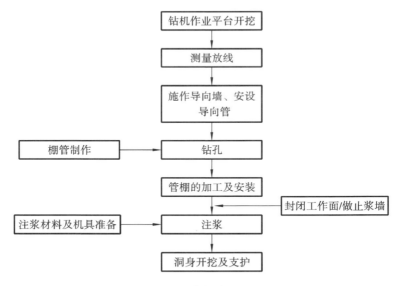

图 5.11 洞口大管棚施工作业流程图

2. 施工工艺及方法

1) 钻机作业平台开挖

首先根据钻机自身高度确定台阶的开挖高度,由原地面自上而下挖台阶,仰坡面需竖直开挖，以便施作管棚导向墙。当挖至台阶底部时，形成管棚钻机施作平台。考虑钻机平台高度不能满足导墙施作高度，需将开挖平台两侧以外的位置进行加深，具体开挖断面如图5.12所示。采用风钻打眼爆破、挖机挖装、汽车运输的方式进行开挖。

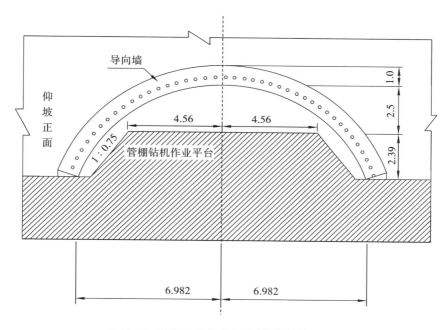

图5.12 管棚作业平台开挖断面图（单位：m）

2）测量放线

首先复核线路中线、水平控制线，根据线路中心线控制桩及高程控制点在仰坡面标识出隧道中心线及外拱顶标高，并根据暗洞开挖轮廓线在仰坡面画出外拱弧，作为导向墙立模的依据；再根据导向墙的里程控制好导向墙内外模的高度，并预留相应的沉降量。按设计图的要求，导向墙的长度和厚度均为1.0 m。

3）施作导向墙、安设导向管

（1）立模。导向墙内模采用钢模板，钢模板尺寸为1.5 m（长）×0.3 m（宽）×0.05 m（厚），外模及端头模板采用3 cm厚木板加工制作。由于导向墙的尺寸为1 m（长度）×1 m（高度），内模有0.5 m留在外面不承受荷载，内模安装前需架设2榀工字钢，钢模板支撑在工字钢上，工字钢间距为1.0 m。在工字钢下方搭设钢管架支撑，以便承受导向墙混凝土浇筑荷载。工字钢架设及模板安装采用人工进行,并保证工字钢置于稳固的基岩上,2 榀工字钢之间纵向采用 $\phi 22$ 螺纹钢与钢架间焊接牢固,螺纹钢环向间距为 1.0 m。

①工字钢支撑。用于支撑导向墙内模的工字钢安装架设采用三段弧长为 5.946 m、半径为 7.3 m 的工字钢(I16)单元通过连接板及螺母进行拼装,钢架必须保证每节的弧度与尺寸均符合设计要求,每节钢架两端均焊连接板,节点间通过连接板用螺栓连接牢靠,连接板应密贴,加工后进行试拼检查。工字钢架设时应严格按照设计位置进行,工字钢外轮廓线应与开挖轮廓线相吻合,确保立模位置符合中线、水平要求,并不致侵入开挖净空。

②模板安装。导向墙的内模板(内圈)弧长为 18.155 m,外模板(外圈)弧长为 20.72 m,钢模板之间通过螺栓连接。经计算,内模板共需 61 块,外模板共需 70 块。为确保导向墙内模圆顺,导向墙端头模板采用 5 cm 厚、高 1.0 m、底宽 0.30 m、顶宽 0.34 m 的木板安装,木板共需 61 块,木板间连接采用加背撑方式进行加固,木模板与钢模板之间采用扒钉或钢钉连接牢固。在安装模板前应检查模板尺寸:顶面高程允许偏差 10 mm,导墙边缘位置允许偏差 10 mm;模板平整度不得大于 5 mm,模板表面错台允许偏差 2 mm。模板安装需牢固可靠,模板与混凝土接触面需涂刷脱模剂。

(2)预埋件安装。内模安装完毕,可进行预埋件的安设,预埋件包括 2 榀工字钢钢架及导向管(I20 轻型工字钢及直径为 140 mm 的无缝钢管)。预埋件(导向管)中心线位置允许偏差 10 mm,尺寸允许偏差 10 mm,预埋件(钢架)中心线位置允许偏差 3 mm。

①工字钢安装。为保证管棚施工刚度,于导向墙内设 2 榀弧长为 18.766 m 和 19.988 m、半径分别为 7.68 m、8.11 m 的工字钢钢架(I18),工字钢钢架间距 0.5 m。每榀钢架分为三个单元,每个单元长度为 6.25 m,钢架必须保证每节的弧度与尺寸均符合设计要求,每节钢架两端均焊连接板,工字钢各单元通过连接板焊接并用螺栓连接牢靠,连接板应密贴,加工后进行试拼检查,连接板规格为 220 mm×230 mm×14 mm,连接螺栓采用 M24×60 mm,螺母采用 M24,每榀钢架共需 6 套螺栓、螺母。钢架安装时应严格按照设计中线及水平位置架设,安装尺寸允许偏差:横向和高程为±5 cm,垂直度±2°。钢架的下端设在稳固的地层上,拱脚高度低于上部开挖底线以下 15~20 cm。拱脚开挖超深时,加设钢板或混凝土垫块。在灌注混凝土时钢架应全部被混凝土覆盖,钢架保护层厚度不得小于 40 mm。钢架在加工完毕以后应在水泥地上试拼,钢架周边拼装允许偏差为±3 cm,平面翘曲应小于 2 cm。2 榀钢架间纵向采用 $\phi 22$ 钢筋按环向 1 m

间距布置,并与钢架焊接牢固,钢架落底需置于稳固的基岩上,拱脚开挖超深时,需加设钢板或混凝土垫块。安装工字钢时,应保证工字钢底部至内模顶面的距离达到 0.15 m(即工字钢底部的混凝土保护层厚度)。

②导向管埋设。工字钢钢架设完成后,进行导向管的埋设,导向管采用直径为 140 mm 的无缝钢管,其壁厚为 5 mm,导向管的长度是 1.0 m,环向间距为 0.4 m,共需 39 根,为了防止导向管在灌注混凝土时发生位移,导向管按照设计要求焊接在工字钢钢架上。安装导向管时,应严格控制导向管的环向间距及纵向位置。为满足设计要求,可先在工字钢钢架顶面标定出导向管的位置,并按间距、方向角要求布置导向管,导向管纵向与线路方向需一致,外插角角度为 1°~3°,以免管棚钻机钻孔侵入洞身开挖断面。为避免混凝土浇筑时砂浆进入并堵塞导向管,安装导向管时需与端模抵紧并采取措施使其牢牢固定在端模上。钢架架立、模板安装及各种预埋件埋设完成后应及时报技术室及质检工程师复核及复检,待合格后报监理工程师三检,通过后方可进行下道工序施工。

(3)混凝土浇筑。混凝土浇筑前,需再次对模板、预埋件进行检查,并作必要的校正。模板的中线、水平度及尺寸必须符合设计要求,预埋件的位置必须正确,模板安装及支架必须牢固紧密,导向墙采用 C20 混凝土,施工过程中,需严格控制原材料的质量,加强混凝土的拌和、运输、浇筑、养护等各个环节质量控制。混凝土统一由拌和站集中供应,混凝土罐车运输,人工配合机械浇筑并捣固密实,浇筑顺序为自拱脚两侧对称浇筑,直至拱顶。

(4)混凝土拆模及养护。混凝土浇筑完毕后,需及时进行养护,养护龄期不得少于 14 d。混凝土强度达到设计强度的 70% 后可拆除非承重模板(外模)及端模,强度达到设计强度的 100% 后可拆除内模及支架。

4)钻孔

(1)钻孔采用管棚钻机进行,钻机平台的高度根据钻机的可调控范围以及钻孔顺序确定,由于钻机钻孔顺序按高孔位向低孔位进行,平台位置相应自上而下逐步降低,以满足钻孔需要,钻机钻孔的孔径为 127 mm。

(2)工艺要求。

①钻机就位时用经纬仪、挂线、钻杆导向相结合的方法,反复调整,确保钻机钻杆轴线和导向轴线相吻合。

②需要搭设钻机平台时,应满足承受机具、材料、人员荷载要求,连接牢固、稳定,防止施钻时产生不均匀的下沉、摆动、位移等影响钻孔的质量。

③钻孔时经常测量孔的斜度,发现误差超限应及时纠正,至终孔仍然超限者

应封孔,原位重钻。

④在钻孔时,若出现卡钻、塌孔应注浆后再钻。钻孔时,应认真填写钻孔记录,除记录钻孔深度、方向角外,还应根据钻孔出屑或取芯情况记录不同时刻的围岩情况,达到超前探测围岩的目的。孔钻完之后应进行清孔。

5)管棚的加工及安装

(1)成孔后要立即清孔并下管,以免因坍孔造成孔内堵塞而无法顺利安装。下管时需搭设脚手架平台,以人工推拉顶进为主,必要时辅以挖机推顶,下管时一般为6~10人。

(2)管棚分钢管及钢花管,施工时先打设钢花管并注水泥浆液,然后打钢管,以便检查钢花管的注浆质量。

(3)长管棚(钢管、钢花管)为直径为108 mm、壁厚为6 mm的无缝钢管。管棚管壁上钻孔,并呈梅花形布置,其纵向、横向间距为18.8 cm,尾部为不钻孔的止浆段150 cm。单孔为钢花管,双孔采用钢管,其环向间距为40 mm,倾角(外插角)为1°~3°。钢管及钢花管在同一截面的接头数不得超过管数的50%。

(4)管棚在安装前应对钻孔进行扫孔、清孔,清除孔内浮渣,确保孔径(孔径不得小于127 cm)、孔深符合要求,防止堵孔。该管棚可采用顶进安装,逐节接长,接长管节的接头钢管用直径为114 mm、壁厚为6 mm的热轧无缝钢管,通过外车丝扣及内车丝扣进行连接,外车丝扣长度为15 cm,内车丝扣长度为30 cm。因此要求加工精度必须达到要求,才能保证连接长度、密封性等。

(5)为了提高管棚的抗弯能力,在管棚内增设钢筋笼。该钢筋笼采用4根主筋为18 mm的Ⅱ级螺纹钢,固定环采用直径为42 mm、长度为5 cm、壁厚为3.5 mm的短管节。主筋采用搭接焊、帮条焊,焊接时焊缝的高度不小于4 mm,焊缝的宽度不得小于8 mm。固定环与主筋焊接,固定环与固定环的间距为1.5 m,纵向两组管棚(钢花管、钢管)的搭接长度不应小于3 m。

6)注浆

(1)管棚及钢筋笼安装完成后进行注浆,浆液采用水灰比为1∶1的水泥浆液,注浆顺序原则上由低孔位向高孔位进行。首先对钢花管进行单液注浆,注浆压力取0.5~3.0 MPa,根据实际情况调整注浆参数。注浆结束后采用M5水泥砂浆充填钢管。

(2)由于管棚间距较小,为避免注浆时发生串孔造成相邻钢花管孔堵塞,原则上成一孔就注浆,同时可以让浆液在松散的岩层中进行扩散填充,将破碎的岩层固结,有利于相邻孔在钻孔时减少掉块,避免发生卡钻或掉钻、掉钎现象,有利于加快施工进度。

(3)工艺要求。

①注浆前应采用喷混凝土、喷混凝土加注浆或其他的方式对开挖工作面进行封闭,形成止浆墙,防止浆液回流影响注浆效果。

②注浆时先注单号孔(钢花管),待单号孔注浆完成后再钻双号孔并安设钢管,以检查钢花管的注浆质量。

③注浆的顺序原则上由低向高依次进行,有水时从无水孔向有水孔进行,一般采用逐孔注浆。

④注浆压力根据岩层性质、地下水情况和注浆材料的不同而定,一般情况下注浆终压取 1.0~2.0 MPa。

⑤以单孔设计注浆量和注浆压力作为注浆结束标准,其中应以单孔注浆量控制为主,注浆压力控制为辅;注浆时要注意对地表以及四周进行观察,如压力一直不上升,应采取间隙注浆方法,以控制注浆范围。

⑥注浆时,应对注浆管进行编号(注浆编号应和埋设导向管的编号一致),对每个注浆孔的注浆量、注浆时间、注浆压力做出记录,以保证注浆质量。注浆记录包括:注浆孔号、注浆机型号、注浆日期、注浆起止时间、压力、水泥品种和标号、浆液容重和注浆量。

⑦灌浆的质量直接影响管棚的支护刚度,因此必须设法保证、检验灌浆的饱满、密实。

⑧注浆孔封堵方式:采用钢板在钢管口焊接封堵,预留注浆管及排气管,注浆管必须安装阀门,堵头必须封闭严实。

⑨注浆方式:在管棚口直接注浆,注浆管深入管棚 0.2~0.5 m。

⑩对于黏土质地层、严重风化岩层、断层破碎带、溶岩溶槽段,水泥浆液水灰比采用 1∶1(重量比)。

第 6 章 新 奥 法

6.1 新奥法简介

6.1.1 概述

顾名思义,新奥法就是新奥地利隧道施工法,英文为 new Austrian tunnelling method,缩写为 NATM。新奥地利施工法是由著名的奥地利学者拉布西维兹(L. V. Rabcewicz)在 20 世纪 50 年代提出的,它是以隧道施工经验与岩体力学理论为基础,将喷射混凝土和锚杆结合在一起,作为隧道施工过程中一种主要的支护手段。随后,该方法经过其他一些国家学者和专家的理论与实践研究,于 20 世纪 60 年代左右获得世界专利并正式命名,同时也是在这一时期迅速在西欧、北欧、美国以及日本等很多的隧道施工中得到了推广和应用,成了现代隧道施工中的一种新技术和新标志。

新奥法也是在 20 世纪 60 年代被引入我国的,并于 20 世纪 70—80 年代得到了快速发展,隧道施工过程中所有的重难点问题在新奥法的帮助下都得到了解决。新奥法也几乎成了隧道施工中软弱围岩地段常用的一种方法,它利用软弱围岩本身所具备的承载能力,通过应用毫秒爆破和光面爆破对隧道进行全断面开挖施工,进而形成复合式内外两层衬砌建设隧道洞身,同时以混凝土、锚杆以及钢筋网等为外层支护形式,也被称为初次柔性支护,但在洞身开挖后必须立即进行支护。因为,原本蕴藏在山体中的地应力随着不断开挖就会产生再分配现象,隧道空间依靠空洞效应保证安全性和稳定性。换句话说,承载地应力的主要是围岩本身,而借助初次喷锚柔性支护的作用,就会使得围岩自身的承载能力得到最大限度的发挥,第二次衬砌可以起到安全储备和装饰美化的重要作用。

6.1.2 特点

新奥法的特点是在隧道开挖面附近及时施作密贴于围岩的薄层柔性喷射混

凝土和锚杆支护,以控制围岩的变形和应力释放,从而在支护和围岩的共同形变中,调整围岩应力重分布而达到新的平衡,进而最大限度保证围岩既有的强度和承载能力。因此,它也是一个应用岩体动态性质较为完整的力学方法,确保围岩可以形成圆环状的承载结构,需要施工人员及时修筑仰拱,进而使得断面闭合成圆环。其广泛适用于各种不同类型的地质地形条件,特别是在软弱围岩中更会收获意想不到的效果。

6.1.3 原理

虽然说,新奥法适用于各种类型的隧道支护,但最适用的还是喷锚支护,因此喷射混凝土、锚杆、测量被认定为新奥法施工过程中的三大基本要素,新奥法的形成和发展也与这三大基本要素密切相关,但不能将喷锚支护理解为新奥法,喷锚支护仅仅是新奥法施工过程中的一种主要手段。

6.2 新奥法基本特点和施工的基本要点

6.2.1 新奥法基本特点

1. 及时性

新奥法采用喷锚支护为主要手段,可以紧跟隧道开挖作业面施工,通过利用开挖面的时空效应,遏制隧道施工中的变形问题,阻止围岩出现松动,在必要的情况下还可以进行超前支护,加之喷射混凝土的早强性和全面黏结性,更好地保证了支护体系的及时性和有效性。在隧道采取爆破作业后立即对其进行混凝土喷射可以遏制岩层出现变形,有效控制应力,减轻支护体系的承载,增加岩层的稳定性。

2. 封闭性

由于喷锚支护可以立即施工,而且它还是一种全面密贴支护形式,可以有效地防止隧道在施工过程中由于水和风化的作用使得围岩出现剥落和破坏,阻止膨胀岩体出现潮解和膨胀,保证既有岩体的强度。

隧道在掘进过程中,围岩会在爆破的影响下产生新的裂缝,加上原有地质构造上的裂缝,随时都有可能出现变形或者塌落,此时当喷射混凝土以最快的速度射向岩面时，就可以较好地填充围岩的裂隙、节理和凹穴，大大提升围岩的强度。同时，喷射混凝土还可以起到封闭围岩的重要作用，有效隔绝水和空气与岩层的接触，使得裂隙中的填充物不会出现软化、解体而使裂隙再次张开，导致围岩失稳。

3. 黏结性

喷锚支护可以与围岩全面黏结，这种黏结可以产生以下三种作用。

（1）连锁作用。连锁作用指的是将被裂缝分割的岩块黏结在一起，如果围岩的某一块危岩活石出现滑移或者坠落，周边的岩块就会出现连锁反应，逐渐丧失稳定性，进而出现大范围的冒顶和片帮。隧道在开挖过程中如果能够进行喷锚支护，喷锚支护的黏结力和抗剪强度就可以有效抵抗围岩的局部破坏，防止个别危岩活石滑移或者坠落，确保围岩的稳定性。

（2）复合作用。复合作用指的是围岩和支护体系构成一个复合体系来共同实现对围岩的支护，通过利用喷锚支护手段可以切实提高围岩的稳定性和自身的承载能力，进而与围岩形成一个共同工作的力学系统，然后将围岩的荷载转化成岩石承载结构的作用，从根本上改变传统支架承载的弱点。

（3）增加作用。隧道开挖后立即进行喷锚支护，这样一来既可以将围岩表面凹凸不平的地方填平，消除由于围岩不平而引起的应力集中问题，以免较大的应力集中对围岩造成破坏，又可以确保隧道周边围岩的受力状态，提高软弱围岩的黏结力和内摩擦角，进而提升围岩的强度。

4. 柔性

喷锚支护属于柔性的薄型支护体系，可以和围岩紧紧地贴在一起，其本身具有一定的柔性，可以与围岩一同出现变形，在围岩的一定范围内形成非弹性变形区，并能有效控制围岩塑性区快速发展，使围岩的自承载能力得到充分的发挥。此外，喷锚支护在围岩共同变形中产生压缩，会对围岩产生越来越大的支护反作用力，能够遏制围岩出现较大的变形，有效防止围岩出现松动和破坏。

6.2.2 新奥法施工的基本要点

新奥法施工的基本要点可归纳为以下几个方面。

（1）隧道开挖后，围岩自身承担着重要的支护作用，而衬砌仅仅是对围岩进行加固，使其可以成为一个整体而产生共同作用。因此，在隧道开挖过程中需要最大限度地确保围岩固有的强度,同时也不得由于顶替支撑而使得围岩出现变形和松弛,总的来说保证围岩始终处于三轴应力约束状态是最理想的。

(2)一旦发现围岩出现较大的变形或者松弛,应立即对开挖面进行保护,并能在恰当的时候对其进行敷设,过早或者过迟都不利,同时刚度和强度也不能过大或者过小,还应保证与围岩紧紧地贴在一起,施作成薄性柔层,当然也允许出现一定的变形,使得围岩在释放应力的过程中起到主要的卸载作用,尽量避免其出现弯矩破坏的可能性。这一新型的支护方式与传统的支护方式有很多的不同之处,该支护不是因受弯矩而是受压剪作用破坏的。由于混凝土的抗剪强度远远高于抗拉强度和抗弯强度,从而具有更高的承载能力,一次支护的位移收敛后,可在其表面上敷设一层高质量的防水层,为二次支护奠定坚实的基础。前后两次支护与围岩之间都只有径向力作用。

(3)衬砌需要增强的区段,不仅仅是增大混凝土的厚度,而是需要增加钢筋网、钢支撑和锚杆,使隧道全长范围内采用相同的开挖断面。此外,由于新奥法无须在坑道内设置杆件作为支撑,具有宽敞的施工空间,从而确保了施工人员的安全性。

(4)为了准确了解和掌握围岩与支护的时间特性,在进行室内试验的过程中,需要先在施工现场进行测量,测量内容主要包括衬砌内应力、围岩与衬砌的接触应力、围岩的变位情况,通过以上参数确定围岩的稳定时间、变形速度和围岩的类型等,并在明确地形地质条件的基础上,及时变更施工方法。量测监控作为新奥法中的一个基本特征,重点是围岩支护的力学特征随时间的变化动态。衬砌的做法和时间选择都是根据围岩的变位量测而决定的。

(5)隧道支护在力学上可以当作厚壁圆筒,它指的是由围岩支承环和衬砌环共同组成的结构,二者具有相似的作用,而圆筒在闭合的情况下才能起到力学作用,所以除了坚硬的岩层,敷设仰拱使其闭合是十分重要的。围岩的动态情况主要取决于衬砌环的闭合时间,当上半截面超过隧道掘进的计划范围时,其闭合时间也会相应推迟,进而在隧道的纵向方向形成悬臂梁,避免因弯矩产生不良的影响。另外,为了降低和减少引起围岩破坏的应力集中,断面应确保无角隅,尽量采用圆形断面。

(6)围岩的破坏还会受到开挖、衬砌、支护以及施工方法的影响,其对结构的安全性和稳定性发挥着不容忽视的重要作用。因综合考虑到掘进周期、衬砌过程中仰拱的闭合时间、拱部导坑长度以及衬砌长度等因素的影响,需要将围岩和支护作为一个整体来看待;再从应力重分布角度来看,全断面一次开挖是最具有可行性的,分布开挖反而会使应力反复分布而导致围岩出现损坏。

(7)岩层内部的渗透水压力需要采取针对性的排水措施来降低。就目前的情况来看,新奥法支护体系依然处于探索和发展的阶段,它的前提条件是首先对围岩进行科学合理的分类,然后根据已经建设完成的工程施工经验,确定支护参数。这一工程类比法由于仅考虑了围岩的结构、岩块的单轴抗压强度、项目所在区域内的地形地质条件、坑道跨度以及围岩的自稳定性时间等方面的因素,还需要在实际的设计和施工环节,根据量测的数据和实际情况进行修正。施工现场监控设计,在通常情况下需要先区分设计阶段和最后设计阶段,最后设计阶段指的是根据施工现场的监控量测获得的数据,经过仔细的分析、比较和计算,最后确定设计方案。如果仅仅通过理论解析和有限元数值计算,难以获得既可靠又满意的结果,必须结合以上两种方法共同加以确定。

6.3　新奥法适用条件及施工要求

6.3.1　新奥法适用条件

新奥法适用条件如下:
(1)具备较长自稳时间的中等岩体;
(2)弱胶结的砂以及不稳定的砾岩;
(3)强风化的岩石;
(4)刚塑性的黏土泥质灰岩和泥质灰岩;
(5)坚硬黏土,带坚硬夹层的黏土;
(6)微裂隙的,但很少黏土的岩体;
(7)在较高的初应力场条件下,坚硬的和可变坚硬的岩石。

6.3.2　新奥法施工要求

(1)以下情况中应用新奥法施工还需要配合一些辅助的方法:①具有强烈地压显现的岩体;②膨胀性岩体(与仰拱与底部锚杆相配合);③在一些松散岩体中,要与钢背板配合;④在蠕动性岩体中,要与冻结法或预加固法等配合。

(2)下列情况中,应用新奥法需要进行慎重考虑:①大量涌水的岩体;②由于涌水会产生流砂现象的围岩。

6.4 新奥法的主要原则

新奥法应遵循的原则大约有 22 条,本书主要从以下四个方面进行分析。

1. 整体性

新奥法指的是通过现代岩石力学和系统相结合的分析方法,将隧道设计和施工看作一个整体,采取多元化的施工手段,确保围岩的承载能力。有学者认为,隧道是由岩石支承环和支护体系共同形成且具有相互支持作用的整体,在这一整体中,围岩是重要的承载者,初次衬砌(混凝土喷锚支护)后围岩可以达到基本的稳定状态,内衬砌的主要作用是进一步地确保隧道施工的安全性,防止地下水渗漏。为充分发挥衬砌的重要作用,需要在隧道开挖后的第一时间封闭仰拱,形成闭合环。

2. 稳定性

保证围岩的稳定性是新奥法施工的核心内容,否则围岩就难以成为主要的承载者,如果想要做到这一点,首先从设计方面就要正确选择隧道线路,避免围岩处于单轴或双轴的应力状态下。大量的岩石力学理论知识和实践经验表明,这一应力状态下围岩的强度比较低。所以,为了防止应力集中导致岩体出现破坏,施工企业应当根据工程项目的实际情况科学合理地选择施工方法和机械设备,尽可能减少和降低对围岩的破坏,并在施工过程中及时做好支护,防止围岩出现变形。

3. 承载性

所选择的衬砌类型应当能满足围岩的变形条件,唯有如此才能充分发挥围岩的承载能力,即要对已经完成掘进的隧道做适当的支护,也就是支护的方式和时机都要恰到好处。具体需要从以下两个方面采取措施:①对于围岩出现的变形问题应加以限制,避免其发展阻碍隧道建设的正常进行;②初次支护应当选择薄层的柔性支护,比如喷射混凝土,因为它可以与围岩紧紧地黏结在一起,并与围岩同时变形,提升围岩的强度,更加有利于围岩的稳定性。如果需要两层衬砌,内层应薄一些,外层应与围岩紧密地结合在一起。

4. 及时性

应根据在施工现场实际观测到的数据,合理确定衬砌时间、衬砌方法、衬砌结构和尺寸。在具体的隧道建设过程中，围岩的稳定性、支护方式、支护效果等如果仅仅依靠理论计算很难满足工程建设的实际需求，只有通过对施工现场进行观测，并及时记录围岩变形情况，选择合理的支护方式，才能确保支护体系的可靠性。

6.5　新奥法施工流程

新奥法施工以喷射混凝土和锚杆支护作为隧道建设过程中的主要支护手段，因为喷射混凝土和锚杆支护可以形成柔性薄层，并与围岩紧密结合，且允许围岩具有协调变形，而不使支护结构承受过大的压力。新奥法主要施工流程如下：开挖→支护（初次支护→二次支护）。

6.5.1　开挖

开挖作业主要流程如下：钻孔、爆破、通风、出渣。开挖作业与支护作业同时进行，为保护围岩的支撑能力，初次支护应快速进行；为充分体现围岩自身的支撑能力，具体开挖过程中应采用光面爆破或者机械开挖方式，且尽量采用全断面法，地质条件较差时可以分块多次开挖。一次开挖的长度应当根据岩质条件和开挖方式确定。岩质条件较好时，一次开挖的长度可以长一些，岩质条件较差时，一次开挖的长度应当短一些，同等岩质条件下，分块多次开挖的长度可以长一些，全断面开挖的长度可以小一些。一般情况下，中硬岩的开挖长度为2～2.5 m，膨胀性地层的开挖长度为0.8～1.0 m。

6.5.2　支护

支护作业主要流程如下：一次喷射混凝土、打入锚杆、联网、设置钢拱架、复喷混凝土。隧道开挖后，应当及时喷射一层薄薄的混凝土（3～5 mm）。为争取时间，初次支护作业需要在渣堆上进行，待将未被渣堆覆盖的开挖面一次性喷射完成后再出渣，然后按照相关流程布设锚杆，加固围岩，在围岩内部形成承载拱，与喷层、锚杆、岩棉共同形成外拱，发挥临时支护作用。复喷混凝土的厚度应达到设计要求（10～15 mm），然后将锚杆、金属网、钢拱架覆盖在喷射混凝土内。初次支护的时间十分重要，一般在围岩开挖后自稳时间的1/2内完成。目前，成功的施工经验是松散的围岩应当在爆破作业后的3 h内完成。当然，这还受施工条件的影响。在地质条件较差的破碎地带或者膨胀性的地层（比如风化花钢石）中建设隧道，为了有效延长围岩的自稳时间，为初次支护争取时间，保证施工人员的人身安全，需要在开挖面前方围岩处先进行超前支护，然后再开挖。在安装锚杆的过程中，在围岩和支护中埋设测量仪器，确定测量地点，进行围岩位移和应力判断。根据获得的测量数据了解和掌握围岩的动态情况，明确支护体系和围岩的适应程度。

初次支护后，当围岩变形趋于稳定时，立即进行二次支护和封底，即永久性支护，这样可以提升隧道施工的安全性，充分发挥整体支护体系的承载能力，这一支护效果可以通过监测结果获得。如果底板不稳定，底鼓变形严重，必然会影响侧墙和支护的稳定性，所以应立即进行封底，形成封闭式支护体系，以确保围岩的稳定性。

6.6 横断面开挖技术要点

横断面开挖法又可以细化为全断面开挖法、台阶法、分部开挖法。以下对这三种方法进行详细的分析。

1. 全断面开挖法

（1）概念。全断面开挖法指的是按照施工组织设计要求开挖断面，且一次爆破成型的开挖方法。其表示方法有横断面工序图、纵断面工序图；标注方法有阿拉伯数字（如1、2、3）、罗马数字（如Ⅰ、Ⅱ、Ⅲ）等。

（2）施工流程。

①通过使用钻孔台车钻眼、装药、连接导火索。

②钻孔台车退出、引爆炸药、开挖出整个隧道断面。

③排除危石。

④喷射拱圈混凝土，必要的情况下设置拱部锚杆。

⑤使用装渣机将石渣装进运输车辆，运至隧道外。

⑥喷射边墙混凝土，必要的情况下设置边墙锚杆。

⑦根据工程项目实际情况喷射第2层混凝土、隧道底部混凝土。

⑧通过测量，确定围岩和初期支护变形情况，为修改支护参数提供重要的理论依据。

⑨进入下一道工序。

(3)适用条件。

①Ⅰ~Ⅲ级围岩。

②有大型机械设备(四臂钻孔台车、二臂钻孔台车等)。

③隧道长度或施工区段长度不宜太短。

(4)施工特点。

①工序少、干扰因素少,便于施工组织管理。

②开挖面积大,便于进行机械设备施工,爆破效果良好(深眼爆破)、开挖进度快。

③开挖一次成型,减少和降低了爆破次数,对围岩扰动较小。

④地质地形条件适用范围较窄,当地质地形条件出现变化时,难以改变施工方法。

2. 台阶法

台阶法主要包括长台阶法、短台阶法和超短台阶法。

(1)台阶法的特点。

①将截面分成上半截面和下半截面,先开挖上半截面,再开挖下半截面。

②台阶法是目前隧道施工中应用最广的一种施工方法。

(2)选择条件。

①初期支护形成闭合循环的时间要求:围岩的性质越差,闭合要求的时间越短,所以必须要缩短台阶。

②施工机械效率:效率越高,支护闭合时间越短,台阶可以适当地延长。

(3)长台阶法。

台阶长度:$L \geq 5B$(B 代表隧道开挖的宽度)。

①特点:台阶法施工进度快,仅次于全断面施工法。

②适用范围:Ⅰ~Ⅲ级围岩。

③作业顺序。开挖上半截面流程:钻眼→装药→爆破→推送石渣到下截面。开挖下半截面流程:将推送的石渣运出洞外→钻眼→爆破作业→出渣→边墙喷锚→整个断面施工完成。

(4)短台阶法。

台阶缩短:$(1\sim 1.5)B \leq L < 5B$。

①特点:a.随着支护闭合时间的不断加快,围岩稳定性也逐渐增加;b.台阶缩短,增加了对下台阶施工的干扰。

②适用范围:Ⅳ～Ⅴ级围岩。

③存在的问题:台阶存渣面积越小,台阶的推渣次数就会增多。解决办法:根据工程项目实际情况增加作业时间,加快施工进度。

(5)超短台阶法。

上台阶长度为3～5 m的台阶称为超短台阶。

①特点。超短台阶法更有利于控制围岩变形,但由于上下台阶之间的距离较近,施工过程中的干扰因素较多。

②适用范围。超短台阶法适用于软弱的破碎围岩(比如Ⅴ～Ⅵ级围岩)。

③应当注意的问题:a. 下截面开挖法应当在上截面的基础上进行;b. 开挖后应当立即进行喷拱,围岩暴露的时间越长越不安全;c. 量测应及时进行,随着位移速度的不断加快,应立即采取针对性的措施。

3.分部开挖法

分部开挖法又可以分为环形开挖留核心土法(台阶分部开挖法)、单侧壁导坑法、双侧壁导坑法(眼镜法)、中洞法、中隔壁法(CD法)和交叉中隔壁(CRD法)。

1)环形开挖留核心土法

(1)特点:留核心土支顶工作面,稳定性优于超短台阶法;施工进度慢、分块多、不利于施工通风。

(2)适用范围:一般土质或易坍塌的软弱围岩;可以使用小型施工机具组织和开展施工的场地。

2)单侧壁导坑法

(1)特点:隧道开挖的跨度越小,越有利于围岩的稳定;导坑要及时闭合,或多或少增加了材料的使用量;施工进度慢。

(2)适用范围:隧道断面的跨度大,对地表沉降有严格要求的软弱围层。

3)双侧壁导坑法

(1)特点:双导坑,洞室开挖跨度小,稳定性增加;施工材料增加;施工进度较慢。

(2)适用范围:对地表沉降有着严格要求的大跨度隧道建设。

4)中洞法

(1)特点:先开挖中间的岩土,接着施作中墙混凝土,最后再开挖两侧。

(2)适用范围:双连拱隧道。

(3)施工要求:中洞开挖的高度应大于中墙高度的1 m,开挖宽度应大于中墙的5 m;中洞开挖长度主要取决于隧道建设的长度、宽度和地质地形条件,通常情况下为50~80 m;中洞开挖后应立即进行初期支护;待中墙的强度达到设计要求的强度后方可进行拆模,并进行临时的横向支撑。

5)中隔壁法

(1)特点:沿着围岩的一侧,自上而下分两个部分或者三个部分进行;每开挖一个部分立即进行喷锚支护、设置钢架并施作中隔壁;底部设置临时仰拱;中墙隔壁依次分部连接;开挖中隔壁的另一侧。

(2)适用范围:Ⅴ~Ⅵ级围岩的浅埋双线隧道建设。

(3)施工要求:各个分部开挖过程中,周边轮廓应尽量保证圆顺,这样可以减小应力集中。

(4)高程要求:各底部高程应当与钢架接头保持一致,每个部分开挖高度3.5 m左右,另一侧开挖应立即进行封闭,左右两侧纵向间距控制在30~50 m,中隔壁应为弧形或者圆弧形状。

6)交叉中隔壁法

(1)特点:沿着隧道的一侧自上而下分为两个部分或者三个部分进行,每开挖一个部分依次进行喷锚支护、设置钢架、施作中隔壁;底部设置临时仰拱;完成1~2个部分后立即开挖另一侧,并做好临时支护,形成左右开挖及支护相交叉的情形。

(2)适用范围:Ⅴ~Ⅵ级围岩的浅埋双线隧道建设。

6.7　出渣技术要点

6.7.1　运输

隧道通体采用无轨运输,运输时,应根据施工安排编制运输计划,统一调度,确保车辆运输安全,提高运输效率。

洞内运输的车速不得超过:人力车5 km/h;机动车在施工作业地段单车10 km/h,有牵引车时15 km/h;机动车在非作业地段单车10 km/h,有牵引车时15 km/h;会车时10 km/h。车辆行驶中严禁超车;在横通道地段设置"缓行"标志,必要时应设专人指挥交通;凡停放在接近车辆运行界限处的施工设备与机械,应在其外缘设置低压红色闪光灯,组成显示界限,以防运输车辆碰撞;在洞内倒车与转向时,必须开灯鸣笛或有专人指挥;洞外卸渣地段应保持一段上坡段,并在堆渣边缘内 0.8 m 处设置挡木;路面应有一定的平整度,并设专人养护;洞内车辆相遇或有行人通行时应关闭大灯,改为近光或小灯光;隧道施工设置运输调度,统一指挥安排各工作面有序出渣,洞外材料运输进洞,做到工序交错不冲突,以有效利用狭小的运输通道。

6.7.2　卸渣

应根据弃渣场地条件、弃渣利用情况、车辆类型,妥善布置卸渣线,卸渣应在布置的卸渣线上依次进行;卸渣宜采用自动卸渣或机械卸渣设备,卸渣时有专人指挥卸渣、平整;卸渣场地应修建永久排水设施和相应的防护工程,确保地表径流不致冲蚀弃渣堆。

6.7.3　出渣运输安全措施

(1)根据现场情况和需求配备足够的自卸式出渣车,以满足运输需要。

(2)对洞外弃渣场便道进行拓宽、加固,并对局部部位进行加宽错车,以满足高峰期运输需求,并对局部路况较差的路面进行硬化。

(3)在运输过程中要设置专职养护便道人员,随时清除撒落路面的石头或其他尖锐物体,避免对运输车辆造成损伤。

(4)加强洞内的排水措施及道路清扫工作,保持路面整洁,避免车辆行走时产生打滑等现象。

(5)加强洞内的通风管理,提高通风的质量,保证洞内的空气质量满足要求。

(6)加强洞内的照明管理,严格按照要求设置照明灯泡,并派专人进行检修,保证线路的通畅,对损坏的灯泡要及时更换,保证洞内的照明满足要求,避免车辆行走时由于视线不清而造成危险。

(7)各类进洞车辆必须处于完好状态,制动有效,严禁人料混载。

(8)进洞的各类机械与车辆四面设置反光膜,宜选用带净化装置的柴油机动力,燃烧汽油的车辆和机械不得进洞。

(9)所有运载车辆不准超载、超宽、超高运输。装运大体积或超长料具时,应有专人指挥、专车运输,并设置示界限的红灯,物件应捆扎牢固。

（10）进出隧道的人员（穿反光衣）应走人行道，不得与机械或车辆抢道，严禁扒车、追车或搭车。

（11）人工清渣时，应有专人负责看守，应有联络信号。机械装渣时，坑道断面应能满足装载机械的安全运转，装载机、装渣机操作时，其回转范围内不得有人通过，且不可从汽车驾驶室上经过。

6.8　初期支护技术要点

6.8.1　初期支护概述

初期支护指的是隧道开挖后，当围岩的稳定性不足时，为保证围岩的稳定状态而借助的一种支护方式。初期支护主要包括系统锚杆、钢筋网片、钢拱架以及喷射混凝土等多种方式。

6.8.2　初期支护应遵循的原则

（1）掌子面每开挖一节，就需要立即进行支护，设置钢拱架、锚杆，安装钢筋网片、喷射混凝土。

（2）支护之前应委派专业人员仔细检查和确认掌子面、拱顶以及边帮的安全情况，清理已经松动的危石，一旦发现危险应立即通知施工人员撤离。

（3）作业开始之前仔细检查台车是否设置稳定，操作平台四周必须按照相关要求设置防护栏杆，挂设安全网，配置登高扶梯，登高扶梯应安全稳定地固定在操作平台上，不得存在晃动问题；台车作业过程中应将小型工具放入工具箱，防止工具坠落伤人。

（4）型钢钢架制作过程应禁止采取气割、烧割等可能损伤母材的弯制方法。格栅钢架应采用胎膜焊接，所有的部件应当确保焊接牢固，生产制作完成的成品验收合格后方可使用。

（5）格栅钢架在隧道内安装时应当紧随洞身掌子面，及时挂设钢筋网，架设过程中应垂直于隧道中线，逐榀安装，两节钢架之间应当使用螺栓紧紧地连接在一起，确保其牢固性。

（6）根据钢架重量，科学合理地选择提升设备，吊点部位应埋设牢固，不得使用装载机代替钢架安装作业平台。

(7)相邻的两个钢架之间应连接牢固,防止钢架倾倒,钢架之间的空隙需要使用混凝土填充密实,严禁填充片石。

(8)严格控制钢架的垂直度,对于不符合要求的钢架应当返工,需要更换钢架时,应当逐榀更换,并采用先设立新钢架后拆除废钢架的方法,禁止先拆除废旧钢架再设立新钢架或者同时更换相邻的多榀钢架。

(9)待新的钢架安装完成后,立即锁定锚杆并固定,禁止将钢架置于悬空或者虚土上,以降低和减少垮塌问题。

(10)锚杆施工过程中应严格根据锚杆的设置情况以及周边围岩的实际情况及时调整锚孔的角度,并使用适合的锚杆和钻进方法。

(11)锚杆的类型、规格和质量必须符合国家现行的规定和标准,固定钢架的垫板应当紧紧地贴住孔口处的混凝土,并与锚杆连接,如果发现锚杆头出现变形问题,应及时固定垫板上的螺帽,并做调整。

(12)对于围岩破碎、自稳时间较短、地应力较大的地段,应当使用早强砂浆锚杆或者早强空注浆锚杆,或者增加锚杆的数量,选择高强锚杆,增加锚杆长度和直径,扩大锚杆钻孔直径等措施提升黏结材料的黏结性能。

(13)锚杆设置完成后禁止随意敲击,在锚固材料终凝前禁止悬挂重物。

(14)采用分部开挖法开挖隧道,下部隧道开挖后应及时接长钢架,禁止钢架底角悬空,同时应根据围岩的实际情况控制开挖长度,并在底角增设锁脚锚管。

(15)钢拱架施工完毕后,要第一时间喷射混凝土,喷射机使用前应先送风,然后开机,喷射完成后待喷料全部喷完,先关机,再送风。

(16)在有水地段喷射混凝土之前,应提前对渗漏水的情况进行处理,再将分散出来的渗漏水集中引出来,禁止使用防水布或者铁皮遮盖材料,避免造成喷射混凝土与岩棉出现分离现象。

(17)一旦发现支护体系出现起皮、开裂、掉块等问题,应立即对支护体系进行加固和补强。

6.9 现场量测与监测技术要点

新奥法在隧道建设中应用,比较注重的是围岩的变形情况,因为围岩的变形是其应力形态发生变化最直观的反映,可以为地下空间的稳定性提供精准与可靠的信息。

1. 量测与监测设备的选择

隧道施工现场测量与监测设备多使用收敛计,当下国内外生产的收敛计品类繁多,这就需要施工企业能够根据隧道的跨度、隧道要求的量测与监测精度进行选择。现阶段,使用最多的是 KM-1 型收敛计,它是一种能够量测两点之间的距离或者距离变化的仪器,具有重量轻、体积小、精度高等众多优势,其结构主要由测距、测力和连接三个部分组成。

2. 量测与监测断面设置

量测与监测的断面需要尽量靠近所开挖的工作面,不得太近也不得太远,如果太近会造成开挖爆破下的碎石砸坏测量桩,如果太远优惠遗漏该测量断面开挖之后的变位值。根据《公路隧道施工技术规范》(JTG/T 3660—2020)的规定,量测与监测的点应当距离开挖面 2 m 的范围内安设,并要保证在爆破后的 24 h 内或者下一次爆破前能够获得初次读数。

3. 量测与监测的频度

根据围岩的变形规律,变形量在开挖后不久的初期较大,随后逐渐变缓,最后趋于稳定。根据《公路隧道施工技术规范》(JTG/T 3660—2020)的规定,量测与监测的频度如下:

开挖 1~15 d,量测与监测的频度为 1~2 次/d;

开挖 16~30 d,量测与监测的频度为 1 次/2 d;

开挖 31~90 d,量测与监测的频度为 1 次/周;

开挖 90~120 d,量测与监测的频度为 1 次/2 周;

开挖 120 d 以上,量测与监测的频度为 1 次/月。

由于量测与监测的点不同,位移的速度也就不同。因此应当根据位移的最大速度决定量测与监测的频度。

4. 量测与监测数据的处理和应用

由于施工现场测量获得的数据信息具有一定的离散性,同时还会受到误差的影响,如果不经过数学处理是很难利用的。比如想要了解某一测点的位移速率,简单地将相邻两个时刻获得的数据相对比后显然是不合理的,正确的做法是对所有经过量测和监测获得的数据信息进行回归分析,即采用曲线 $u=f(t)$ 对时间位移点图进行拟合,再计算时刻 t 的函数,就是该位移时刻的速率。因此,量测与监测数据处理的根本目的是:及时监测围岩的变形情况和应力状态,对最终的位移和变形情况进行预测预报;根据围岩的变形情况和空间分布规律,了解围岩的稳定性,以确定合理的支护体系;将各类测量数据进行相互印证,确保测量与监测数据的可靠性。

6.10 防水隔离层施工技术要点

隧道开挖后会有漏水问题出现,根据围岩的实际情况,可能还会出现漏水地段,这就需要设置相应的衬砌防水工程,特别是隧道的洞口处。为确保施工安全,不论是否存在漏水问题都应当设置防水工程,衬砌可采取浇筑混凝土和铺设防水层相结合的方法进行处理。

抗渗混凝土是添加一定比例的增强防水剂的混凝土,可提升防水的渗透效果。防水层一般使用外贴式防水层,对于复合衬砌还需要设置夹层防水层。防水材料使用由树脂和土工布聚合物制作而成的防水薄膜和防水板。防水板又分为橡胶防水板、塑料防水板两种。隧道防水隔离层多使用塑料防水板。以下进行详细介绍。

1. 准备工作

(1)在使用塑料防水板之前,应当先量测隧道的开挖断面,对欠挖部分进行凿除,喷射混凝土表面凹凸不平的地方应凿平,外漏的锚杆和钢筋网头应当齐根切除,并使用水泥砂浆抹平。

(2)仔细检查塑料防水板是否有裂缝、变形、穿孔等问题,保证塑料防水板的质量。

(3)仔细检查施工机具和设备是否完好无损。

(4)仔细检查施工组织设计是否科学合理。

2. 技术要求

(1)施作。塑料防水板的施作应当在初期支护变形基本稳定后和二次衬砌灌注前进行。

(2)焊接。塑料防水板焊接前应擦拭干净,两款塑料防水板之间的接缝应使用热楔焊接,温度和速度应当根据材料的质量和试验结果确定。

3. 质量检测

塑料防水板施工,必须要建立健全与完善的质量检测机构,且认真负责地填写隐蔽工程核查验收清单;塑料防水板应当按照隧道建设的防水等级,采用不同的质量检测方法;质量检测中一旦发现问题,除了应进行详细的记录,还应立即进行修补,对于质量不合格的塑料防水板应立即返工。

4. 塑料防水板的保护措施

二次衬砌之前,禁止在铺设完成的塑料防水板周围开展爆破作业;浇筑混凝土时,禁止模板、堵头损坏塑料防水板。

6.11 混凝土施工要点

(1)混凝土拌和之前,测定砂浆的含水率,然后根据测试结果确定材料的使用量;确定施工配合比。

(2)混凝土拌和物拌制前,水泥质量偏差不得超过1%,集料质量偏差不得超过2%;外加剂质量偏差不得超过1%。

(3)混凝土浇筑之前,应当先将基底的石渣、污物以及基坑内的积水排出,禁止向有积水的基坑内倾倒混凝土拌和物。

(4)泵送混凝土之前,按照设计配合比拌制的水泥浆减半配置混凝土。

(5)混凝土遵循由上至下分层、左右交替和从两侧向拱顶对称灌注的方式,每层混凝土的浇筑高度、次序和方向应当根据混凝土的搅拌能力、运输距离、浇筑速度和洞内的气温等因素确定,为防止浇筑过程中两侧侧压力偏差过大导致台车位移,混凝土灌注面的高度应严格控制在 50 cm 之内,同时还应当合理控制混凝土浇筑的速度。

(6)混凝土浇筑应直接入仓,不得直冲塑料防水板面至浇筑位置,垂直距离应严格控制在 1.2 m 之内,以防混凝土发生离析。

(7)具体施工过程中,输送泵应当连续运转,如果因故中断,中断时间应小于前层混凝土的浇筑时间。

(8)严格控制混凝土入模温度,冬季施工时气温不应低于 5°,夏季施工时气温不应高于 32°。

(9)混凝土应使用振捣器振捣密实,并采取针对性的措施确保混凝土密实,振捣过程中,模板、钢筋、防排水设施以及预埋件不得出现位移。

(10)封顶时,逐渐压住混凝土封顶,如果挡头板上的观察孔有浆液溢出,标志封顶完成。

(11)拱部混凝土衬砌浇筑过程中,应当在拱顶处预留注浆孔,注浆孔的间距不得大于3 m,且每个模板台车范围内的预留孔不得少于4个。

(12)拱顶注浆填充应待衬砌混凝土强度达到设计要求的90%时进行,注入砂浆的强度等级应当满足施工组织设计要求,注浆压力严格控制在0.1 MPa以内。

(13)每次混凝土浇筑完成后,应当立即清理施工现场的废弃物和垃圾,保持施工现场的整洁和干净。

6.12 二次衬砌技术要点

1. 二次衬砌施工流程

二次衬砌施工流程示意如图6.1所示。

2. 作业要点

(1)施工准备。

①洞外台车组装检验。台车体积大、重量大,因此在组装时,场地要用水平仪抄平后铺枕木钢轨后,再吊装行车架。两行车架吊到轨道上后,用水平撑支顶稳固,检查两架之间平面是否垂直、顶面是否水平,合格后吊装门架,门架可按榀在场外组装成型,吊装在行车架上后,拧紧门架与行车架连接螺栓,依次吊二榀、三榀,榀与榀之间使用连杆剪刀撑牢固,检查垂直度、水平度,是否有翘角,无误后吊装上部横架,组装上部模板(左右45°),检查模板曲率总程是否平顺,预留(压浆)孔、顶封混凝土孔是否正确,安装边墙板丝顶,使模板处于最小值时检查外轮廓线,然后伸展到最大值检查外轮廓和增加块填入情况,大小、长短是否在允许值之内,外轮廓合格后检查板与板之间高差、缝隙、灌注混凝土窗口周边是否密贴,检查油路、电路,各项合格方可进洞。组装和检验要分阶段进行,不可全部组装成型后再检查,以减小检查和校正难度,台车组装架立后要按使用说明书进行新机的试验与调整。

②材料准备。混凝土材料由拌和站备料检验。

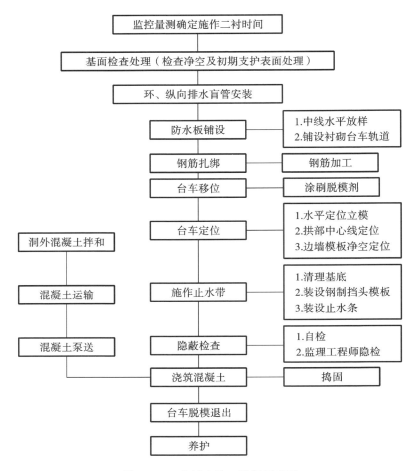

图 6.1 二次衬砌施工流程示意图

③模板准备。每个队必须备钢木堵头板各一副,洞内可用木模,洞门要用钢模,内空要适当放大一些。洞内木模的做法按衬砌厚度确定。由于地质不同,初砌厚度不同,止水带用钢筋架立,板厚 3~4 cm,板缝要严密不漏浆,6 cm×8 cm 方木作带,肋用 8 cm×10 cm 方木与台车端部环向钢筋支顶牢固。水沟模板宜用钢模,长度要与台车长度一致,上部每侧留 4 个左右混凝土灌注窗。

④防水板检查。检查防水板有无划伤,用手将防水板向外、向上推挤,看有无空隙,搭接的防水板是否焊牢,有无波形面、断裂、烧焦、变色等。

(2)测量放线。

①施放中线。仰拱填充后应在仰拱混凝土面上精确设定隧道中线,在此基础上施放二衬大样,并精确施放 90°(法向)线。

②施放水平线。中线设定后在二衬首尾标定内轨顶标高线,左右各两点(共四点)。

(3)铺设枕木钢轨。

①铺枕木。枕木可用标准木枕一锯为四,也可用松方木 16 mm(高)×22 mm(宽)×60 mm(长)。为了提高倒用次数,可用 10～12♯铁丝捆头,铺设枕木要根据中线轨距(3510 mm)摆放整齐,若枕木有缺陷,要大面向下,枕木间距不大于 60 cm。

②垫板选用铁路标准垫板,也可采用 10 mm 厚钢板钻孔替代,以扩散应力,减少变形。

③铺轨:钢轨选用 43 kg/m 型,钢轨要顺直,无塔头下腰,钢轨铺在枕木 1/2 处,轨距 3510 mm,扣件用标准扣件,道钉用螺纹道钉,先用电钻引孔(2/3 深),再用扳手拧紧。

④检查:铺轨完成后用水平仪检查轨面是否平整,轨面不平整要检查轨底和枕木底是否密贴,如间隙过大,用薄木片垫紧。

(4)台车就位。

①台车启动前要检查油路、电路是否良好,润滑油、液压油是否满足要求,台车两端两条水平调整油缸接管是否串接,所有螺栓是否拧紧,并清除周围障碍。

②启动走行电机,行走到衬砌位置后,前后轮支楔,锁闭刹车。

(5)检查油缸接管:当一侧油缸活塞杆伸出时,另一端活塞杆要缩回。

(6)第一次对准台车与隧道中心线。

①台车就位后吊线检查下部是否与隧道中心线对齐,若没有对齐,要检查轨道中心线是否与台车中心线相符,若有误,可操作换向阀手柄使其对齐,差值过大台车要重新就位。

②下部对齐后,顶紧轨面丝顶,操作相应换向阀手柄。顶升台车顶到标准衬砌高程,预留 10～15 mm 下沉量。

(7)二次检查台车中心线与隧道中心线对齐,在台车两端分中挂线到拱顶,与拱顶测量放线拱顶点是否重合,若超出允许偏差,要操作换向手柄使其对齐。

(8)确定上部台车中心线与隧道中心线对齐后,停止泵油然后摇动顶升缸换向阀手柄,使液控单向阀泄压,锁紧顶升油缸,顶紧各门架上的丝顶和两端剪刀丝顶,使其上部稳固。

(9)顶伸侧向模板肋,使模板达到断面尺寸要求,安装侧向所有丝顶,并逐个反复顶紧顶牢,停止泵油。

(10)检查模板外轮廓尺寸是否符合要求,检查平整度,若偏差过大,要找出原因并适当调整。

(11)安装水沟外侧模板,水沟板要结合台车、仰拱支顶牢固,盖板台阶要留透气孔。

(12)装台车顶地千斤和过河千斤(水平撑)时,均要顶紧不得松动,注意端部不得滑移、坠落。

(13)安装堵头板。洞门堵头板按设计与门墙坡度一致,上下、左右在一个平面(斜面)上,封堵严密不得漏浆,一次成形,不得留缺陷,洞内用木模也要严密不漏浆,混凝土不得"烂边",不得扭曲成"蛇"形。洞内堵头板上要固定中埋式橡胶止水带,方法是用 $\phi 6$ 钢筋弯制成三角形固定在堵头板中间,然后将止水带固定于模板和钢筋围成的三角形之间,间距 40~50 cm,钢筋与止水带可用 22# 扎丝固定。

(14)检查台车支架、千斤顶是否牢固,各部螺栓是否拧紧,检查封顶千斤顶缸,要预试千斤顶是否好用,模板是否平整,混凝土灌注窗启闭是否灵活,关闭时是否漏浆,一切妥当方可进入混凝土施工准备。

3. 混凝土施工准备

(1)混凝土泵安装到位后用枕木(方木)垫稳、垫平,管路尽可能减少弯头,竖向 90°弯头处要用方木支顶,竖向管与台车架相对固定,输送管软管与硬管之节头用抱箍接牢,而不得用铁丝绑扎。

(2)电线用电缆从配电箱接出,照明灯电压 36 V,振捣器接上后要试运转。

(3)最后检查台车、模板、防水板、止水带是否还存在问题,确认无误后开始混凝土施工。

4. 混凝土浇筑施工

(1)浇筑顺序由下而上分层浇筑,分层厚度 40~50 cm,采用台形攀升,而不得走"之"字形,隧道左右边同高度浇筑,高差不得大于一层浇筑高度(40 cm)。

(2)振捣采用插入式振捣器,按振动棒作用半径确定插捣距离,振捣到不再下沉、不冒泡为止。振动棒不得靠近防水板,不得接触预埋件止水带和模板。

(3)关闭混凝土灌注窗,关窗之前将窗周边打扫干净。注入窗周边贴双面胶薄泡膜,使其不漏浆。

5. 混凝土封顶

注浆上封顶,混凝土输送泵必须使用低速挡进行输料,不得强行注浆。顶封储缸中的混凝土数量与拱顶需用量一致,顶升千斤要居中,否则拆模后会一边高一边低。

6. 拆模

(1)拆模混凝土强度:达到 2.5 MPa 即可拆模,若地层稳定条件差,没有达到每天 0.15 mm 沉降,要根据设计要求达到一定设计强度,方可拆模。

(2)拆模顺序与立模顺序相反,先拆除水沟、堵头,收回顶地千斤、侧向千斤,再操作油缸使侧向模板脱离混凝土面,拧松螺丝收回顶部丝顶,操作顶升油缸,使顶模脱离混凝土面。

(3)拆模注意事项:不得一次强行脱模,应从两端两次交叉脱模。

(4)养护:拆模后要立即洒水养护,养护时间为 14 d。

7. 一般规定

(1)隧道衬砌施工时,其中线、水平线、断面和净空尺寸要符合设计要求。

(2)衬砌材料的标准、规格及要求等,要符合国家铁路局现行《铁路隧道设计规范》(TB 10003—2016)的规定。

(3)衬砌不得侵入隧道建筑限界,衬砌施工放样时可将设计的轮廓线扩大 5 cm。

(4)衬砌施工时,要与设计单位密切配合,对衬砌完成的地段,要继续观察和监测隧道的稳定状态,注意衬砌的变形、开裂、侵入净空等现象,并作出长期稳定性评价。

(5)灌注混凝土前要将模板内的杂物和钢筋上的油污清除干净,木模板要用水湿润,但不能留积水;当模板有裂隙和孔洞时要予以堵塞,不得漏浆。

(6)混凝土灌注前及灌注过程中,要对模板、支架、钢筋骨架、预埋件等进行检查。发现问题要及时处理,并做好记录。

(7)灌注整体式衬砌时要根据不同施工方法,选择衬砌模板台车或移动式模架,并配备混凝土输送泵和混凝土罐车。

(8)拱架、墙架模板采用定型的金属结构加工制作,预留通风管位置。

(9)拱墙架的间距要根据衬砌地段的围岩情况、隧道宽度、衬砌厚度及模板长度确定,选用 1.0~1.5 m。

(10)拱墙架和模板的架设要位置准确,连接牢固,严防走动,并按隧道中线和高程,综合允许施工误差和拱架预留沉落量的数值,对开挖断面进行复核和修整。

(11)立拱架要以隧道中线为准,按线路方向垂直架设。

(12)立墙架时要按线路中线确定墙架位置,对墙基高程要进行检查,立曲墙架时要标出轨面水平控制位置。

(13)衬砌的施工缝和变形要做好防水处理。

8. 复合式衬砌

复合式衬砌采用仰拱超前时,要根据对围岩和支护量测的变形规律,确定二次衬砌的施作时间。防水层要采用无钉铺设,并在二次衬砌灌注前进行。二次衬砌要在围岩和初期支护变形基本稳定后施作。

第 7 章　隧道掘进机及其施工

7.1　隧道掘进机

盾构隧道掘进机,简称盾构机,是一种隧道掘进的专用工程机械。现代盾构机集光、机、电、液压、传感、信息技术于一体,具有开挖切削土体、输送土渣、拼装隧道衬砌、测量导向纠偏等功能,涉及地质、土木、机械、力学、液压、电气、控制、测量等多门学科技术,而且要按照不同的地质进行"量体裁衣"式的设计制造,可靠性要求极高。盾构机已广泛用于地铁、铁路、公路、市政、水电等隧道工程。

使用盾构机进行隧道施工具有自动化程度高、节省人力、施工速度快、一次成洞、不受气候影响、开挖时可控制地面沉降、减少对地面建筑物的影响和在水下开挖时不影响水面交通等特点,在隧洞洞线较长、埋深较大的情况下,用盾构机施工更为经济合理。

7.1.1　工作原理

盾构机的基本工作原理就是一个圆柱形的钢组件沿隧洞轴线边向前推进边对土壤进行挖掘。该圆柱形钢组件的壳体即护盾,它对挖掘出的还未衬砌的隧洞段起着临时支撑的作用,承受周围土层的压力,有时还承受地下水压以及将地下水挡在外面。挖掘、排土、衬砌等作业在护盾的掩护下进行。盾构机根据工作原理一般分为手掘式盾构机、挤压式盾构机、半机械式盾构机(局部气压、全局气压)、机械式盾构机(开胸式切削盾构机,气压式盾构机,泥水加压式盾构机,土压平衡式盾构机,混合型盾构机,异型盾构机)。泥水加压式盾构机是通过加压泥水或泥浆(通常为膨润土悬浮液)来稳定开挖面,其刀盘后面有一个密封隔板,与开挖面之间形成泥水室,里面充满了泥浆,开挖土料与泥浆混合由泥浆泵输送到洞外分离厂,经分离后泥浆重复使用。土压平衡式盾构机是把土料(必要时添加泡沫等对土壤进行改良)作为稳定开挖面的介质,刀盘后隔板与开挖面之间形成泥土室,刀盘旋转开挖使泥土料增加,再由螺旋输料器旋转将土料运出,泥土室内土压可由刀盘旋转开挖速度和螺旋输出料器出土量(旋转速度)进行调节。

根据盾构机的不同,盾构开挖方法可分为敞开式、机械切削式、网格式和挤压式等。为了减少盾构施工对地层的扰动,可先借助千斤顶驱动盾构使其切口贯入土层,然后在切口内进行土体开挖与运输。

1. 敞开式

手掘式及半机械式盾构均为敞开式开挖,这种方法适用于地形地质条件较好,开挖面在掘进中能维持稳定或在有辅助措施时能维持稳定的情况,其开挖一般是从顶部开始逐层向下挖掘。若土层较差,还可借用千斤顶加撑板对开挖面进行临时支撑。采用敞开式开挖,处理孤立障碍物、纠偏、超挖均比其他方式容易。为尽量减少对地层的扰动,要适当控制超挖量与暴露时间。

2. 机械切削式

机械切削式指与盾构直径相仿的全断面旋转切削刀盘开挖方式。根据地质条件的好坏,大刀盘可分为刀架间无封板及有封板两种。刀架间无封板适用于土质较好的条件。机械切削式开挖,在弯道施工或纠偏时不如敞开式开挖便于超挖。此外,在清除障碍物方面也不如敞开式开挖。使用大刀盘的盾构,机械构造复杂,消耗动力较大,目前国内外较先进的泥水加压式盾构机、土压平衡式盾构机,均采用这种开挖方式。

3. 网格式

采用网格式开挖,开挖面由网格梁与格板分成许多格子。开挖面的支撑作用是由土的黏聚力和网格厚度范围内的阻力而产生的。当盾构机推进时,土体就从格子里挤出来。应根据土的性质,调节网格的开孔面积。采用网格式开挖时,在所有千斤顶缩回后,会产生较大的盾构机后退现象,导致地表沉降。因此,在施工时务必采取有效措施,防止盾构机后退。

4. 挤压式

挤压式开挖分为全挤压式开挖和局部挤压式开挖,由于不出土或只部分出土,对地层有较大的扰动,在施工轴线时,应尽量避开地面建筑物。采用局部挤压式施工时,要精心控制出土量,以减少和控制地表变形。采用全挤压式施工时,盾构机应把四周一定范围内的土体挤密实。

7.1.2 盾构机的组成及各组成部分在施工中的作用

盾构机主要由盾体、刀盘、刀盘驱动、双室气闸等多个部分组成。

1. 盾体

盾体主要包括前盾、中盾和尾盾三部分,这三部分都是管状筒体。前盾和与之焊在一起的承压隔板用来支撑刀盘驱动,同时使泥土仓与后面的工作空间相隔离,推力油缸的压力可通过承压隔板作用到开挖面上,以起到支撑和稳定开挖面的作用。承压隔板上在不同高度处安装有五个土压传感器,可以用来探测泥土仓中不同高度的土压力。前盾的后方是中盾,中盾和前盾通过法兰以螺栓连接,中盾内侧的周边位置装有 30 个推进油缸,推进油缸杆上安有塑料撑靴,撑靴顶推在后面已安装好的管片上,通过控制油缸杆向后伸出可以提供给盾构机向前的掘进力,这 30 个千斤顶按上下左右被分成 A、B、C、D 四组,掘进过程中,在操作室中可单独控制每一组油缸的压力,这样盾构机就可以实现左转、右转、抬头、低头或直行,从而可以使掘进中盾构机的轴线尽量拟合隧道设计轴线。中盾的后方是尾盾,尾盾通过 14 个被动跟随的铰接油缸和中盾相连。这种铰接连接可以使盾构机易于转向。

2. 刀盘

刀盘是一个带有多个进料槽的切削盘体,位于盾构机的最前部,用于切削土体。刀盘的开口率约为 28%,直径 6.28 m,是盾构机上直径最大的部分。一个带四根支撑条幅的法兰板被用来连接刀盘和刀盘驱动部分,刀盘可根据被切削土质的软硬程度而选择安装硬岩刀具或软土刀具,刀盘的外侧还装有一把超挖刀,盾构机在转向掘进时,可操作超挖刀油缸使超挖刀沿刀盘的径向方向向外伸出,从而扩大开挖直径,这样易于实现盾构机的转向。超挖刀油缸杆的行程为 50 mm。刀盘上安装的所有类型的刀具都由螺栓连接,都可以在刀盘后面的泥土仓中更换。法兰板的后部安装有一个回转接头,其作用是向刀盘的面板上输入泡沫或膨润土以及向超挖刀液压油缸输送液压油。

3. 刀盘驱动

刀盘驱动由螺栓牢固地连接在前盾承压隔板上的法兰上,它可以使刀盘在顺时针和逆时针两个方向上实现 0~6.1 rpm 的无级变速。刀盘驱动主要由 8

组传动副和主齿轮箱组成,每组传动副由一个斜轴式变量轴向柱塞马达和水冷式变速齿轮箱组成,其中一组传动副的变速齿轮箱中带有制动装置,用于制动刀盘。安装在前盾右侧承压隔板上的一台定量螺旋式液压泵驱动主齿轮箱中的齿轮油,用来润滑主齿轮箱,该油路中一个水冷式的齿轮油冷却器用来冷却齿轮油。

4. 双室气闸

双室气闸装在前盾上,包括前室和主室两部分,当掘进过程中刀具磨损工作人员进入泥土仓检察及更换刀具时,要使用双室气闸。在进入泥土仓时,为了避免开挖面的坍塌,要在泥土仓中建立并保持与该地层深度土压力和水压力相适应的气压,这样工作人员要进出泥土仓时,就存在一个适应泥土仓中压力的问题,通过调整气闸前室和主室的压力,可以使工作人员适应常压和开挖仓压力之间的变化。但要注意,只有通过高压空气检查和受过相应培训有资质的人员,才可以通过气闸进出有压力的泥土仓。现以工作人员从常压的操作环境下进入有压力的泥土仓为例,来说明双室气闸的作用。工作人员甲先从前室进入主室,关闭前室和主室之间的隔离门,按照规定程序给主室加压,直到主室的压力和泥土仓的压力相同时,打开主室和泥土仓之间的闸阀,使两者之间压力平衡,这时打开主室和泥土仓之间的隔离门,工作人员甲进泥土仓。如果这时工作人员乙也需要进入泥土仓工作,乙就可以先进入前室,然后关闭前室和常压操作环境之间的隔离门,给前室加压至和主室及泥土仓中的压力相同,打开前室和主室之间的闸阀,使两者之间的压力平衡,打开主室和前室之间的隔离门,工作人员乙进入主室和泥土仓中。

7.2 TBM 施工

7.2.1 TBM 施工技术的发展史

早在 1846 年,意大利人就开始研究 TBM(tunnel boring machine),但是,TBM 及其施工技术真正取得成功,当以 1956 年美国罗宾斯成功研制硬岩 TBM 为标志。美、德、意、日等发达国家具有较长的 TBM 设备的生产历史,TBM 及其施工技术在国外已经相当成熟。近年来,硬岩 TBM 先后在铁路建设、水利水电等领域广泛采用，比如，桃花铺隧道、大伙房输水工程、引洮工程、锦屏水电站等工程就是其中的典型代表，先后采用 TBM 施工并已成功完成或正在顺利施工。

7.2.2　TBM 组成与工作原理

TBM 集机械、电子、液压以及激光控制等技术为一体，实现了高度机械化和自动化，是当前最先进的大型地下隧道施工成套装备。TBM 由主机、后配套组成等设备、设施组成，包括刀具、刀盘、刀盘支撑、主轴承、操作室、护盾、主梁以及支撑等。TBM 在掘进作业时，刀盘以一定速度旋转，并将推力传递至刀具，岩石在刀具的作用下形成破碎石块，石块经铲斗送达各级皮带，并向洞外输送，同时，推进油缸不断推动刀具刀盘向前掘进，经换步作业后，进入下一个掘进循环。

7.2.3　TBM 的技术优势

TBM 施工以其快速高效、安全环保等明显优势，更加适宜长距离隧洞（超过 5 km）、大埋深、跨流域甚至跨海洋的岩石隧道的修建。现结合工程施工，从不同角度介绍 TBM 工法在实际施工中所体现的优势。

1. 施工效率极高

TBM 的掘进速度和施工效率明显高于钻爆法开挖隧道的对应指标，且 TBM 施工能够在较长时间内保持较高的日掘进记录，确保施工高峰的提前到来和持续稳定，利于实现稳产高产的进度目标。TBM 在超大洞室的掘进施工中，仍将施工效率提高了 2 倍以上；对于直径为 7～8 m 的常规隧洞，施工效率可提高 5 倍以上。

2. 施工安全、环保

在埋深超过 1500 m 的高埋深区，极易发生岩爆。采用 TBM 施工时，在开挖围岩超出护盾后，就能迅速采取锚杆、钢筋网、钢拱架、喷射混凝土等支护措施，因此，可有效防止由于岩爆塌方给作业人员带来的伤害及对设备带来的损坏。TBM 掘进不是采用炸药爆破，而是依靠安装在 TBM 刀盘上的刀具切削岩石，其在掘进过程中仅会产生少量的粉尘，而这些粉尘还能通过刀盘喷水、加设除尘设备等措施进一步加以减少和消除，有利于保护环境、保护施工作业人员的身体健康。

3. 施工更容易解决通风难题

通风问题是长隧道施工中的关键。常规钻爆法施工由于大量的内燃机械设备作业及爆破时产生的大量烟尘,若没有良好的通风措施,开挖长度超过 3 km 后的通风效果很难达到要求。采用 TBM 施工的长隧道通风效果都非常好。

4. 施工可以实现长距离、高效皮带除渣

在钻爆法施工过程中,采用有轨机车或轮式车辆除渣时,会出现运力不足、运力间断、运力受限于洞内交通而影响开挖和支护并最终降低钻爆施工效率的情况,行车的粉尘还会导致本来就不乐观的洞内空气质量进一步恶化。而采用 TBM 掘进,可以实现从隧道掌子面到弃渣场的长距离、连续皮带传送石渣,洞内外运输经济、便捷。

5. 施工能确保工程质量

TBM 设备配备有先进的测量定位系统,隧洞实际成形轴线能够高精度地满足设计要求。TBM 开挖洞室截面为标准"圆形",无超挖、无欠挖,工程质量可靠。

总之,无论是从施工效率、施工进度,还是从安全与环保的角度来讲,与钻爆法相比,TBM 施工都具有明显的、不可超越的巨大优势。同时,TBM 施工可以实现工程的早日投产、实现投资收益的最大化。所以,在超长隧道施工领域,TBM 施工设备及技术是值得大力推广的一种具有光明前景的施工工艺。

7.3 复合式 TBM 隧道施工注意事项

7.3.1 防止复合式 TBM 主机被卡

主机被卡主要有以下几个方面的原因:边刀磨损严重,隧道开挖面不够;主机姿态异常,方向调整太快;长时间停机,开挖空洞室收敛;掘进机停机时,未有效地控制盾尾注浆,浆料将壳体包裹;地层坍塌压住掘进机壳体。

在实际施工过程中,掘进机主机被卡大部分是以上几个原因累积的综合结果。复合式 TBM 在轨道交通施工的过程中,与普通的盾构工程相比,掘进开挖

面较硬,可压缩性差,与硬岩 TBM 相比,掘进机主机长度(主要指盾壳)长,所以上述几种原因造成卡盾的概率会更大。

1. 边刀磨损

在施工过程中,首先要勤查边刀的磨损量,做到心中有数。掘进机司机要时刻关注推力的大小,根据 TBM 推力的大小判断隧道的开挖直径;因地层硬度的变化等导致难以准确判断时要及时开仓检查刀具。

2. 停机时间

在收敛比较大的地层,特别是在边滚刀磨损量快达到换刀极限时,尽量不要长时间停机,尽可能将边滚刀与正滚刀的更换里程错开,这样会在最短时间内换完边滚刀恢复掘进,降低地层收敛导致主机被卡的风险。

3. 注浆

掘进中途停机时,准备停机的前 1 环,要严格控制注浆材料的配比与注浆压力,如地层允许可以在停机前 1 环停止注浆,恢复掘进后补注砂浆,防止注浆料将主机壳体包裹。

7.3.2　防止复合式 TBM 刀具异常损坏

掘进机在硬岩地层施工时,刀具的异常损坏是影响施工成本与施工进度的一个重要因素。复合式 TBM 在地铁施工中,刀具面临更差的工况,因此刀具是施工控制的重点。刀具的正压力过载与振动是造成刀具损坏的两个重要原因。

(1)复合式 TBM 刀具所承载的正压力与主机的摩擦力、土仓的水土气压反作用力及 TBM 拖力、反作用力等一些不定量的作用力共同构成了 TBM 的推力。因复合式 TBM 主机长,主机摩擦力变化大,使得司机容易因各项作用力判断失误而造成刀具过载。主机司机一定要科学地判断作用于 TBM 刀具上的正压力,如推力大无法准确判断应立即停机检查。

(2)设备产生振动的大小与两个方面有关系:一是振源;二是削减振动的能力。复合式 TBM 因为在硬岩中施工,采用较小的贯入度和较高的刀盘转速,因而产生了较大的振动。TBM 与开挖的洞室没有相对的作用力(油缸将主机支在洞壁,能减振),而复合式 TBM 自由停放在开挖洞室,无吸振、减振的功能,所以在复合式 TBM 施工过程中,要经常检查刀具及刀具螺栓,发现有松动时要及时紧固，刀具换完掘进 1 环左右时，要对刀具的螺栓进行复紧，主机上的其他螺栓、阀等也要经常检查，防止因振动造成设备故障停机。

7.3.3 渣土改良和掘进模式

地铁施工采用的复合式 TBM 为了能实现土压平衡的功能，采用了螺旋输送机出渣，渣土顺利地输出土仓是顺利施工的一个关键。

(1)据地质情况及时调整掘进模式，尽可能地用气压模式掘进。使用气压模式掘进时，土仓渣土可处于半仓状态，减少刀具的二次磨损和降低刀盘的搅拌力矩及驱动扭矩；由于气体对传感器压力作用比较均衡，传感器反映的土仓压力比较准确，有利于掘进沉降的控制；由于气体的可压缩性大，当出土过快或过慢时气体的压缩或膨胀可容忍或弥补土仓渣土容积的变化，保持土仓压力的恒定，有利于掘进沉降的控制。

(2)改良渣土，使其具有较高的流动性。对于螺机出渣形式，最能适应的土层就是含有足够细颗粒，并且含水率为 $25\%\sim30\%$ 的地层。当地层中没有足够的细颗粒时，例如砂卵石地层、硬岩地层等应采取辅助的处理措施，如注射泡沫、聚合物或高浓度的泥浆，以便螺机有效地排渣。

第 8 章 隧 道 养 护

8.1 隧道运营阶段的养护工作

隧道作为公路交通运输领域的咽喉,大部分修建在地形复杂和周边没有迂回道路的场所,一旦隧道由于各种因素关闭、堵塞无法正常运营,就会给过往的车辆带来较大的负面影响。同时,在隧道运营阶段,由于车流比较大、设备使用频率较高,加之地质地形条件、水文特点等因素的变化和影响,隧道中的土建结构、设施设备以及附属装饰物在使用了一段时间之后就会出现不同程度的破坏,影响隧道的正常通行和运营能力。隧道出现病害的原因是复杂多变的,为了保证隧道的正常通行,在隧道的运营阶段,公路管理部门必须要注重和加强对隧道的养护管理,除了要做好日常的检查,还应当对已经出现病害的部位采取针对性的措施进行修补,进而保证隧道的正常使用,提升隧道的使用寿命。

8.1.1 隧道运营阶段养护内容

隧道运营阶段养护内容主要包括土建结构的养护、机电设备的养护和隧道装饰物的养护。

1. 土建结构的养护

隧道土建结构主要包括洞内和洞外的路面工程、洞外路堑、路堤等的路基工程,洞口的仰坡、侧墙洞内衬砌等的岩土工程,防积雪、防冻和保温工程以及排水设施,比如排水边沟、平行导坑、横洞、盲沟、竖井等。在具体的养护过程中,应当确保土建结构功能的完整性,不得出现裂隙和脱落。洞内不得出现渗水和结冰,路面不得出现车辙、鼓包以及坑槽等病害,排水设施应当确保水流畅通,不存在堵塞、洞外水流渗入洞内等问题。隧道土建结构检车项目如表 8.1 所示。

表 8.1　隧道土建结构检车项目

序号	检查部位	检查内容
1	洞口	山体是否存在滑坡；岩石是否有崩塌的征兆；边坡和护坡是否有缺口、冲沟、塌落等问题
2		护坡、挡土墙是否存在裂缝、下沉以及表面风化等问题；泄水孔是否堵塞、周围地基是否存在错台和空隙等问题
3	洞门	墙身是否开裂、有裂缝
4		衬砌是否出现了起层、剥落
5		结构是否有倾斜、断裂和沉陷
6		混凝土钢筋是否外漏
7	衬砌	衬砌是否有裂缝、剥落
8		衬砌表层是否出现了起层、剥落
9		墙身施工缝是否出现了开裂、错位
10		路面上是否有坍落物、滞水、结冰等现象
11	路面	道路是否损坏，盖板是否缺损，栏杆是否变形、锈蚀和破损
12	检修道	结构是否破损，边沟盖板是否完好无损，沟管是否出现了开裂和漏水
13	内装	有无变形、破损

2. 机电设备的养护

隧道机电设备主要包括供电动力部分、照明部分以及隧道通风设备。其中，动力供电部分又包括输电线路、变压器以及临时紧急用电设备；照明部分包括隧道的照明设施、指示灯和灯箱等；隧道通风设备包括通风机、通风管道、排烟系统等，特别是隧道机电设备所有的管线、器材应当全部做好防潮湿和防鼠咬等措施；照明设备应当具备防震、防潮和防尘等功能，并能保证良好的透光性；隧道中的消防设施，比如洞顶的消防池、洞内的灭火器材应进行定期检查，一旦发现有损坏应当立即更新，保证其处于良好的使用状态，并放在比较容易调动的地方；洞内外的标志、定向以及指示信号应当保证完好无损、醒目可用。

3. 隧道装饰物的养护

隧道装饰物主要包括隧道内衬砌上的雕刻、装饰板以及洞外的绿化等，保证隧道装饰物的整洁、干净,绿化植物应当定期进行浇水、施肥和剪枝等,保证其始终旺盛不衰竭。

8.1.2 隧道运营阶段养护措施

1. 注重对隧道的养护与巡查

隧道运营阶段的检查主要包括日常检查、定期检查、特别检查以及限界检查等,通过以上检查方式可以在第一时间内发现隧道运营阶段存在的各类病害、安全隐患和损坏情况。其中,日常检查应进行分类并采取针对性的方式,比如隧道内的标牌、指示灯、照明设备和装饰物等,如果出现了损坏很容易就会被检查人员发现;对于隧道土建结构的损坏,比如洞内衬砌、路面、洞门以及洞口等部位,可以使用专业的测量工具分阶段地进行检查,特别要检查路面是否存在裂缝、鼓包以及坑槽等问题,隧道壁和顶部衬砌应重点关注是否存在渗水、滴水和剥落等现象,对于发生过因车辆碰撞或者其他原因导致隧道路面出现破损的,应立刻进行特别检查,掌握破损程度和采取针对性的修复措施。

2. 做好对设备的清洁与维护

隧道内清洁的环境是保证隧道运营阶段正常运行的重要内容,主要包括路面、墙面、标志牌、指示灯以及排水部位等的清洁工作。所以,隧道内的清洁工作应当作为一项日常的工作来做,除了要进行定期的检查,还要根据隧道内的交通状况和污染程度制定科学合理的卫生清洁计划和灵活的卫生作业方式。此外,还应当根据某一特定路段的突发情况,比如,垃圾运输车、建筑材料运输车散落的污物和杂物,进行专门的检查和清扫。

3. 做好对隧道的预防性养护

隧道的预防性养护的根本目的在于防患于未然,在隧道病害发生之前就采取针对性的养护措施,可以有效避免隧道病害的发生和扩大。根据隧道运行的实际情况,虚心借鉴其他隧道成功的养护经验,制定针对性的预防养护计划,对隧道进行定期和不定期的养护。隧道预防性养护的内容主要包括隧道排水系统的清淤和疏通、隧道顶部和墙面局部渗水的引流和修补,特别要注重对隧道内设施设备的预防性养护,比如反光标志、标牌、排水沟的缺损和修复。

4. 建立隧道养护数据信息库

公路隧道管理部门应当借助当前飞速发展的信息技术,构建健全与完善的隧道养护数据信息库,对隧道在运行阶段发生的各类交通事件、安全事故、定期和不定期养护的时间、养护的内容进行详细的记录。同时,还要将发生在隧道内的重大的和具有代表性的事件进行详细的记录、归纳和总结,不断总结经验、吸取教训,为后续隧道的养护奠定坚实的基础。

8.2 隧道档案的建立

8.2.1 隧道档案建立现状

据不完全统计,截至 2021 年,我国建成的隧道总长已经超过了 9000 km,在建隧道总长 4800 km,到 2030 年规划建设隧道 6000 座,长度计划超过 8000 km,不论是隧道建设的长度还是总量都远远超过了世界上很多国家,我国已经成为全世界隧道建设最快的国家。在信息技术和经济社会快速发展的今天,同时随着数字铁路、智能铁路等课题的不断深入,传统的隧道管理对于新时期下隧道档案管理而言早已显得捉襟见肘。

在隧道高速发展的大背景下,优化和完善隧道档案,以数字化和信息化的手段对其进行利用和管理,已经成为必然的发展趋势。同时,将先进的管理方法、管理手段和管理技术用于改善隧道档案管理水平、提高档案管理效率是时代发展的基本要求,也是我国铁路发展的必然要求。

8.2.2 隧道档案的内容

每一座隧道都应当建立隧道档案,特别是对于长大隧道来说,其档案的建立更应当详细与准确。隧道档案的建立并不是简单地对数据进行采集与管理,最重要的是将这些采集而来的数据信息进行更进一步的加工,使其可以更好地为运营阶段的隧道服务。隧道档案建立至少应当包括 2 个部分的信息:隧道全生命周期档案建立与单位信息。

(1)隧道全生命周期档案建立。隧道全生命周期档案建立指的是隧道在勘察、设计、施工、运营、维护等各个阶段档案信息的采集,针对各个阶段隧道档案,由相关单位真实上报,保证上一阶段的隧道档案建立可以为下一阶段隧道档案的建立提供真实的资料。

(2)单位信息。隧道档案还包括隧道不同建筑单位的档案信息,以便可以及时地追溯相关单位的责任。相关单位指的是勘察单位、监理单位、建设单位、施工单位以及运营维护管理单位等。

8.2.3 隧道档案组织方式

隧道档案建立是一个长期和逐步积累的过程,如何有效组织隧道档案信息,将隧道档案进行最大限度的利用,促进隧道知识的创新与循环,充分发挥隧道档案在运营阶段的作用和功能,才是隧道档案建立的重中之重。隧道档案组织方式大致可以分为以下四个方面。

(1)合理运用地理信息系统、三维建模技术以及虚拟现实技术全方位地采集隧道档案信息,为实现隧道全生命周期的可控性管理提供技术支撑和决策依据。

(2)逐步规范隧道档案信息采集、上报格式,建立标准的隧道档案,规范隧道在勘察、设计、施工、运营、维护等各个阶段的内容,明确隧道全生命周期内各个单位应尽的责任和义务。同时,积极推进隧道档案采集手段的多样化,制定分层上报、分层审核的档案上报机制,确保不同阶段隧道档案建立的完整性、及时性和真实性。

(3)完善隧道档案建立渠道、方式。隧道档案建立指的是以既有隧道、在建隧道档案数据为基础,新的隧道档案建立应与之有所区别:第一,对于新建和在建的隧道,其档案的建立应当从勘察设计阶段开始,所有隧道在勘察设计阶段的信息应当全部纳入隧道档案的范畴,然后依次经过设计、施工、运营和维护各个阶段不断完善隧道档案信息;第二,对于既有的隧道,关于过往隧道档案建立过程中存在的问题,相关部门可以组织隧道档案建立小组,以隧道运营单位为牵头单位,以设计单位、勘察单位、施工单位和监理单位为参与单位,对缺失的隧道档案进行补充和完善,对于实在难以搜集到的原始资料隧道,应当组织专业人员对隧道档案进行详细的勘察、分析和整理。

(4)隧道档案与使用的智能化。逐步完善隧道地理位置信息查询、属性信息查询,并根据查询的结果生成相应的专题报表。

8.2.4 隧道档案框架

隧道档案是一个纵向和多层次的有机整体,涵盖了隧道在运行阶段所有的数据信息,比如空间、图纸文件信息等,是一个专业的数字化平台,其主要由软、硬件平台,网络平台,数据平台,隧道信息共享以及隧道行业综合应用平台组成,如图8.1所示。

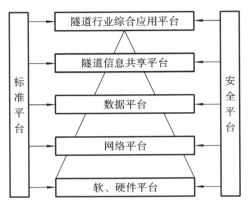

图 8.1 隧道档案逻辑框架图

8.3 隧道水害及整治措施

8.3.1 隧道水害问题

有调查研究结果表明,当前我国大部分在运营阶段的隧道,有60%以上的隧道存在水害问题,引起的原因也是多方面的,比如设计与施工方面的原因。

(1)设计方面的原因。由于隧道属于永久性建筑物体,设计年限一般为80~100年,在运营阶段,建设质量优良的隧道一般不会出现水害问题,但是如果在设计阶段缺乏充分的地质勘察,不了解其水文特点和地形地质条件,就无法准确地判断隧道所经过的破碎带和断层带,必然影响设计方案的合理性与可靠性,进而给运营阶段的隧道带来较大的水害问题。

(2)施工方面的原因。施工方面的主要原因指的是隧道围岩的地下水,以渗漏或者涌出、衬砌周围积水、潜流冲刷等方式进入隧道,导致隧道出现水害现象。

①漏水和涌水。在隧道的运营阶段,围岩的地下水以渗透或者涌出的方式进入隧道内造成危害,对隧道的结构产生了重要的影响,使得混凝土衬砌风化、腐蚀和剥落,隧道内的道床翻冒泥浆,轻则危及行车安全,重则导致隧道运行中断。

②衬砌周围积水。衬砌周围积水指的是运营阶段隧道中的地表水向着隧道走位渗流,如果不能及时地将隧道内的水排出,就会引起如下危害:水压较大的情况下导致隧道衬砌破坏,使得完整的围岩结构面软弱夹层由于渗水而软化或者泥化,自身失去承载能力,加大衬砌压力,导致衬砌破坏。

③潜流冲刷。潜流冲刷指的是由于地下水的渗漏而产生的冲刷和溶蚀现象,危害的表现主要有衬砌基础下沉、边墙开裂、整体道床下沉开裂等。

可以看出,隧道水害的类型繁多,虽然这些水害并不都会在实际工程中出现,但每一种水害都应当引起我们的高度重视。

8.3.2 隧道水害防治措施

隧道水害问题需要通过做好防水措施、制定排水和堵水措施来综合治理。

1. 做好隧道防水措施

对于隧道水害问题的整治,做好防水措施是十分重要的。以新建的隧道为例,衬砌防水大部分是使用防水混凝土或者外贴式防水层,考虑到实际应用效果,外贴式防水是隧道防水施工中最常用的一种措施。但是,如果隧道出现水害,使用外贴式防水是不太理想的,因此,可以增设内防水层。在具体的施工中,内防水层的作用是阻止水流进入衬砌内部,再阻止其进入隧道。设置内防水层的方式主要有以下三种。

(1)涂刷防水材料,比如橡胶沥青、橡胶水泥等。

(2)刮压内防水层。大部分情况以 R 材料作为防水层材料,其特点是无毒无味,可以在潮湿的环境下施工,且价格还比较低廉,缺点是必须要做好养护工作,否则就会影响最终的防水效果。

(3)喷涂内防水层。喷涂材料以水泥砂浆、阳离子乳化沥青为主。其中,水泥砂浆具有施工便捷、耐久性好以及价格低廉等众多优势,但抗裂性能和抗渗性能比较差;阳离子乳化沥清的优势是可以在潮湿的环境中施工,材料延伸率较大,抗裂性能和弹性较好,但需要在防水层中设置保护层,以确保其作用和功能的充分发挥。

2. 制定隧道排水措施

1)隧道洞外排水施工

隧道排水应当从进洞前开始。隧道进洞前,对于坡顶有积水的现象,需要进行开沟疏导处理。同时,对于凹陷和低洼的地段应当铺设衬砌片石或者回填黏土;对于洞顶有沟谷的,在沟底裂缝较多的情况下可以使用水泥砂浆片石铺砌或者注浆封底。

2)隧道进洞排水施工

隧道进洞时需要先开挖边坡,在隧道一定区域内形成潜伏滑塌区,滑塌区内的岩土受扰动后产生不同程度的间隙。为有效防止坡顶地表水顺着坡顶流入潜伏滑塌区,在其区域以外还应设置排水沟,对于地表径流较大的情况可以设置多条排水沟,防止雨水渗入隧道内。

3)隧道洞身、洞内排水施工

当隧道洞壁渗水量较大,影响初期支护时,可在仰坡渗水部位设置排水板遮挡,再进行初期支护。铺设排水板过程中,纵距不得过小,过小就会影响混凝土与围岩的黏结,降低支护力,无法实现支护效果。

3. 制定隧道堵水措施

对于隧道水害问题,可以按照其流量、面积并根据渗漏面积分为点状漏水和面状漏水两种类型。其中,点状漏水可以通过注浆堵漏方式予以处理,注浆方式主要包括衬砌内注浆、衬砌背后注浆。同时,还应当根据渗漏产生的原因和严重程度进行科学合理的选择。面状渗水也可以使用上述防水措施,并设置防水层。但在施工过程中,需要保证防水材料的抗震性、膨胀性和弹性,确保其可以与基层牢固连接在一起,常用的材料主要包括防水砂浆、改性沥青以及聚合物水泥砂浆等。

8.4 衬砌裂损及整治措施

8.4.1 衬砌裂损相关概述

1.隧道衬砌裂损的概念

隧道衬砌裂损指的是隧道内衬砌的开裂、变形、片块脱离、大块塌落等,出现以上问题的原因大部分是隧道岩体破碎地段或者断层破碎带地段围岩较为松散(地质条件因素)、施工过程中对于超挖部分回填不实、防排水设施设置不当(施工因素)等,在长期的地下水作用下引起围岩松动,使得衬砌压力不均匀。其中,地质条件是引起隧道衬砌破损的重要原因之一。

2. 隧道衬砌裂损的类型

隧道衬砌裂损类型可以分为衬砌变形、衬砌移动以及衬砌开裂三种。衬砌变形可以分为横向变形和纵向变形两种。其中,横向变形是隧道中最主要的变形形式,指的是衬砌在围岩应力的作用下发生的滚轴形状的改变,造成衬砌开裂,严重时还会导致少部分衬砌侵入限界,引起隧道坍塌。衬砌移动指的是衬砌部分或者整体出现倾斜、平移或者下沉等。衬砌开裂指的是衬砌表面出现裂缝,比如张裂、压溃、错台。常见的隧道裂缝主要包括单缝、双缝、环形缝、X形缝、树枝缝以及龟裂等,按照隧道纵向和走向的相互关系可以分为纵向裂缝、环向裂缝和斜向裂缝三种,如表8.2所示。不同的裂缝有着不同的分布特点,且对隧道的安全影响也是不尽相同的。

表8.2 常见的隧道裂缝

裂缝类型	危害及成因	分布特点
纵向裂缝	对平行隧道轴线危害最大,可引起隧道掉拱、边墙出现断裂,进而造成整个隧道塌方	双线隧道多出现在拱腰,单线隧道出现在边墙
环向裂缝	由纵向不均衡荷载、围岩地质变化、沉降缝等处理不当引起的沉降造成	多发生在洞口、不良地质段和不同围岩段的交接处,占隧道裂缝总长的30%及以上
斜向裂缝	斜向裂缝与隧道纵轴成45°,主要由混凝土环向应力、纵向受力共同组合而成的拉应力引起,其危害性仅次于纵向裂缝	多发生在隧洞拱腰中部,是隧道常见的裂缝之一

3. 隧道衬砌裂损检测

隧道衬砌裂损检测对于判断隧道病害产生的原因具有极其重要的现实意义。衬砌裂缝检测主要包括对裂缝宽度、深度、性质等的调查(如表8.3所示)。随着隧道使用时间的不断增加,需要根据调查结果分析并按照一定比例绘制裂缝展示图。

表 8.3　裂缝分布形态调查

调查项目	检测方法
宽度	可以通过使用读数显微镜(刻度为 0.2 mm)检测
深度	声波检测仪,也可以使用比较直观的钻芯法
性质	分为张拉裂缝、受压裂缝、受剪裂缝。张拉裂缝外大内小;受压裂缝外小内大,裂缝呈现不规则的鱼鳞状;受剪裂缝用手触摸有错台的情况
发展动态	通过摄影方法进行调查,但这一方法只能反映裂缝的宏观现象,难以反映微观表象

8.4.2　衬砌裂损的整治

1. 衬砌裂损整治原则

衬砌裂损整治首先应当消灭既有衬砌对隧道结构和运营造成的所有危害,采取针对性的措施控制已经裂损的部位,防止裂损进一步扩大,所以需要采取以稳固围岩和岩体为主且加固衬砌为原则的措施进行治理。

2. 岩体稳固措施

岩体稳固可以起到的作用主要表现在如下方面:改变地压分布图形,控制围岩塑性变形扩展;消灭围岩膨胀、冻胀、软化、泥化、浸析以及崩塌等病害问题,最大限度地缩小危害程度、控制围岩变形,消除围岩地下水对衬砌的动水压力、静水压力和潜流影响,控制岩体整体滑移、错落。

1)治水稳固岩体

地下水浸泡对围岩稳定性的影响是最大的,通过治水是稳固岩体的重要举措。

2)锚杆加固岩体

对于围岩类型较好的岩体,需要沿着衬砌内侧向围岩内打入相应数量和深度的金属锚杆、砂浆锚杆,这样可以将不稳定的岩块固定于稳定的岩体上,增加破碎围岩的黏结力,形成具有一定厚度的承载拱,然后再将岩层串成一个组合梁,与衬砌一同承受外力荷载。

3)注浆加固围岩

通过向破碎和松动的岩体内注入水泥浆液、水泥-水玻璃浆、可以起到加固围岩的重要作用，使衬砌背后形成一个厚度为 1~4 mm 的人工固结圈，起到稳固岩圈的重要作用。

8.5 衬砌侵蚀及整治措施

8.5.1 衬砌侵蚀的类型

衬砌侵蚀类型分为物理侵蚀和化学侵蚀两类。物理侵蚀主要包括冻融交替部位的冻胀性裂损和干湿交替部位的盐类结晶胀裂损坏两种。化学侵蚀是一个比较复杂的物理化学过程，综合国内外的理论知识和实践经验，并根据物理因素和腐蚀破坏机理，可以细化为硫酸盐侵蚀、碳酸盐侵蚀、镁盐侵蚀、溶出型侵蚀这四种类型。隧道内混凝土衬砌按其种类可以分为水蚀、烟蚀、冻蚀和骨料溶胀等。

1. 水蚀

水蚀指的是隧道衬砌受地下水的影响而产生的腐蚀，一般发生在隧道的拱部、边墙、排水沟和电缆槽等部位。

2. 烟蚀

烟蚀指的是在蒸汽机车牵引的区段产生的烟雾对衬砌混凝土造成的侵蚀，主要分为化学侵蚀和机械侵蚀两种。

3. 冻蚀

冻蚀多指的是严寒地区隧道的混凝土衬砌由于冻融交替产生的侵蚀。

4. 骨料溶胀

骨料溶胀指的是混凝土中的粗骨料、细骨料中含有的遇水溶解和膨胀材料而导致的对衬砌的侵蚀。

8.5.2 衬砌侵蚀整治措施

1. 准备工作

衬砌侵蚀应先从勘察设计阶段入手，掌握和了解隧道的地形地质条件、水文特点，查明环境中含有侵蚀性介质的成分，在此基础上采取针对性的措施进行防治。

2. 制定防侵蚀措施

在不同类型衬砌侵蚀中，除了烟的机械侵蚀，水蚀也是主要的病害媒介，因此防侵蚀必须先治水。环境水对混凝土侵蚀的判断标准如表8.4所示。

表8.4 环境水对混凝土和水泥砂浆的侵蚀分类表

侵蚀程度	硫酸盐侵蚀/(mL/L)	镁盐侵蚀/(mL/L)	酸性侵蚀（pH值）	盐类结晶型侵蚀/(g/L)	溶出型侵蚀/(mg/L)
弱侵蚀	250~1000	1001~3000	5.5~6.5	10~15	0.7~1.5
中等侵蚀	1001~4000	3001~7500	4.5~5.4	16~30	<0.7
强侵蚀	4000	7500	<4.5	<30	不做规定

环境水对混凝土和水泥砂浆的侵蚀主要体现在三个方面，即溶出型侵蚀、结晶型侵蚀和复合型侵蚀。对于溶出型侵蚀，只要能够解决衬砌的漏水问题，就可以达到预防侵蚀的根本目的。对于结晶型侵蚀，侵蚀是由水泥中的化合物和水的作用形成的新的化合物或者是水中盐类介质析出结晶，造成体积膨胀而导致的材料破坏，而析出结晶的条件是混凝土和水泥砂浆中的干湿变化频繁。因此，对于这一类型的侵蚀，仅仅防止渗漏是不行的，还要防止混凝土浸水，避免侵蚀水和混凝土发生反应，这就需要使用抗侵蚀混凝土修建衬砌或者使用防蚀层防止混凝土衬砌的侵蚀。复合型侵蚀即溶出型侵蚀和结晶型侵蚀同时作用或交替作用。

8.6 隧道冻害及整治措施

8.6.1 隧道冻害原因

1. 冻胀原因

对于隧道的冻害问题，国内的学者和专家一直处于探索和发展的阶段，普遍认为容易冻胀的岩石具有以下特征：软质和细颗粒的泥质岩、吸水量不小于

20%。不容易冻胀的岩石,受长时间的风化影响就会破碎。

除了以上地质地形条件,隧道发生冻胀的原因还体现在以下几个方面:

(1)隧道所处的环境温度在0℃以下,且时间较长;

(2)周边围岩结冰膨胀;

(3)围岩的含水量较高。

日本某学者根据上述条件提出了隧道冻胀的判断标准,这一标准得到了普遍的认可,隧道围岩冻胀判断标准如表8.5所示。

表8.5 隧道围岩冻胀判断标准

判定标准	冻害条件
单轴抗压强度	5 MPa以下
干燥密度	5 g/cm³以下
饱和湿润密度	2.0 g/cm³以下
含水量	25%以上
细粉砂以下的细颗粒含量	20%以上

2. 隧道结冰

隧道结冰首先失效的是保温侧沟,保温侧沟作用消失主要由以下几个方面的原因引起:

(1)冬季极寒的天气中,隧道保温侧沟通能力不足;

(2)隧道保温侧沟水流变慢,加速了其冻结程度;

(3)隧道保温侧沟施工过程中,双层盖板不密贴;

(4)隧道所在的区域内,冬季风雪天气时间长,洞外风雪吹进洞内后融化,雪水流进侧沟内导致保温材料失效。

当保温侧沟完成结冰失去作用时,冰层就会逐渐没过匝道和轨道。经过检查发现,隧道侧沟和道闸冻结最严重的月份在每年的1月份左右,即冻害发生时间与外界气温大约有1个月作用的时间。

8.6.2 隧道冻害治理措施

隧道冻害治理的根本目的在于恢复隧道排水系统和侧沟排水系统,二者之间相互影响、相互依托。

1. 采取针对性措施恢复隧道背后排水系统

隧道背后排水系统指的是在初期支护和防水层之间设置环、纵向排水盲管,将环向和纵向排水盲管相互连通,在衬砌的墙角处将盲沟中的水排入隧道侧沟内,确保隧道排水盲管不冻结。需要设置衬砌保温层,使衬砌内的温度可以始终保持在 0 ℃以上。

2. 保证隧道保温侧沟畅通

隧道洞内排水系统主要指的是在洞内设置贯通侧沟,洞口段设置双层保温侧沟,洞口端设置中心埋深水沟,然后再将洞口管洞内侧沟和中心埋深水沟连通,将水通过中心埋深水沟、洞外保温排水管排出。目前,国内运营阶段隧道通常使用的防止侧沟结冰方法有电伴热。电伴热设置方式主要有接触水和不接触水两种,经过对其优缺点的比较,通常选用接触式电伴热方式阻止侧沟结冰。

(1)高洞口段发生冻害的段落在 500 m 之内,侧沟位置设置电伴热(如图 8.2 所示)。

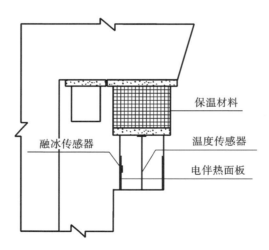

图 8.2 电伴热传感器设置方式

(2)电伴热使用电加热板加热,洞口 300 m 处,侧沟底部和两侧都需要铺设电加热板;洞口 300~500 m 处,侧沟仅仅底部铺设电伴热。

(3)通过温度传感器和融冰传感器实现对电加热板的自动启停控制。当隧道侧沟内的气温低于 0 ℃时,由温度传感器传送信号至控制箱,启用底部加热板;当隧道所在区域内气温极低,底部加热板依然无法阻止隧道内结冰或者水沟内出现结冰问题时,启动两侧加热板,由融冰传感器传送信号至控制箱进行融冰,保证水沟畅通。

8.6.3　补强隧道衬砌

衬砌补强主要是对衬砌破损和错台的部位使用锚杆进行永久性加强,或者使用碳纤维布进行补强。

8.6.4　其他方面的措施

(1)严寒地区的隧道设计方案,需要充分考虑冻胀力给隧道造成的影响,特别是富水地段隧道的设计,必须使用钢筋混凝土。

(2)严寒地区的隧道,为降低发生冻害的概率,需要采取注浆措施改良衬砌背后地层,降低地层中的含水率。

(3)严寒地区的隧道,为确保衬砌背后排水系统的畅通,需要在初期和二次衬砌之间设置保温层。

(4)严寒地区的隧道,特别是冬季气温极低、低温时间较长的隧道,为确保隧道排水系统的畅通,需要使用中心埋水沟,无须设置保温侧沟。

(5)保温侧沟和中心埋深水沟检查井需要使用保温材料,应确保保温材料与水沟壁紧密结合,同时采取针对性的措施确保侧沟和中心深埋水沟盖板的密封性。

8.6.5　确保治理效果的关键

1.正确选择防水材料

随着科学技术的日新月异,隧道防水材料发生了翻天覆地的变化,在20世纪50年代至60年代,隧道防水材料主要使用的是普通的水泥净浆,采用砂浆抹面或者喷涂的方式;20世纪70～80年代出现了特种水泥、橡胶沥青、橡胶水泥以及焦油聚氨酯等;20世纪90年代以后逐渐引进了R材料、赛博思等新型防水材料。随着材料类型的不断增加,隧道防水材料有了更多的选择。应根据隧道水害的特点,合理地选择防水材料,可做到施工方便、质量可靠、造价低廉等。通常情况下,隧道衬砌都比较湿润,所选择的防水材料应具备可以在潮湿环境中作业的特性,否则就会影响最终的衬砌效果。同时,由于隧道内的通风条件比较差,使用的防水材料应当是无毒、无味和无污染的材料;隧道作为永久性建筑物之一,使用的防水材料还应当具备耐久性好、使用寿命长等特点;对于出现侵蚀的隧道,需要在了解侵蚀介质的基础上,选择耐腐蚀性的防水材料;对于流水的部位,注浆过程中应选择水溶性的聚氨酯,因为水溶性的聚氨酯在遇水后会迅速膨胀或者固化,堵水效果良好。

2. 严格按照施工工艺施工

不论选择哪一种防水材料,增设内防水层和注浆堵水都应当严格按照施工工艺进行,否则就会影响整体的治理效果。

(1)在隧道内增设内防水层的过程中衬砌表面应当保证平整,并通过凿毛、喷砂以及高压水等方式自行仔细地清理,确保衬砌表面没有灰尘、油漆、返浆等问题。

(2)增设内防水层需要在注浆堵漏的基础上进行,对于衬砌有明显水流的情况,不论使用哪一种材料作为衬砌的防水层,都不可能与基底黏结牢固;衬砌出现较大的射流或者渗流时,需要先进行堵漏处理,然后再增设内防水层。

(3)堵漏必须与引排相结合,一般在隧道的拱部使用引排的方法,对于漏水严重的地段,应先凿槽埋管引排,避免由于强堵而增加衬砌的积水压力,导致衬砌的薄弱部位出现新的渗漏问题。

(4)注浆堵水应当严格按照施工工艺进行,并根据渗漏水的情况合理布孔,注浆前先仔细检查注浆孔的贯通情况,严格控制水灰比和注浆压力、合理估算注浆量,注浆完毕后应认真检查注浆效果,对于注浆质量未能达到设计要求的情况应立即进行补浆。需要特别注意的是,对于基底注浆还应保证基底的清洁程度,如果基底清洗不干净或者基底中留有泥沙,注浆就难以达到理想的效果。

(5)注重内防水层的养护。防水层和砂浆保护层,都应当严格按照相关要求做好洒水养护工作。大量施工实践证明:经过洒水养护的防水层,用手轻刮不会产生粉状碎屑,同时还具备强度高、不开裂等特点。

第 9 章　隧道施工机械设备管理

9.1　隧道施工机械设备管理现状

1. 组织机构与管理体制不灵活、不健全

隧道机械设备管理中存在的最大问题是,施工企业中的组织机构和管理体制不灵活、不健全,隧道开始建设之前未能根据工程项目的视情况制定科学合理的管理制度,缺乏约束机制和激励机制,依然采用传统的机械设备管理方式,使得机械设备的管理效率使用得不到提升。由于这一传统的管理模式难以对企业中机械设备管理部门的分工和协作进行合理的划分,不能有效满足隧道建设市场提出的需求。同时,由于组织机构与管理体制不灵活、不健全,更是无法充分地调动工作人员的积极性和主动性,不能充分发挥集体的优势,未能将机械设备管理放在首要位置上,缺乏对机械设备操作人员的重视。以上这些问题的存在必然会导致机械设备操作人员不断地流失。

2. 盲目购置机械设备

为了满足隧道建设需求并与不断发展的市场经济相适应,施工企业必须要防止机械设备落后问题的出现,不能盲目购买机械设备,购置机械设备时应当与工程项目的实际情况相符合,多引进一些国外先进的隧道机械设备,对机械设备的使用和管理制定科学合理的计划,让每一台机械设备都能发挥出自身的价值和作用。但是,目前依然有这样一些隧道施工企业,为了追求生产效率,不顾各类因素的影响和限制,盲目购置一些大型的机械设备,最终导致的结果是这些机械设备的利用效率十分低下,造成了巨大的经济损失。

3. 重用轻修问题严重

隧道机械设备还存在着重用轻修的问题,导致这一问题的主要原因还是施工企业对于机械设备的采购未能进行合理的预算,在具体的使用过程中如果不注重对机械设备的保养,一些机械设备由于长时间的使用就会处于超负荷的状态,大大降低机械设备的使用寿命,造成极大的资源浪费。同时,在机械设备的维修与养护方面更不能以修代保,要加大日常的维修和保养,比如定期紧固机械设备的螺栓、加注润滑油等。

9.2 隧道施工机械设备管理措施

1. 建立效益型机械设备管理制度

隧道建设存在着线长、面广的特点,在具体的施工过程中还存在着生产复杂、工作分散等特点,机械设备需要互相调配,还可能会由于作业的流动性而对机械设备进行移位,这一问题的存在就会给隧道施工企业机械设备管理工作带来较大的难度。隧道施工企业要想在激烈的市场环境中占据一席之地,就要认清当前的形势,积极主动地参与到机械设备要素市场中,比如机械设备的租赁、维修等,根据设备管理的目标和方法,制定科学合理的机械设备使用制度,并建立完善的机械设备管理效益型体制。

2. 提升机械设备使用效率

要想使机械设备管理效率得到提升,首先需要提高机械设备管理人员的素质,除了机械设备管理人员需要具备专业的知识和技能,隧道施工企业也需要注重对机械设备操作人员专业技能和知识的培养,通过新知识、新方法不断提升他们的管理水平。同时,要想更好地体现机械设备的管理水平,还要不断吸引专业技术人员走进企业,注重对机械设备的维护和保养,保证工程项目顺利进行下去。另外,由于每一种机械设备的使用目的、综合性能不同,所以企业还可以对机械设备进行分类,通过针对性的管理方法对机械设备进行统一的管理。

3. 优化和完善机械设备档案制度

隧道施工企业在对机械设备的使用过程中,还应当建立与之相关的技术性档案,档案主要包括交接班记录、维修记录等资料。机械设备的管理档案也应当按照一级一档的要求编号,并进行妥善保管。另外,还应当确保档案的完整性,便于相关人员可以根据机械设备的使用性能对其故障进行合理的判断,并采取针对性的措施进行修理,减少由于机械设备故障问题给整个工程项目进度带来的影响。

9.3 隧道机械设备的使用方法

9.3.1 使用前的准备工作

(1)注重对机械设备的使用管理,确保机械设备的管理和使用相一致,并保证施工部门和机械设备管理部门密切配合。

(2)制定科学合理的隧道施工组织设计方案,合理使用机械设备,做好对机械设备的调配和组织。施工组织设计方案的编写应当根据工程项目的施工进度、运用的施工工艺和工程任务量进行综合考虑。

(3)合理调度,确保及时进场和退场。

(4)根据工程项目的施工进度安排机械设备的维护与保养,使机械设备可以始终保持良好的工作状态,以便其可以及时投入使用。

(5)对于使用结束或者暂时不使用的机械设备,要立即通知机械设备管理部门进行调配,提供给其他部门使用,或者也可以对外租赁,充分发挥其功能和作用。

(6)由于隧道机械设备具有不同的使用功能和要求,所以需要机械设备操作人员能够严格按照机械设备的出厂说明和操作规程使用机械设备。

(7)严格按照机械设备的使用说明书,正确选择燃油的种类,如果需要使用代替品,需要经过相关部门的审批。

(8)协调施工配合中,注重对机械设备的配套管理,确保配件及时到达施工现场,确保机械设备充分发挥效能。同时,按照机械设备的使用要求对机械设备进行定期的保养,并配备充足的维修人员,及时排除机械设备中存在的故障和安全隐患,为机械设备的使用创造良好的条件。

9.3.2 具体使用方法

隧道建设过程中常用的机械设备主要有挖掘机、装载机、汽车轮胎式起重机等,下面就以上机械设备的使用方法进行详细的介绍。

1. 挖掘机

(1)挖掘机在使用之前,仔细检查燃料、润滑油以及冷却水是否充足,一旦发现不足要及时添加。其中,在添加燃料的过程中,禁止吸烟或者接近明火,以免引发火灾。

(2)挖掘机的操作过程中,进铲不宜过深,提斗也不能过猛,每次挖土的高度不得高于4 m。

(3)挖掘机行驶过程中,臂杆和履带确保平行,制动回转机铲斗离地面应保持1 m,上坡或者下坡时,坡度不得超过20°。

(4)挖掘机在地下或者电缆附近作业时,要仔细查明电缆的走向,使用粉末标识在地面上,并保持1 m以外的挖掘距离。

2. 装载机

(1)装载机起步前,应先鸣笛示意,先将铲斗提升至距离地面0.5 m处,使用过程中要确保制动器的可靠性,避开路障或者高压线。

(2)装载机高速铲装时,使用前两轮驱动,低速铲装时,使用四轮驱动;行驶过程中严禁突然转向;铲斗装满后,升起行驶过程中,严禁急转弯或者紧急制动。

(3)装料过程中,应当根据所装物料的密度,确定装载数量,铲斗从正面铲料。

(4)在松散不平的施工现场作业时,应当使铲臂位于浮动的位置,确保铲斗可以平稳地推进,如果推进阻力过大,需要根据实际情况提升铲臂,铲臂向下或者向上移动至最大限度时,应立即将操纵杆回到空挡位置。

3. 汽车、轮胎式起重机

(1)汽车、轮胎式起重机使用前,先将不同的操作杆放在空挡位置,将手动制动器锁死,严格按照规定启动内燃机;启动后匀速运转,检查各个仪表的指示值是否正常,待指示值达到规定值时,方可开始作业。

(2)作业过程中,禁止扳动支腿操纵阀,支腿操纵阀调整需要在无荷载的情况下进行,然后将起重臂回转至正前方或者正后方,再进行调整。

(3)根据所调位置的重量,合理提升高度,调整汽车、轮胎式起重机的长度和仰角,合理估计吊索的重量和提升高度,留出适当的空间。

(4)自由重力下降过程中,荷载不得超过工况条件下额定起重重量的20%,保证重物控制性下降,下降停止前缓慢减速,禁止使用紧急制动。

9.4 隧道机械设备保养

9.4.1 隧道机械设备保养的重要性

在隧道机械设备保养过程中,机械设备保养人员只有全面了解和掌握了机械设备保养的重要性,才能在具体的工作中做好机械设备的保养工作,延长机械设备的使用寿命,帮助提高企业经济效益。以下进行详细的分析。

1. 有助于延长机械设备的使用寿命

在对隧道机械设备的保养过程中,可通过采取针对性的措施延长机械设备的使用寿命。众所周知,隧道机械设备由于自身的损耗、机械设备人员的操作不当等原因十分容易出现损坏的情况,但是对于机械设备在具体的使用工程中出现的损耗问题,需要采取针对性的措施进行保养,减缓机械设备损耗速度,延长机械设备使用寿命,提高机械设备的使用效率。

2. 有助于企业提高经济效益

对机械设备的保养,有助于企业提高经济效益。在隧道建设工程中,主要的用具就是机械设备,如果机械设备在具体的使用工程中总是出现故障,就会影响工程项目施工进度;在对机械设备故障的维修过程中,还需要聘请专业的维修人员更换零部件,这些都需要支出成本。而通过对机械设备的保养,就可以减少零部件的更换频次,这也在一定程度上间接地帮助企业提高了经济效益,促进工程项目的顺利进行。

9.4.2 隧道机械设备保养措施

1. 遵循机械设备保养原则

在机械设备的保养过程中,首先需要明确隧道机械设备的保养原则,如果没有遵循一定的保养原则,就会使保养工作出现无序性,严重影响机械设备保养工作的顺利进行。为此,需要对机械设备保养人员进行定期的教育,并能结合机械设备具体的使用情况,制定科学合理的保养计划,制定保养规范,要求机械设备保养人员严格按照保养原则对机械设备进行保养。另外,还要不断增强机械设备保养人员的责任意识,这也是机械设备保养的原则之一,使机械设备人员能够明白机械设备保养的重要性,提醒机械设备保养人员对机械设备进行定期保养,杜绝机械设备保养人员忽视机械设备保养,只顾眼前利益的情况发生。总的来说,通过遵循机械设备的保养原则,明确各方责任,提升机械设备保养效果,可降低机械设备在具体使用过程中发生故障的概率,提升机械设备的使用效率。

2. 健全与完善机械设备保养制度

在机械设备的保养过程中,还需要健全与完善机械设备保养制度,确保机械设备保养工作顺利进行。其中,对于机械设备的保养周期要进行明确的规定,每到机械设备的保养日期,需要委派专业的保养人员根据机械设备的使用情况搜集机械设备保养的各类数据,制定机械设备各部件的使用标准,明确故障出现规律,根据以上因素综合确定保养周期。其方法主要包括概率统计法、技术经济分析法以及维护作业统计法等。另外,还要建立健全完善的机械设备保养监督制度,对机械设备保养人员的保养工作进行定期检查,了解机械设备保养效果,检查机械设备保养过程中存在的问题,一旦发现有问题存在,及时采取针对性的措施解决。

3. 强化机械设备保养技术管理

在隧道机械设备的保养过程中,还应进一步强化技术管理工作。机械设备保养是以先进的技术作为支撑的,强化机械设备保养技术十分重要。隧道施工具有周期长、工程量大等特点,并且在具体的施工工程中施工环境十分恶劣,因此,针对机械设备的使用特点,必须要对机械设备进行及时和定期的保养。在机械管理方面,要以维护为主,做到按时保养,将机械设备可能出现的故障扼杀在萌芽状态。

第 10 章　隧道施工技术案例
——以建平隧道工程为例

10.1　工程概述

建平隧道位于辽宁省建平县青峰山乡境内,距建平县城区约为 10 km。隧道进口里程为 DK030+060,出口里程为 DK041+400,全长 11.34 km。隧道最大埋深 230 m。隧道 DK031+968.42～DK033+047.88 段位于半径 $R=5000$ m 的右偏曲线上,DK039+327.67～DK041+203.66 段位于半径 $R=4000$ m 的右偏曲线上,其余段落位于直线上。隧道进口至 DK030+120 段为平坡,其余段落为 14.5‰的上坡。其中 1 号、2 号、3 号斜井分别与建平隧道在 DK033+070、DK036+550、DK038+700 处交会,与线路方向夹角分别为 54°、60°、71°,斜井平面长度分别为 600 m、455 m、683 m。

10.2　主要技术标准

主要技术标准如下。

(1)铁路等级:高速铁路。

(2)设计行车速度:250 km/h。

(3)正线数目:双线。

(4)正线线间距:4.6 m。

(5)最小曲线半径:一般地段 4000 m,困难地段 3500 m。

(6)最大坡度:一般地段 20‰,困难地段不大于 30‰。

(7)列车运行方式:CTCS-2。

(8)到发线有效长度:650 m。

(9)调度指挥方式:综合调度集中。

10.3 自然地理特征

10.3.1 地理位置

建平隧道位于辽宁省建平县青峰山乡境内,距建平县城区约为 10 km。

1. 地形地貌

隧道调会区位于辽宁西部山区,为冀北辽西中低山区之辽西低山丘陵区,属燕山山系,努鲁尔虎山脉呈北东—南西向贯穿工作区的南部地域,与区域地质构造线基本一致。

区内山岭重叠,地形切割较强烈,沟谷发育,冲沟多呈树枝状,多呈"V"形,切割深度 3~15 m。地形总的趋势为西高东低,中部高,东、西部低,海拔标高 615.6~848.7 m,相对高差 233.1 m。区内山丘形状多呈圆形,坡度一般为 $10°$ ~ $30°$,基岩裸露,大气降水沿山坡汇入区内地势低洼的沟谷中。

2. 工程地质

1) 地层岩性

区内主要出露太古界建平群小塔子沟组(Ar^{jnx}),分布于隧道入口 DK036+100 向小里程方向;侏罗系上统吐呼噜组安山岩、凝灰岩及凝灰质砂砾岩(J_3t),分布于 DK036+100 向大里程方向;第四纪上更新统坡洪积层(Q_3^{al+pl})分布于山间低凹处。

2) 地质构造

勘查区大地构造位置位于叨尔登—张家营断裂带西侧,构造部位属东西向构造带和北东向构造带交接地带,其稳定性主要受北东向构造带控制。太古界建平群小塔子沟组(Ar^{jnx})片麻岩与侏罗系上统吐呼噜组凝灰岩(J_3t)、安山岩与凝灰岩均为不整合接触。

3. 水文地质

依据区内地下水的赋存条件,含水层的水力性质及特征等水文地质条件,区内地下水类型可分为第四纪孔隙含水层、碎屑岩类裂隙水及基岩裂隙含水层。

1) 地震参数

地震烈度分区为Ⅶ度,属于轻微地震破坏区。地震动峰值加速度为 $0.10g$,反应谱特征周期 $T_g = 0.25$ s。

2) 气象资料

本区属于大陆干旱-半干旱性季风气候,干湿季节分明,干旱季节长,冬寒而夏热,昼夜温差大。沿线各气象台(站)主要气象要素见表10.1。

表10.1 气象要素表

序号	项目	2004—2013年数值
1	历年极端最高气温/℃	40.9
2	历年极端最低气温/℃	−23.3
3	历年年平均气温/℃	9.9
4	历年最冷月平均气温/℃	−9.4
5	历年平均相对湿度/(%)	51
6	历年平均降水量/mm	384.5
7	历年平均蒸发量/mm	1222.4
8	历年平均风速/(m/s)	1.92
9	历年最大风速/(m/s)	18
10	主导风向	C
11	累年雷暴日数	28
12	累年雾日数	27.6
13	年最大积雪深度/cm	23
14	土壤最大冻结深度/m	0.80

10.3.2 主要工程数量

主要工程数量见表10.2。

表 10.2 主要工程数量表

序号	工程项目	单位	数量
1	正洞	延米	11340
2	1号斜井		600
3	2号斜井		455
4	3号斜井		683

10.4 施工总体方案

10.4.1 施工组织方案

根据总体工期安排和工序要求,建平隧道工期十分紧张。工期安排详见表10.3。

表 10.3 建平隧道工期安排表

里程		围岩级别	长度/m	进度指标/(m/月)	需要时间/月	开始日期	结束日期	分界里程
隧道进口								
施工准备					2.50	2016-7-1	2016-9-14	
DK030+060	DK030+760	V	700	45	11.78	2016-9-15	2017-9-3	
DK030+760	DK030+825	IV	65	80	0.81	2017-9-4	2017-9-28	
DK030+825	DK031+700	III	875	130	6.73	2017-9-29	2018-4-19	DK031+700
DK031+700	DK032+350	IV	650	75	8.67	2017-8-5	2018-4-22	
DK032+350	DK033+070	III	720	120	6.00	2017-2-5	2017-8-4	

第10章 隧道施工技术案例——以建平隧道工程为例

续表

里程		围岩级别	长度/m	进度指标/(m/月)	需要时间/月	开始日期	结束日期	分界里程
1号斜井 DK033+070					7.29	2016-7-1	2017-2-4	
DK033+070	DK034+060	Ⅲ	990	120	8.25	2017-2-5	2017-10-11	
DK034+060	DK034+620	Ⅱ	560	180	3.11	2017-10-12	2018-1-13	
DK034+620	DK035+140	Ⅲ	520	120	4.33	2018-1-14	2018-5-24	
DK035+140	DK035+360	Ⅳ	220	75	2.93	2018-5-25	2018-8-21	DK035+360
DK035+360	DK036+220	Ⅳ	860	75	11.47	2017-9-13	2018-8-23	
DK036+220	DK036+505	Ⅴ	285	45	6.33	2017-3-6	2017-9-12	
DK036+505	DK036+550	Ⅳ	45	75	0.60	2017-2-15	2017-3-5	
2号斜井 DK036+550					7.62	2016-7-1	2017-2-14	
DK036+550	DK036+585	Ⅳ	35	75	0.47	2017-2-15	2017-3-1	
DK036+585	DK036+700	Ⅴ	115	45	2.56	2017-3-2	2017-5-18	
DK036+700	DK037+135	Ⅳ	435	75	5.80	2017-5-19	2017-11-9	
DK037+135	DK037+275	Ⅴ	140	45	3.11	2017-11-10	2018-2-11	
DK037+275	DK037+575	Ⅳ	300	75	4.00	2018-2-12	2018-6-12	

续表

里程		围岩级别	长度/m	进度指标/(m/月)	需要时间/月	开始日期	结束日期	分界里程
DK037+575	DK037+650	Ⅴ	75	45	1.67	2018-6-13	2018-8-2	DK037+650
DK037+650	DK037+955	Ⅴ	305	45	6.78	2018-1-10	2018-8-2	
DK037+955	DK038+380	Ⅳ	425	75	5.67	2017-7-23	2018-1-9	
DK038+380	DK038+540	Ⅲ	160	120	1.33	2017-6-12	2017-7-22	
DK038+540	DK038+700	Ⅳ	160	75	2.13	2017-4-8	2017-6-11	
3号斜井 DK038+700					9.37	2016-7-1	2017-4-7	
DK038+700	DK038+905	Ⅴ	205	45	4.56	2017-4-8	2017-8-23	
DK038+905	DK039+005	Ⅳ	100	75	1.33	2017-8-24	2017-10-3	
DK039+005	DK039+195	Ⅴ	190	45	4.22	2017-10-4	2018-2-8	
DK039+195	DK039+760	Ⅳ	565	75	7.53	2018-2-9	2018-9-23	
DK039+760	DK039+804	Ⅴ	44	45	0.98	2018-9-24	2018-11-21	DK039+804
DK039+804	DK040+140	Ⅴ	336	45	7.47	2018-3-13	2018-11-21	
DK040+140	DK041+160	Ⅳ	1020	80	12.75	2017-2-23	2018-3-12	
DK041+160	DK041+400	Ⅴ	240	45	5.33	2016-9-15	2017-2-22	
隧道出口								

10.4.2 施工组织机构及施工队伍的分布和施工任务划分

1. 施工组织机构

根据建平的工程数量、特点及工期要求,并结合以往类似工程的施工管理经验,本着"精干、高效"的原则,选择具有丰富施工经验的管理人员和技术人员组建作业队负责该隧道的施工,组织机构见图 10.1。

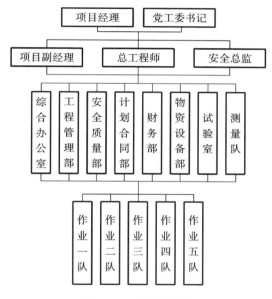

图 10.1 组织机构图

2. 施工队伍的分布和施工任务划分

作业队及施工作业工班在 1 号、2 号、3 号斜井及隧道进出口附近修建办公区和生活区。在施工现场设置小材料堆放场等临时设施。营区建设为彩钢板活动板房。施工任务划分见表 10.4。

表 10.4 建平隧道施工任务划分表

工作面	里程范围	承担正洞长度/m	施工开始日期	施工完成日期	工期/月
隧道进口	DK030+060～DK031+700	1640	2016-7-1	2018-6-19	24.0

续表

工作面	里程范围	承担正洞长度/m	施工开始日期	施工完成日期	工期/月
1号斜井小里程方向	DK031+700~DK033+070	1370	2016-7-1	2018-6-22	24.0
1号斜井大里程方向	DK033+070~DK035+360	2290	2016-7-1	2018-10-21	28.1
2号斜井小里程方向	DK035+360~DK036+550	1190	2016-7-1	2018-10-23	28.1
2号斜井大里程方向	DK036+550~DK037+650	1100	2016-7-1	2018-10-2	27.4
3号斜井小里程方向	DK037+650~DK038+700	1050	2016-7-1	2018-10-2	27.4
3号斜井大里程方向	DK038+700~DK039+804	1104	2016-7-1	2019-1-21	31.1
隧道出口	DK039+804~DK041+400	1596	2016-7-1	2019-1-21	31.1

3. 施工队伍人员安排

建平隧道1号斜井、2号斜井、3号斜井及正洞施工任务由第一、二、三、四、五作业队完成,根据隧道工程特点,每个作业队设置队长1名,同时配备技术负责人1名、技术员2名、质检员1名、安全员2人、试验员2人、材料员1人、工班长2人、领工员2名。测量放线由工区测量队负责,下设喷锚工、风枪工、爆破工、防水工、混凝土工、模板工、电焊工、钢筋工、架子工、电工、普工、机械司机、机械修理工十三个工种。合理配置劳动力资源,并根据工程需要适时调整施工人数,详见表10.5。

表 10.5 建平隧道任务划分及人员配置表

施工队伍		人数	承担任务	备注
隧道作业队	进口工区工作面（第1架子队） 掘进、支护作业班组	40	建平隧道进口作业区（DK030+060～DK031+700）	掘进、支护作业班组：负责隧道的钻眼、爆破、施工支护、管棚施工、注浆作业及本队施工机械的使用与日常保养。运输作业班组：负责隧道出渣运输、混凝土的运送、行车调度作业、施工人员进出洞及洞外材料的运输、供应、运输设备的日常保养。衬砌作业班组：负责隧道立模、衬砌台车、结构防排水施工、浇筑衬砌混凝土及养护，混凝土施工设备的日常保养。辅助作业班组：负责隧道内通风、供电、照明及洞内排水等工作，负责洞外空压站、发电站、泵站的日常管理等工作。技术室：负责隧道施工的管理、地质预报、测量、试验工作
	运输作业班组	20		
	衬砌作业班组	20		
	辅助作业班组	15		
	技术室	5		
	合计	100		
	1号斜井工区工作面（第2架子队） 掘进、支护作业班组	80	建平隧道1号斜井作业区（DK031+700～DK033+070）	
	运输作业班组	40		
	衬砌作业班组	40		
	辅助作业班组	30		
	技术室	10		
	合计	200		
	2号斜井工区工作面（第4架子队） 掘进、支护作业班组	80	建平隧道2号斜井作业区（DK035+360～DK037+650）	
	运输作业班组	40		
	衬砌作业班组	40		
	辅助作业班组	30		
	技术室	10		
	合计	200		
	3号斜井工区工作面（第6架子队） 掘进、支护作业班组	80	建平隧道3号斜井作业区（DK037+650～DK039+804）	
	运输作业班组	40		
	衬砌作业班组	40		
	辅助作业班组	30		
	技术室	10		
	合计	200		
	出口工区工作面（第6架子队） 掘进、支护作业班组	40	建平隧道出口作业区（DK039+804～DK041+400）	
	运输作业班组	20		
	衬砌作业班组	20		
	辅助作业班组	15		
	技术室	5		
	合计	100		

4. 主要机械设备配置

为确保工期和质量,根据建平隧道工程内容和特点,本隧道将以机械化施工为主,配置性能良好、配套完善、数量充足的隧道施工机械设备,形成"超前地质预报""开挖""装运""支护及注浆""防水衬砌""辅助作业线"六条机械化作业线。

施工作业线机械设备配备,详见表 10.6。

表 10.6 建平隧道主要设备配备表

作业内容	进口工区 (1 个作业面)	1 号斜井工区 (2 个作业面)	2 号斜井工区 (2 个作业面)	3 号斜井工区 (2 个作业面)	出口工区 (1 个作业面)
开挖	YT-28 风动凿岩机 20 台,液压凿岩台车 1 台	YT-28 风动凿岩机 40 台,液压凿岩台车 2 台	YT-28 风动凿岩机 40 台,液压凿岩台车 2 台	YT-28 风动凿岩机 40 台,液压凿岩台车 2 台	YT-28 风动凿岩机 20 台,液压凿岩台车 1 台
支护及注浆	多功能升降平台 1 台、管棚钻机 1 台、混凝土湿喷射机械 2 台、潜孔钻机 1 台、高压注浆泵 1 台、注浆泵 1 台、液压冷弯机 1 台	多功能升降平台 2 台、管棚钻机 1 台、混凝土湿喷射机械 4 台、潜孔钻机 2 台、高压注浆泵 2 台、注浆泵 2 台、液压冷弯机 1 台	多功能升降平台 2 台、管棚钻机 1 台、混凝土湿喷射机械 4 台、潜孔钻机 2 台、高压注浆泵 2 台、注浆泵 2 台、液压冷弯机 1 台	多功能升降平台 2 台、管棚钻机 1 台、混凝土湿喷射机械 4 台、潜孔钻机 2 台、高压注浆泵 2 台、注浆泵 2 台、液压冷弯机 1 台	多功能升降平台 1 台、管棚钻机 1 台、混凝土湿喷射机械 2 台、潜孔钻机 1 台、高压注浆泵 1 台、注浆泵 1 台、液压冷弯机 1 台
出渣	装载机 2 台、挖掘机 1 台、自卸汽车 7 台	装载机 4 台、挖掘机 2 台、自卸汽车 14 台	装载机 4 台、挖掘机 2 台、自卸汽车 14 台	装载机 4 台、挖掘机 2 台、自卸汽车 14 台	装载机 2 台、挖掘机 1 台、自卸汽车 7 台

续表

作业内容	进口工区（1个作业面）	1号斜井工区（2个作业面）	2号斜井工区（2个作业面）	3号斜井工区（2个作业面）	出口工区（1个作业面）
防水衬砌	12 m液压衬砌台车1台、仰拱曲模1台、仰拱栈桥1台、防水板作业台车1台、HBT60混凝土输送泵2台、混凝土运输车3台。爬行热合焊机1台	12 m液压衬砌台车2台、仰拱曲模2台、仰拱栈桥2台、防水板作业台车2台、HBT60混凝土输送泵4台、混凝土运输车6台。爬行热合焊机2台	12 m液压衬砌台车2台、仰拱曲模2台、仰拱栈桥2台、防水板作业台车2台、HBT60混凝土输送泵4台、混凝土运输车6台。爬行热合焊机2台	12 m液压衬砌台车2台、仰拱曲模2台、仰拱栈桥2台、防水板作业台车2台、HBT60混凝土输送泵4台、混凝土运输车6台。爬行热合焊机2台	12 m液压衬砌台车1台、仰拱曲模1台、仰拱栈桥1台、防水板作业台车1台、HBT60混凝土输送泵2台、混凝土运输车3台。爬行热合焊机1台
辅助作业线	通风：2台型轴流通风机；排水：4台水泵；高压风：2台电动空压机、1台内燃空压机；施工用电：1台1000 kV变压器、2台630 kV变压器、300 kW内燃发电机2台	通风：4台轴流通风机；排水：21台水泵；高压风：8台电动空压机、2台内燃空压机；施工用电：1台1000 kV变压器、2台630 kV变压器、2台80 kV变压器、300 kW内燃发电机2台	通风：4台轴流通风机；排水：21台水泵；高压风：8台电动空压机、2台内燃空压机；施工用电：1台1000 kV变压器、2台630 kV变压器、2台80 kV变压器、300 kW内燃发电机2台	通风：4台轴流通风机；排水：21台水泵；高压风：8台电动空压机、2台内燃空压机；施工用电：1台1000 kV变压器、2台630 kV变压器、2台80 kV变压器、300 kW内燃发电机2台	通风：2台型轴流通风机；排水：4台水泵；高压风：2台电动空压机、1台内燃空压机；施工用电：2台630 kV变压器、300 kW内燃发电机2台
超前地质预报	TSP203系统1套、地质雷达1台、超前水平钻机5台、红外线探水仪1台等				

说明：根据施工通风实际需求，需在掌子面附近配备吸出式风机。

10.4.3 大型临时工程的分布及总体设计

1. 施工场地平面布置

本着节约用地、节省投资、因地制宜、便于施工、尽量利用既有设施等原则，根据工程设计特点和隧道洞口、斜井口的实际情况，对施工现场进行合理布局。

1) 施工便道

利用叶天线转向各洞口所在村村路进入营区，并在隧道洞口、斜井口至村路间修建贯通便道，与原有村道连通。新建便道路基采用山皮石填筑，路面采用泥结碎石填筑。施工中加强便道养护，保证晴、雨天畅通。便道维护由各作业队负责。

2) 混凝土拌和站及钢筋加工厂

(1) 混凝土供应：本隧道所用混凝土由1号、2号混凝土搅拌站集中拌和，通过混凝土搅拌运输车运至施工现场。

(2) 钢筋加工：施工所用钢筋由各洞口处钢筋加工场下料加工成成品或半成品，半成品现场焊接、安装。

2. 施工用电及照明

1) 施工供电

隧道口从附近高压线接至高压变配电中心，经洞外的变压器降压后供洞外空压机站、其他生产和生活设施用电及洞内的衬砌、排水、照明等设备用电。

中心高压配电站的控制和断电保护采用微机综合自动化管理系统，所需的控制、保护等各类自动化装置功能全部自动化。

2) 照明

照明供电均采用 TN-S 系统，即三相五线制，以各段变电站为中心向两端布置，最远端距离 500 m，负荷均布。用 BLV-25 mm^2 绝缘电线沿右侧边墙蝶式瓷瓶明配，间距 10 m，下侧距轨面 4 m。照明光源采用高效节能高压钠灯，每延米按 10 W 计，每隔 10 m 一盏，安装在横担上沿。

3) 备用电源

为了保证不间断供电，在每个洞口配备两台 300 kV·A 柴油发电机组，组成600 kV·A的自备电站,当主供线路停电时自备电站自动投入供洞内外全部施工生活用电。

本标段设置一座中心炸药库,采用专用炸药运输车运至各工作面,药库库容量为10吨。设置雷管库、炸药库、看守房,并设置围墙及避雷设施、防盗报警装置等。

3. 炸药库设置

1)弃渣场设置

隧道弃渣,本着保护生态环境、水土保持的原则,按照指定的弃渣场地弃渣,弃渣场应先挡后弃,充分考虑渣场容量,控制弃渣堆放高度,确保挡护工程质量。弃渣场按设计指定的地点设置,渣场坡脚设C25混凝土挡渣墙防护,并做好渣场排水系统,确保排水畅通,完工后及时平整渣顶,进行填土复耕、绿化。弃渣场设置见表10.7。

表10.7 隧道弃渣场设置表

序号	弃渣场名称	弃渣场位置	弃渣场用途和弃置方案
1	建平隧道进口弃渣场	DK030+900线路右侧200 m处	建平隧道进口弃渣约18.7万立方米,运距约为1 km
2	建平隧道1号斜井弃渣场	DK032+800线路右侧700 m处	建平隧道2号斜井弃渣约36万立方米,运距约为1 km
3	建平隧道2号斜井弃渣场	DK034+800线路右侧300 m处	建平隧道2号斜井弃渣约35.2万立方米,运距约为1 km
4	建平隧道3号斜井弃渣场	DK035+850线路右侧2000 m处	建平隧道3号斜井弃渣约34.2万立方米,运距约3 km
5	建平隧道出口弃渣场	DK041+550线路左侧2000 m处	建平隧道出口和南房身隧道共计弃渣约31.2万立方米,运距约2.6 km

2)施工测试

根据工程需要配备了GPS、全站仪、水准仪等测量仪器,并经过有关部门检测合格,满足施工要求。施工前已经采用GPS,完成设计院提供控制网的复测工作,上报成果已经批复。目前,已经完成建平隧道的施工控制网布设和复测工作。

工区试验室设在1号、2号混凝土搅拌站内,由中心试验室统一管理,根据工程建设的需要,所有试验设备已经全部安装调试完毕,并通过验收,满足施工生产要求。混凝土搅拌站及施工队各配备试验员一名,在中心试验室的领导下开展工作,具体负责施工现场的试验工作。

3) 内业资料

作业队技术员、安全员、质检员在工区工程、安质部门的领导下开展工作,负责所施工隧道的相关内业资料填写、收集、整理工作,定期归档至工区工程部,并及时向工区上报检验批资料,以便及时签认。

施工现场的测量、试验资料由负责该隧道的工区测量、试验人员进行收集、整理,并及时归档至工程部和中心试验室。

作业队技术员在施工过程中,根据工区工程部下发的技术交底和作业指导书,根据实际工作量细化后下发至作业班组,以便及时准确地指导施工。

10.5　施工重难点分析及其对策措施

工程重难点及施工主要对策见表10.8。

表10.8　工程重难点及施工主要对策表

名称	工程重难点	主要工程措施(对策)
隧道工程	长隧道控制工程施工技术方案要确保工程顺利进行和安全质量	(1)研究和确定优选的施工方案,及时解决施工中出现的问题。 (2)建立监控技术系统,必要时建立第三方监控量测,及时评估,尽早采取措施,确保工程的安全与质量。 (3)加强与地方政府及有关部门协调,争取地方支持,及时化解矛盾,降低对工程的不良影响。 (4)建立重点关键技术的科研攻关,组织设计、施工、科研联合攻关组,依靠科技进步,促进工程施工。 (5)针对隧道地质条件较差的特点,工程实施时将监控量测及超前地质预报纳入正常工序,进行贯穿施工全过程的超前地质预报和监控量测,加强岩溶调查和地质补勘探及对物探异常区进行钻孔验证,加强有害气体浓度的监测及施工通风,防止塌方、突水、涌水等地质灾害意外发生

续表

名称	工程重难点	主要工程措施(对策)
隧道工程	长隧道施工通风困难	(1)加强通风管理,采用压入式通风,并配备先进的通风设备。 (2)选用强度高、阻燃、低阻力的新型风管,管节长 20 m,减少接头数量。 (3)加强通风管理,发现风管破损及时修补、更换
	长距离反坡施工排水难度大	(1)沿程间隔一定距离设置集水仓、安装水泵;开挖面设移动水泵,将掌子面集水排至附近水仓内,再经各级水仓水泵接力抽排水至洞外。 (2)当施工排水为反坡时,洞内积水不能自然排出,必须配备充足的抽水设备,将积水接力抽排至洞外,抽排水设备能力按设计预测的正常涌水量的 3 倍配置。 (3)施工中确保洞内排水通畅是保证隧道正常施工的关键
	断层破碎带等软弱围岩地段施工	(1)做好超前地质预报,根据地质变化及时调整支护措施。 (2)选好施工方法,严格控制循环进尺,软弱围岩顺层地段,力求安全稳妥,不盲目冒进,杜绝塌方。 (3)坚持"管超前、严注浆、短进尺、强支护、快封闭、勤量测"的原则进行施工,必要时采取超前帷幕注浆进行堵水。 (4)各级围岩开挖时按照设计要求预留足够的变形量。 (5)初期支护完毕之后,根据监控量测结果及时进行二次衬砌施工
	隧道突水、涌水的预防及处理	(1)按设计要求的防排水的原则进行施工。 (2)加强地质超前预报,提前判明前方地质、地下水情况,提前采取有针对性的措施。 (3)严格按照设计要求堵水措施(超前预注浆或径向注浆)进行堵水施工,必要时采取超前帷幕注浆的方式进行堵水,以降低围岩的渗透系数,控制地下水流失。 (4)在堵水效果达到设计要求时方可允许继续开挖掘进

续表

名称	工程重难点	主要工程措施(对策)
隧道工程	岩爆预防及治理	(1)以超前探孔为主,辅以地震波、电磁波、钻速测试等手段进行分析预报。 (2)加强通风、洒水等降温措施处理。 (3)增设临时防护设施,给主要的施工设备安装防护网和防护棚架,给人员配发钢盔、防弹背心等,掌子面加挂钢筋网。 (4)微弱岩爆地段,直接在开挖面喷洒高压水,中等和强烈岩爆地段打设应力释放孔。 (5)岩爆较严重的地段控制开挖进尺,开挖后及时喷雾洒水,湿化围岩。采用短进尺,弱爆破的开挖方法。 (6)强烈岩爆地段,设小导坑以释放围岩应力

10.5.1 施工顺序

1. 总体施工组织顺序

总体施工组织顺序:征地拆迁→现场核对→开工报告→工程实施→施工自检→报检签证→质量评定→工程验收→土地复耕→工程保修。

2. 隧道施工顺序

隧道施工顺序:测量放线→洞口开挖(地表处理→截排水天沟→洞口土石方开挖)→边仰坡刷坡与防护→超前支护施工→暗洞进洞施工→明洞衬砌→洞门→回填。

1)主要工程项目施工方案

主要工程项目施工方案见表10.9。

表 10.9　主要工程项目施工方案表

施工项目		施工方案
开挖方案		（1）隧道采用新奥法组织施工，坚持监控量测，开挖采用光面爆破技术。各工作面均采用钻爆法开挖，洞内出渣均采用无轨运输。隧道Ⅱ级围岩采用全断面法施工，Ⅲ级围岩采用台阶法施工，Ⅳ级围岩采用三台阶法施工，Ⅴ级围岩采用三台阶临时仰拱法施工。（2）进、出口洞门段及部分浅埋段采用明挖法施工。自上而下逐段分层开挖，土层采用挖掘机开挖，岩层施工必要时采用爆破开挖。（3）隧道开挖钻孔采用YT-28凿岩机与凿岩台车配合钻孔开挖。（4）围岩较好地段采用非电毫秒雷管起爆、光面爆破技术，严格控制超欠挖，初期支护喷射混凝土采用湿喷工艺；软弱围岩地段采用微震光面爆破技术或非爆破开挖，以减轻对围岩的扰动和破坏。（5）Ⅳ、Ⅴ级围岩上拱部开挖每循环进尺不应大于1榀钢架间距，边墙开挖每循环进尺不大于2榀钢架间距，仰拱开挖前必须完成钢架锁脚锚杆的安装，每循环进尺不大于3 m。隧道拱墙二衬距掌子面Ⅴ级不大于70 m，Ⅳ级不大于90 m
支护方案	超前支护方案	洞口及明暗分界段采用超前长管棚加固地层，DK030+270～DK030+625、DK041+275～DK041+310段采用超前密排小导管支护加固地层，其他Ⅳ、Ⅴ级围岩段采用超前小导管支护加固地层，保证隧道进洞安全；大管棚采用管棚钻机成孔、超前小导管采用YT-28风枪成孔，采用专用注浆泵注浆
	初期支护方案	初期支护在开挖完成后及时施工，紧跟开挖面。喷射混凝土采取湿喷工艺施工，Ⅳ级围岩段采用格栅支护，Ⅴ级围岩采用型钢钢架支护，连接筋为ϕ22钢筋。钢筋网采用ϕ6和ϕ8的HPB300级钢筋。系统锚杆采用ϕ22组合中空锚杆和ϕ22砂浆锚杆
出渣方案		采用无轨运输，采用挖掘机或侧卸式装载机装车，自卸汽车运输至弃渣场
通风方案		采用独头压入式通风。通风管采用ϕ1700和ϕ1500的高强长纤维布基拉链式软风管
衬砌施工方案	时间确定	当围岩及初期支护变形基本稳定之后进行衬砌施工，在浅埋、断层破碎带及软岩变形大地段衬砌宜紧跟并及时施作

续表

施工项目		施工方案
衬砌施工方案	防水层	土工布采用射钉固定在初支表面,防水板采用热熔铺设工艺。在铺设土工布前,首先对初期支护喷射混凝土表面进行处理(切除锚杆头和钢筋露头),然后对初期支护的渗漏水情况进行检查,并采取埋管引排、局部注浆等措施进行处理
	钢筋	钢筋在洞外加工成型,拱墙钢筋在台车上人工绑扎,仰拱钢筋就地绑扎
	衬砌台车	采用12 m大模板液压衬砌台车,辅助坑道采用6 m台车
	混凝土浇筑	混凝土采用自动计量的混凝土拌和站集中搅拌,搅拌运输车运输,泵送混凝土入模,附着式振动器和插入式振动器捣实。采用顺作法施工,即先墙后拱顺序连续浇筑
	仰拱填充	仰拱超前二次衬砌施作、分段整体灌注,利用仰拱栈桥保持通行。机械清底,混凝土全幅浇筑,插入式振动器捣实,平板振动器整平。仰拱填充在仰拱满足强度要求后施作
	水沟电缆槽	采用定型钢模板,钢管支撑体系加固,混凝土直接入模,插入式振动器捣实。盖板在预制场集中预制,人工安装就位
防排水方案		(1)洞内防排水。 ①防水板施工:在初期支护与二次衬砌之间铺设1.5 mm厚的EVA防水板防水,背衬采用面密度不小于400 g/m^{2}的无纺布。土工布采用射钉固定在初支表面,采用防水板铺挂台车,采取热熔铺设。 ②施工缝:拱墙环向施工缝采用背贴式橡胶止水带+中埋式橡胶止水带,后设一道排水盲管的复合防水措施,仰拱环向施工缝采用中埋式橡胶止水带+遇水膨胀止水条,纵向施工缝采用中埋式镀锌钢板止水带+遇水膨胀止水条。 ③沉降变形缝、温度伸缩缝:拱墙采用背贴式橡胶止水带+中埋式钢边橡胶止水带+遇水膨胀橡胶止水条,变形缝衬砌背后均设置一道排水盲管;仰拱采用中埋式钢边橡胶止水带+上下两道遇水膨胀橡胶止水条。 ④回填注浆:隧道内衬砌背后拱顶背后埋设注浆管,待混凝土达到设计强度后压注水泥砂浆填充空隙,保证初支与二衬密贴,不形成水囊

续表

施工项目	施工方案
防排水方案	⑤洞内排水:隧道衬砌背后设置环向盲管、纵向盲管、横向泄水管及双侧保温边沟、中心水管,中心水管浅埋段,环、纵向排水盲管均直接弯入侧沟,再由横向泄水管排入中心检查井;中心水管深埋段,环向盲管水汇聚到纵向盲管后,再通过仰拱底横向导水管流入中心水管;最后通过中心水管排出洞外,使洞内外形成一个完整的排水系统。隧道二次衬砌混凝土抗渗等级不小于P10,地下水发育地段不小于P12。 (2)洞口及明洞防水。 ①洞门边仰坡顶部坡线10 m以外设截水天沟,其坡度根据地形设置,但不应小于3‰,以免淤积。 ②施工缝:拱墙及仰拱采用中埋式橡胶止水带+遇水膨胀止水条;纵向施工缝采用中埋式钢边橡胶止水带+上下两道遇水膨胀橡胶止水条。 ③明挖地段衬砌外缘向外依次设置3 cm厚M10水泥砂浆找平层、4 mm厚聚氨酯防水涂料、厚度不小于4 mm的自粘式防水卷材、双层土工布、6 cm厚砖砌保护层
弃渣方案	隧道弃渣尽量用作路堤填料、施工场地的填筑及填补沟壑造田。质地良好的岩块,尽量就地加工为料石、混凝土骨料或级配碎石等,以减少弃渣数量,减少占地,降低工程成本。无法利用的弃渣,本着保护生态环境、水土保持及节约用地的原则,于隧道附近冲沟或空地设置弃渣场。弃渣场应先挡后弃,充分考虑渣场容量,控制弃渣堆放高度,确保挡护工程质量。弃渣场按设计指定的地点设置,渣场坡脚设永久弃渣防护工程;弃渣前对弃渣场原地表植被进行移除并保护,并对底面进行平整;做好渣场排水系统,渣场坡面上方5 m外设截水天沟,渣场顶部设不小于5‰的排水坡,并设纵向排水沟1道,在渣场底部纵向每20 m铺设一根$\phi 100$双壁打孔波纹管;渣场表面均应撒播草籽绿化
辅助坑道施工方案	(1)辅助坑道Ⅳ级围岩采用台阶法开挖,Ⅴ级围岩采用短台阶法开挖。上、下台阶均由人工或凿岩机实施钻孔,上下台阶均采用光面爆破,非电毫秒雷管起爆,分次爆破开挖成型。(2)辅助坑道洞口、洞身Ⅴ级围岩地段及设置为待避空间的地段,采用模筑衬砌,其余采用喷锚衬砌。(3)建平隧道1号、3号斜井运营期间作为避难所,2号斜井作为救援通道。施工完毕后,斜井与正洞相交处设置防护门,斜井设置栅栏门

2）施工测量

（1）洞外控制测量。

隧道开工前，首先复测设计中线，并在山顶布设导线网联系隧道进出口，严密平差，达到设计精度；对进出口高程进行联测闭合，采用统一高程。

洞外加密点为一个整网，各测段之间采用边联结方式形成由三角形或大地四边形组成的带状网，加密点采用双频 GPS 接收机按三等进行联测，每个洞口设置的平面控制点，将控制点设在能相互通视、稳固不动，而且便于引测进洞，能与开挖后的洞口通视之处。

洞外高程控制测量采用二等水准，每个洞口布设两个高精度水准点。水准点布设在坚固、通视好、施工方便、便于保存且高程适宜之处。两个水准点的高差，以安置一次水准仪即可联测为宜。

（2）内控制测量。

洞内控制测量采用徕卡 1201 全站仪（测量精度 $1''$）和天宝电子水准仪。

①洞内平面控制测量：采用二等导线进行平面控制测量。

进洞：利用距离洞口较近、通视效果较好的导线点 SD_1，后视其他导线点，分别测得 SD_1 至洞口导线点的方位角，再取均值作为 SD_1 距洞口导线点的方位角。交叉导线主控网见图 10.2。

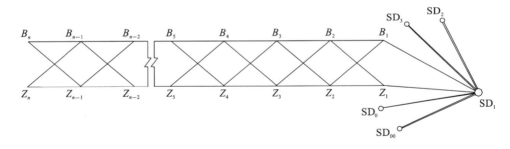

图 10.2　交叉导线主控网示意图

主网布设：采用交叉导线作为主控网，导线平均边长 200～400 m，主控网布设导线点如图 10.2 所示。沿隧道中线布设 Z_1、Z_2……Z_n 各点，沿隧道一侧布设 B_1、B_2……B_n 各点，B_i、Z_i 近似在同一里程。各导线点同时作为水准点，可通过精密几何水准测 B_i 与 Z_i 间高差来检核导线点稳定性。

施工导线：在开挖面向前推进时，用以进行放样来指导开挖的导线，其边长直线段为 150～250 m，曲线段为 60～100 m。

基本导线:当掘进100~300 m时,为了检查隧道的方向是否与设计相符,选择一部分施工导线,敷设精度较高(不小于200 m)的基本导线,以减少测量误差的传递与积累。

②洞内高程控制测量。

洞内高程控制测量采用四等精密水准。

路线往返测高差不符值、环闭合差、检测高差较差的限差等要求按《国家一、二等水准测量规范》(GB/T 12897—2006)执行,每千米水准测量误差小于2 mm。

③洞内施工放样。

隧道开挖放样分别采用BJSD-2型三维激光断面仪和J2激光经纬仪直接设站于洞内中线点上,将掌子面里程和仪器高程输入编程计算机后即可确定掌子面拱部中心,据此再放出开挖断面。

(3)竣工测量。

工程竣工后,为了检查主要结构物及线路、隧洞位置是否符合设计要求,为机电设备安装、检修工程等提供测量控制点,应进行竣工测量。竣工测量的主要内容有:隧洞贯通测量(平面、高程)、隧洞净空断面测量、线路中线测量和永久水准点测设。

平面贯通测量:在隧洞贯通面处,采用坐标法从两端测定贯通,并归算到贯通断面和中线上,求得横向贯通误差和纵向贯通误差。

高程贯通测量:隧洞贯通后,用水准仪从两端测定贯通点的高程,其误差即为竖向贯通误差。

采用全站仪进行隧洞净空断面测量。

隧洞贯通后地下导线则由支导线经与另一端基线边联测成为附合导线,水准导线也变成了附合水准,当闭合差不超过限差规定时,进行平差计算。按导线点平差后的坐标值调整线路中线点,改点后再进行中线点的检测,直线夹角偏差值不大于±6″,高程亦用平差后的成果。将新成果作为净空测量、调整中线起始数据,并报监理工程师审查批准后使用。

10.5.2 施工方法及工艺

1. 洞口段施工方法及工艺

洞口段工程主要包括隧道洞口边、仰坡的土石方开挖、防护,洞口排水系统,明洞等。

隧道洞门形式为帽檐斜切开孔式缓冲结构洞门,洞口段明洞采取明挖法施工,永久边仰坡采用骨架护坡防护,明洞段开挖后,对临时边仰坡及时进行喷锚防护,待洞门施作完成后,及时对边仰坡进行永久防护;洞口段采用φ108大管棚加超前小导管预加固。施工顺序:测量放线→洞口开挖(地表处理→截水天沟→洞口土石方开挖)→边仰坡刷坡与防护→超前支护施工→暗洞进洞施工→洞门衬砌→回填。

2. 洞口开挖

1)地表处理及截排水天沟

进出口洞门施工前先进行测量放线,根据测量放线做好边坡开挖轮廓线和截水天沟,以利截排水,同时将洞口段开挖线以外10 m范围的漏斗、洼地、危石等进行处理,防止地表水向下渗漏或陷穴等继续扩大影响隧道安全,确保边仰坡稳定。

2)洞口土石方开挖

严格控制边仰坡开挖高度和坡度,洞口开挖由外向里,从上至下分层分段开挖。土方和强风化岩采用挖掘机挖装,人工配合清理边仰坡开挖面,局部陡坡段采用人工开挖,石方采用弱爆破。

为进洞施工方便,洞口10 m范围土石方先开挖至上断面设计标高,作为进洞施工平台。

3)边仰坡防护

边仰坡开挖后及时进行洞口边仰坡防护,以防围岩风化、雨水渗透而滑塌。隧道边仰坡采用喷锚防护。洞门开挖时边仰坡防护采用打锚杆、挂钢筋网、喷混凝土进行临时防护。做好坡面喷混凝土防护层与原坡面衔接,防止坡面风化,引起水土流失,导致边仰坡防护受到损坏。

3. 暗洞进洞

暗洞施工前首先对洞口衬砌外1~3 m范围内的边仰坡进行锚喷(网)加固。洞口土石方开挖到达明暗洞交界处满足大管棚施作高度时,应形成台阶做超前大管棚施作平台,并在平台上施作超前大管棚。超前大管棚施作完成后进行暗洞洞身开挖。暗洞进洞采用三台阶临时仰拱法开挖。

1）明洞施工

明洞施工工艺流程见图10.3。

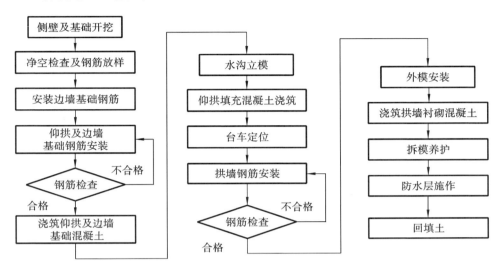

图10.3 明洞施工工艺流程图

(1)明洞开挖。

明洞土石方开挖采取横向分层、纵向分段的方法进行施工,采用挖掘机开挖,必要时采取弱爆破和人工配合机械刷坡,装载机装渣,自卸汽车出渣。按照设计施作边仰坡防护。开挖完成后进行基底处理,基底承载力达到要求后施作仰拱并填充混凝土,填充混凝土在仰拱混凝土终凝后进行浇筑。

(2)仰拱及边墙基础施工。

仰拱施工采用全幅施工,基础开挖采用挖掘机开挖,自卸汽车运输。钢筋安装前先根据测量放样的水平、中线点,设置定位钢筋,再安装钢筋,保证钢筋位置的正确。

堵头模板处及边墙基础面预留接头钢筋,并长短错开,保证满足钢筋焊接需要。钢筋焊接采用帮焊接头,纵环向施工缝处设止水条。

仰拱及边墙基础混凝土浇筑过程中,根据混凝土浇筑的进度将拼装式钢模或木模板固定在钢筋骨架上方,保证仰拱混凝土的拱形。

(3)拱墙混凝土浇筑。

仰拱及边墙基础混凝土浇筑完毕48 h后,将边基与拱墙施工缝连接处及时凿毛,清除浮浆,并用高压风吹干净。

拱墙钢筋施工时,搭设钢管脚手架以模板台车为工作平台进行拱墙钢筋的安装,定位钢筋与模板之间设同标号砂浆垫块。端墙处预留钢筋与洞门端墙钢筋相连。

明洞衬砌均采用模板台车做内模,外模采用组合钢模对拱墙衬砌混凝土一次性灌注,混凝土由自动计量拌和站生产,罐车运输,泵送入模,插入式振捣器振捣。洞口衬砌与隧道洞门整体灌注后进行洞顶回填施工。

(4)防水层施工。

明洞衬砌全部施工完毕后进行防水卷材施工,但要在混凝土养护期满后施工,先用砂浆将混凝土基面整平,然后再施作防水卷材。

(5)明洞回填。

明洞回填在洞外防水层施作完成且混凝土强度达设计强度后进行。侧墙回填两侧同时进行。土质地层,将墙背坡面挖成台阶状,用片石分层码砌,缝隙用碎石填塞密实。拱部回填应两侧分层夯实,每层厚度不大于 0.3 m,两侧回填的土面高差不大于 0.5 m;回填至拱顶后,分层满铺至设计高程。采用机械回填时,应在人工夯填超过拱顶 1.0 m 后进行。顶层回填材料采用黏土以利于隔水。隔水层与边坡搭接平顺、封闭紧密,防止地表水下渗。

2)洞门修筑

在进洞施工正常后,适时安排洞门施工,洞门采用混凝土整体浇筑,浇筑时采用钢管搭设脚手架,大面积钢模板立模,混凝土输送泵浇筑,插入式振捣器振捣。

洞门完成后及时修筑洞顶排水沟,保证洞口稳定和排水顺畅。

4. 超前地质预报方法

根据各隧道工程地质条件,采用 TSP203 地质预报系统、红外线探水仪、地质雷达、超前钻孔探测及地质素描等综合地质预报技术,长距离预报与短距离预报相结合,预测开挖工作面前方一定范围内的工程地质。施工中将超前地质预报工作纳入施工工序,由专人负责,主要设备配置见表 10.10。

表 10.10 超前地质预报主要设备配置表

序号	设备名称	数量/(台/工作面)
1	TSP203 超前预报仪	1
2	SIR-3000 型地质雷达	1

续表

序号	设备名称	数量/(台/工作面)
3	红外线探水仪	1
4	超前水平地质钻机	1

超前地质预报的重点内容：预测开挖面前方地质情况，围岩整体性，断层、软弱围岩破碎带在前方的位置和对施工的影响，地下水活动情况等。

5. 地质预报计划

施工过程中必须将超前地质预报纳入施工工序管理，做到先探测、后施工，实施计划总的思路是：长期预报和短期预报相结合，采用 TSP203 超前地质预报系统进行长距离宏观控制，红外探水连续实施，地质雷达进一步强化、补充和验证，加大超前水平钻探和孔内数码成像的力度，加强常规地质综合分析，根据地质预报结果，经专业人员进行分析研究后，拟定相应对策以指导施工。多管齐下，力争把发生地质灾害的概率降至最低。地质超前预报计划见表 10.11。

表 10.11　地质超前预报计划表

预测预报手段	仪器	预报内容	预报频率及计划
地质素描	罗盘仪、地质锤、放大镜、皮尺、数码相机等简单工具	对开挖面围岩级别、岩性、围岩风化变质情况、节理裂隙、产状、破碎带分布和形态、地下水等情况进行观察和测定后，绘制地质素描图，通过对洞内围岩地质特征变化分析，推测开挖面前方地质情况	地质素描在每次开挖后进行
TSP203 技术	TSP203 超前预报仪	重点探查规模较大的破碎带、裂隙发育带等	在软弱破碎地层或岩溶发育地区每隔 100 m 用 TSP203 探测一次，在岩体完整的硬质岩地层每次每隔 150 m 用 TSP203 探测一次，区段大于有效预报距离时应多次预报，两次预报重复长度不小于 10 m

续表

预测预报手段	仪器	预报内容	预报频率及计划
地质雷达周边探测	SIR-3000型地质雷达	重点进行隧道周边的地质体探测,查找地质破碎带及其他不良地质体,防止开挖通过后,隧道顶板、底板及侧壁出现灾害性的突水、涌水	在岩溶不发育地段每次预报距离宜为10～20 m,连续预报时前后两次重叠不小于5 m
红外探水	红外线探水仪	根据构造探测结果,趋近不良地质体和地质异常体时,利用便携式红外线探水仪进行含水构造探测。当洞内个别区段渗水量较大时,亦用红外线探水仪探测预报,探明隧道周边隐伏的含水体	每隔20～30 m对掌子面进行一次含水构造探测,连续预报时两次探测应重复5 m
超前水平钻探	钻机选型用PRD-150C型全液压钻机	将超前水平钻探作为主要的探测手段,用以验证超前地质预报的精度,并直接探明前面围岩地段的涌水压力及其含量。按隧道全长进行探测,孔径50 mm	每次钻孔深度30 m,两次循环超前水平钻探的搭接长度不小于5 m,必要时进行取芯分析
加深炮孔	YT28凿岩机	直接探明前方围岩地段的涌水压力及其含量	每个循环进行加深炮眼探测,炮眼数3～5个,孔深5 m以上

(1)地质素描。

对掌子面已揭露出的岩层进行地质素描(观察岩石的矿物成分及其含量,结构构造特征和特殊标志),给予准确定名,测量岩层产状和厚度。

测量该岩层距离已揭露的标志性岩层或界面的距离,并计算其垂直层面的厚度。

将该岩层与地表实测地层剖面图和地层柱状图相比,确定其在地表地层(岩层)层序中的位置和层位。

依据实测地层剖面图和地层柱状图的岩层层序,结合TSP探测成果,反复比较分析,最终推断出掌子面前方一定范围内即将出现的不良地质在隧道中的位置和规模。

施工过程中,每次爆破后由地质工程师进行地质素描,内容包括掌子面正面及侧面稳定状态、岩层产状、岩性风化程度、节理裂隙发育程度(产状、间距、长度、充填物、数量)、喷射混凝土开裂与掉块现象、涌水情况、水质情况、水的影响、不良气体浓度等。同时定期对地表水文环境进行观测和监测记录,及时了解隧道施工对地表水的影响,确定施工控制措施,最终做出掌子面地质素描图和洞身地质展示图。

及时对洞内涌水进行水质分析和试验,提交分析和试验结果,对影响隧道衬砌结构的水质提出处理意见,上报技术部门,以利采取有效的防护措施。

(2)TSP203技术。

地震(声)波由特定点上的小规模爆破产生,并由电子传感器接收。当地震波遇到岩石强度变化大(如物理特性和岩石类型的变化、破碎带、破裂区、陷穴的出现)的界面时,在绕射点处部分射波的能量被反射回来。反射信号的传播时间与到达边界的距离成正比,因此能作为直接的度量方法。

TSP203技术特别适用于高分辨率的隧道折射地震(微地震)勘探,以及断裂和岩石强度降低地带的监测。TSP203技术理论上可预测100~150 m的距离。

(3)地质雷达周边探测。

地质雷达周边探测采用电磁波反射原理进行,通过测定与含水性有关的介电常数的变化来探测充水的地质体,如含水的地层、岩性界面等。

可采用SIR-3000地震反射波法进行中长距离(100 m)较大的岩性结构变化情况的预报,采用探地质雷达进行短距离(10~20 m)的精细岩性结构变化情况的预报。作为TSP203超前地质预报的补充,在高水压地段对TSP203预报的异常点,比如确定异常体的规模、性质、危害等有困难时,采用地质雷达作为补充手段。

(4)红外探水。

红外探水每20 m测量一次。红外线探水仪通过接收岩体的红外辐射强度,根据围岩红外辐射场强的变化值来确定掌子面前方或洞壁四周是否有隐伏的含水体。红外探水有较高的准确率,但是它对水量、水压等重要参数无法预报。

(5)超前水平钻探。

超前水平钻探是隧道施工期超前地质预测预报最直接、最有效的方法,也是对其他探测手段成果的验证和补充。通过钻孔钻进速度测试和对钻孔岩芯的观察及相关试验,可获取隧道掌子面前方岩石的强度指标、可钻性指标、地层岩性资料、岩体完整程度及地下水等诸方面的资料。

预报一般为单孔,孔深一般 30～50 m,必要时也可以钻 100 m 以上的孔,采用地质钻机接杆钻孔。为防止遇高压水时突水失控,开孔采用 φ120 钻头,孔内放入 3.0 m 长的 φ108 钢管作为孔口管,孔口管伸出掌子面 50 cm,孔壁间用环氧树脂加水泥浆锚固,孔口管伸出部分安封闭装置,并与注浆泵连接,以便遇高压水时及时封堵并注浆,钻孔时作业平台要求平稳、牢固,钻机施工时不晃动,施钻过程中,由地质工程师详细记录钻速、水质、水量变化情况,并对岩芯进行统一编录、收集,综合判断预报前方水文、地质情况。

(6)加深炮孔。

加深炮孔可直接探明前方围岩地质情况,指导工程施工。每断面均匀选取 3～5 孔,孔深 5 m 以上。加深炮孔探测严禁在爆破残留眼中实施。

6. 预报效果检查

开挖到预报位置时,对实际地质进行素描,和预报地质资料进行对比,以此来评价预报的准确性,积累经验,为以后的预报提供参考,并及时将预测数据、结果反馈至设计院,调整设计方案或改变施工方案。

1)超前支护施工方法及工艺

(1)超前大管棚。

建平隧道洞口及明暗交界段地质条件较差,采用 φ108 超前大管棚。

①管棚布置。

洞口段超前长管棚采用每节长 4 m 或 6 m 的热轧无缝钢花管(φ108 壁厚均为 6 mm),布置于隧道拱部。管棚外插角为 1°～3°,环向间距 40 cm。

②施工工艺。

超前长管棚施工工艺流程详见图 10.4。

根据管棚施工的机械设备情况,在开挖至管棚施工段时,预留下台阶不开挖,作为管棚和混凝土导向墙施工平台。工作平台宽度为 2.5 m,高度 2.0 m,平台两侧宽度为 1.5 m。

a.导向墙施工。

采用 C20 混凝土护拱作为管棚的导向墙,尺寸为 1 m(厚)×1 m(宽),导向墙在隧道开挖外轮廓线以外,紧贴洞口仰坡面。导向内设 3 榀 I18 工字钢制作的钢拱架为环向支撑,钢架外缘设 φ140、壁厚 5 mm 导向钢管,钢管与钢架焊接。

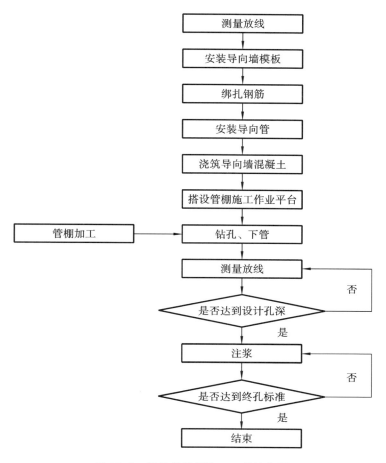

图 10.4 超前长管棚施工工艺流程图

b. 管棚制作。

管棚采用 ϕ108 钢管制作,管壁打孔,采用梅花形布孔,孔径为 10~16 mm,孔间距为 150 mm,钢管尾留 150 cm 不钻孔的止浆段,钢管加工成 4 m 和 6 m 长的两种规格。编号为单号的采用钻孔的钢花管,编号为偶数的采用普通不钻孔钢花管。

c. 钻孔。

作业平台采用方木按"井"字形搭设,顺序由下向上、由两边向中间,根据孔位依次搭好。方木间以扒钉连接牢固,防止在钻孔时钻机摆动、倾斜、不均匀下沉而影响钻孔质量。

钻孔采用液压钻机钻孔。选用的钻机首先应适合钻孔深度和孔径的要求,钻机要求平稳灵活,能在360°范围内钻孔。为减少因钻具移位引起的钻孔偏差,钻机立轴方向应准确控制,钻进过程中要经常采用测斜仪量测钻杆钻进的偏斜度,发现偏斜超过设计要求时及时纠正。

钻孔直径:$\phi 127$。

钻孔平面误差:径向不大于20 cm,相邻钢管之间环向不大于10 cm。

d.下管、清孔、放钢筋笼。

钻孔检测合格后,将钢管连续接长,用钻机旋转顶进将其顶入孔内,单号孔顶进有孔钢管,双号孔顶进无孔钢花管钢管,如遇故障,需清孔后再将钢管插入。为改善管棚受力条件,接头应错开,使钢管接头错开,隧道纵向同一断面内的接头数量不得超过钢管总数的50%,相邻钢管接头错开距离不小于1 m,因此第一节管采用4 m和6 m交替布置,编号为奇数的第一节管采用4 m长钢管,编号为偶数的第一节采用6 m长钢管,以后每节均采用6 m长钢管,两节钢花管之间采用$\phi 114$丝扣连接。

为增加洞口段管棚的抗弯能力,钢管中增设钢筋笼,钢筋笼由4根$\phi 22$主筋和固定环组成。

e.注浆。

采用全孔压入式向长管棚内压注水泥浆,水泥浆液水灰比为1:1(重量比),注浆压力$0.5 \sim 2.0$ MPa。注浆前先进行现场注浆试验,确定注浆参数及外加剂掺入量后再用于实际施工。注浆按先下后上,先稀后浓的原则注浆。注浆量由压力控制,达到结束标注后,停止注浆。注浆完成后及时清除管内浆液,并用M7.5水泥砂浆紧密充填,增强管棚的刚度和强度。

2)超前小导管施工

建平隧道DK030+270~DK030+625、DK041+275~DK041+310采用密排小导管超前支护,Ⅳ、Ⅴ级围岩一般地段拱部设置超前小导管支护。

超前小导管施工工艺流程见图10.5。

(1)小导管结构。

小导管前端加工成锥形,以便插打,并防止浆液前冲。小导管中间部位钻$\phi 6$的注浆孔,注浆孔呈梅花形布置(防止注浆出现死角),间距为20~30 mm,尾部1 m范围内不钻孔以防漏浆,末端焊直径为6 mm的环形箍筋,以防打设小导管时端部开裂,影响注浆管连接。加工成形后的超前小导管构造详见图10.6。

(2)小导管布置。

小导管采用$\phi 42$、壁厚3.5 mm的热轧无缝钢管;纵向水平搭接长度不小于

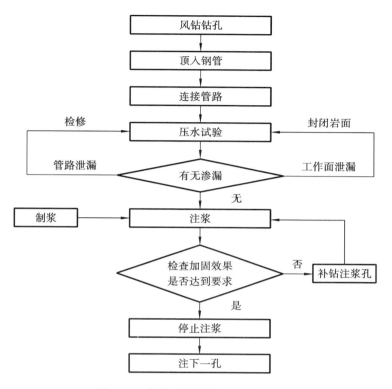

图 10.5 超前小导管施工工艺流程图

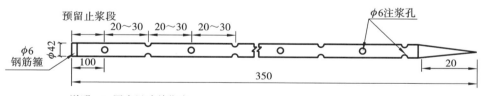

说明：1. 图中尺寸单位为 cm；
2. 此图适用于超前小导管和超前密排小导管。

图 10.6 超前小导管构造图

100 cm，外插角为 10°～15°。超前小导管支护布置见图 10.7。

（3）钻孔。

先将小导管的孔位用红漆标出，钻孔的方向垂直于开挖面，仰角 10°～15°。采用风枪或凿岩台车成孔。钻孔钻进避免钻杆摆动，保证孔位顺直。钻至设计孔深之后，用吹管将碎渣吹出，避免塌孔。

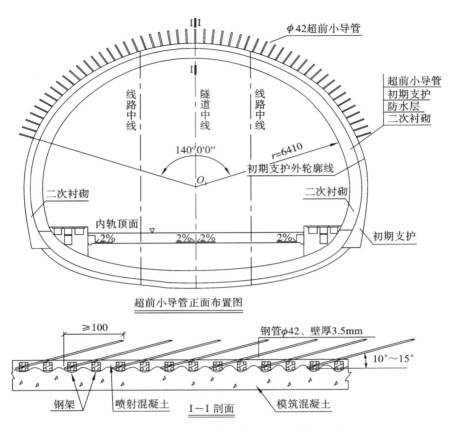

图 10.7 超前小导管支护布置图(单位:cm)

(4)顶管。

在钻孔内插入钢花管,在管尾后段 30 cm 处,将麻丝缠绕在管壁上呈纺锥状,并用胶带缠紧。开动钻机,利用钻机的冲击力将钢花管顶入围岩中,钢管顶进长度不小于 90% 管长。

(5)固定。

顶管至设计孔深后,将孔口用水泥-水玻璃胶泥将钢花管与孔壁之间的缝隙封堵。孔口露出喷射混凝土面 15 cm,安装钢拱架后与拱架焊接在一起。

(6)压水。

管路连接完成后进行压水试验,检查管路及工作面有无渗漏现象。

(7)小导管注浆。

小导管注浆见图 10.8、图 10.9。

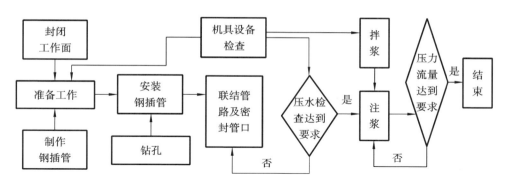

图 10.8 小导管注浆施工工艺流程图

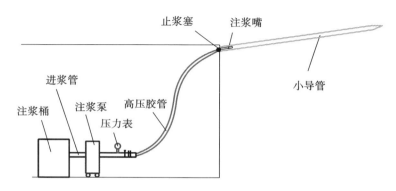

图 10.9 小导管注浆施工示意图

①注浆设备选择。

超前小导管注浆采用 SJB-6 型注浆泵。

②浆液的选择。

浆液采用水泥浆液,水灰比 1∶1(重量比),施工时由试验室选定,使用强度不低于 42.5 的水泥。

③注浆量。

为了获得良好的固结效果,必须注入足够的浆液量,确保一定的有效扩散范围。注浆范围按开挖轮廓线外 0.3~0.5 m 设计并且浆液在地层中均匀扩散。注浆压力与岩层裂隙的关系见图 10.10。

浆液单孔注入量 Q 和围岩的孔隙率有关,根据扩散半径及岩层的裂隙进行估算,其值见式(10.1):

$$Q = \pi R^2 \eta L \tag{10.1}$$

式中:R 为浆液扩散半径(m);L 为压浆段长度(m);η 为岩层孔隙率,风化岩层

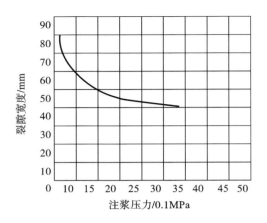

图 10.10 注浆压力与岩层裂隙的关系图

取 2%~3%,断层破碎带取 5%。

④注浆压力。

注浆压力为 0.5~1.0 MPa,施工中根据施工现场试验确定较合理的注浆参数。

⑤止浆盘。

由于采用低压加固注浆,止浆盘用 5~10 cm 厚喷射混凝土封闭,防止跑浆。

⑥注浆注意事项。

注浆前检查注浆泵、管路及接头牢固程度,防止浆液冲出伤人;注浆时密切监视压力变化,发现异常及时处理;注浆时注意防止串浆和跑浆,若发生串浆和跑浆要停止注浆,分析原因随时解决;做好注浆压力、注浆量、注浆时间等各项参数记录。

10.5.3　钻爆施工方法及工艺

隧道开挖必须尽可能减轻对围岩的振动,充分发挥围岩的自承能力。钻爆作业是保证开挖断面轮廓平整准确、减少超欠挖、降低爆破振动、维护围岩自承能力的关键。采用线形微震爆破新技术和光面爆破技术进行爆破作业,根据围岩情况,及时修正爆破参数,以达到最佳爆破效果,形成整齐准确的开挖断面。

1. 钻爆设计

线形微震爆破新技术能使炸药产生的能量尽可能多地转换为破碎岩石的能量,减少传给开挖范围以外岩石的能量,从而使开挖范围外的岩石引起的震动和损害最小,这样就可有效地保护围岩。

线形微震爆技术的特点:炮孔布置除周边眼和掏槽孔外都是线形,炮孔布置简单,炮孔参数准确;可提高炸药爆炸能量利用率,同样情况下炸药消耗量少,对围岩的扰动小,最适合采用新奥法施工;炮孔都是平行的,便于钻孔可提高钻孔效率,易于采用光面爆破,控制开挖轮廓;可以控制爆破块度,提高装运效率;可减轻对周围地层的震动。

1) 爆破设计原则

爆破设计原则如下。

(1)炮孔布置要便于机械钻孔。

(2)尽量提高炸药能量利用率,以减少炸药用量。

(3)减少对围岩的破坏,采用光面爆破,控制好开挖轮廓。

(4)控制好起爆顺序,提高爆破效果。

(5)在保证安全的前提下,尽可能提高掘进速度,缩短工期。

2) 爆破器材选用

(1)采用塑料导爆管非电毫秒雷管起爆系统,毫秒雷管采用特定的 26 段等差(50 ms)毫秒雷管,引爆采用电雷管。

(2)炸药采用乳化炸药,选用 $\phi 25$、$\phi 32$、$\phi 35$ 三种规格,其中 $\phi 25$ 为周边眼使用的光爆药卷,$\phi 35$ 为掏槽眼使用药卷。

3) 掏槽形式

本标段隧道Ⅱ、Ⅲ、Ⅳ级围岩爆破采用双排斜眼掏槽,Ⅴ级围岩以机械挖掘为主。

4) 装药结构及堵塞方式

掘进眼、内圈眼、底板眼采用连续装药结构方式,周边眼采用 $\phi 25$ 的药卷间隔装药方式。所有装药炮眼均采用炮泥堵塞,堵塞长度不小于 20 cm。

5) 爆破设计优化

每次爆破后检查爆破效果,分析原因及时修正爆破参数,提高爆破效果,改善技术经济指标。

根据岩层节理裂隙发育程度、岩性软硬情况,修正炮眼间距、用药量,特别是周边眼;根据爆破后石渣的块度修正参数。石渣块度小,说明辅助眼布置偏密;块度大说明炮眼偏少,用药量过大。

根据爆破振速监测,调整单段起爆炸药量及雷管段数;根据开挖面凹凸情况修正钻眼深度,眼底基本上落在同一断面上。

2. 钻爆作业

施工时应按照爆破设计进行钻眼、装药、连线和引爆。如开挖条件出现变化,需要变更设计,由主管技术人员确定,其他人员不可随意改变。

1)测量

测量是控制开挖轮廓准确度的关键。每一循环都由测量技术人员在掌子面标出开挖轮廓和炮孔位置,并在洞内拱顶及两侧起拱线处安装三台激光指向仪,以减少测量时间及确保开挖轮廓线精度。

2)钻孔

钻孔用 YT-28 风枪,并按以下要求钻孔。

(1)按照炮眼布置图正确对孔和钻进。

(2)掏槽眼比其他眼深 20 cm,对孔误差不大于 3 cm,并保持平行。

(3)掘进眼对孔误差不大于 5 cm。

(4)周边眼位置在设计断面轮廓线上,其环向误差不大于 5 cm,眼底不超出开挖面轮廓线 10 cm,孔深误差小于 10 cm。

(5)开挖面凹凸较大时,应按实际情况,调整炮眼深度,力求所有炮眼(除掏槽眼外)眼底在同一垂直面上。

(6)钻眼完毕,按炮眼布置图进行检查,有不符合要求的炮眼重钻,经检查合格后,才能装药起爆。

3)装药

装药前先用高压风将孔中岩粉吹净,并用炮棍检查孔内是否有堵塞物,装药分片分组,严格按爆破参数表及炮孔布置图规定的单孔装药量,雷管段别"对号入座"。爆破网络连接、检查及起爆,按照爆破设计要求执行。

4)堵塞

堵塞炮孔可以提高炸药能量利用率,从而减少炸药用量,降低爆破振动效应。装药后要求炮孔堵塞好,光面爆破孔孔口堵塞长度不小于 20 cm,掏槽孔不装药部分全堵满,其余掘进孔堵塞长度大于抵抗线的 80%。炮泥使用 2/3 砂和 1/3 黄土制作并使用水炮泥。

装药和堵塞工作按有关安全规程执行,以确保安全。

5）连接起爆网络

为了保证起爆准确可靠,采用塑料导爆管传爆雷管复式网络,即每处传爆雷管都用 2 发。连线时导爆管不打结不拉细;连接的每簇雷管个数基本相同且不超过 20 个。传爆雷管用黑胶布缠好。网络连好后由专人检查验收,无误后方可起爆。爆破网络连接见图 10.11。

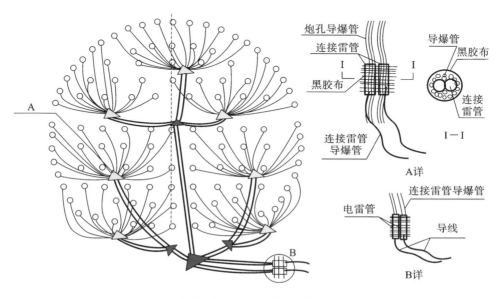

图 10.11　爆破网络连接图

6）瞎炮的处理

当起爆后遇有瞎炮时,由专人负责处理,首先对导爆管进行检查:若能再起爆,则重新引爆;若不能引爆,则首先掏出炮泥,然后用高压风和水冲出炸药,拿出雷管。

10.5.4　光面爆破

1. 光面爆破施工工艺流程

本隧道周边采用光面爆破,以确保开挖轮廓平整圆顺,其光面爆破施工工艺流程见图 10.12。

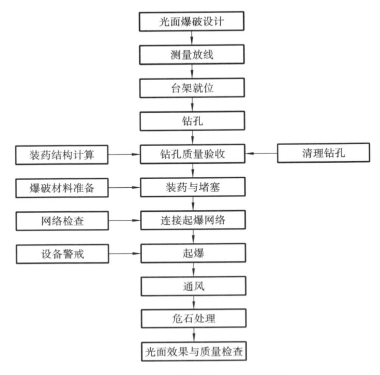

图 10.12　光面爆破施工工艺流程图

2. 光面爆破参数

为减轻爆破对围岩的扰动,周边眼采用 $\phi25$ 小直径光爆药卷。光面爆破参数见表 10.12。

表 10.12　光面爆破参数表

岩石种类	饱和单轴抗压极限强度 R_b/MPa	装药不偶和系数 D	周边眼间距 E/cm	周边眼最小抵抗线 W/cm	相对距 E/W	周边眼装药集中度 q/(kg/m)
硬岩	>60	1.25～1.5	55～70	70～85	0.8～1.0	0.30～0.35
中硬岩	30～60	1.5～2.00	45～60	60～75	0.8～1.0	0.20～0.30
软岩	≤30	2.00～2.50	30～50	40～60	0.5～0.8	0.07～0.15

3. 装药结构

周边光面爆破孔采用导爆索、竹片把 $\phi 25$ 药卷绑扎成炸药串装入孔中，孔口用炮泥堵塞长度不小于 20 cm。实践证明这种装药结构比单用 $\phi 25$ 药卷光面爆破效果好。其装药结构见图 10.13。

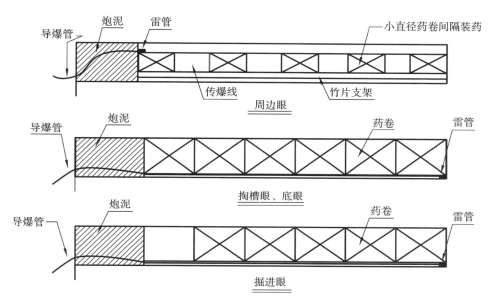

图 10.13　光面爆破装药结构示意图

4. 光面爆破质量标准

爆破后围岩面基本平整圆顺，围岩的半孔保存率，坚硬岩石不小于 85%，中硬岩石不小于 60%，软岩不小于 50%。围岩错台在 10 cm 以下，而且炮孔周围无明显的爆破裂纹，也无被爆破松动的岩石。

1）洞身开挖施工方法及工艺

正洞Ⅱ级围岩采用全断面法施工；Ⅲ级围岩采用台阶法施工；Ⅳ级围岩采用三台阶法施工；Ⅴ级围岩采用三台阶临时仰拱法施工。

(1) 全断面法开挖。

Ⅱ级围岩采用全断面法开挖。开挖长度一般不超过 3 m。

为了保证开挖轮廓圆顺、准确，维护围岩自身承载能力，减少对围岩的扰动，拱部及边墙采用简易工作台架、YT-28风钻钻孔,光面爆破。全断面法施工工艺流程见图10.14。

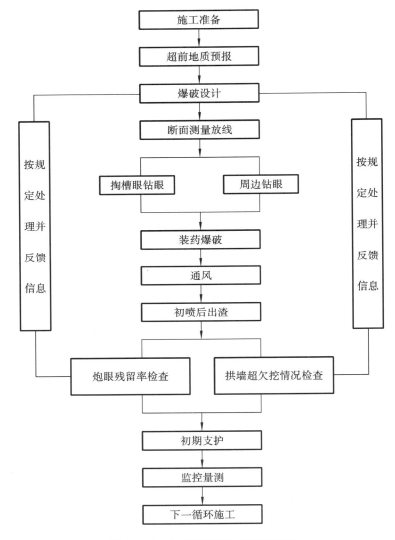

图 10.14 全断面法施工工艺流程图

(2)台阶法开挖。

Ⅲ级围岩采用台阶法开挖。台阶长度一般不超过1倍洞径,上台阶高度根据地质情况、隧道断面大小和施工机械设备情况确定,以2~2.5 m为宜。

为了保证开挖轮廓圆顺、准确,维护围岩自身承载能力,减少对围岩的扰动,拱部及边墙采用简易工作台架、YT-28风钻钻孔,光面爆破。台阶法施工工艺流程见图10.15;施工工序见图10.16、图10.17。

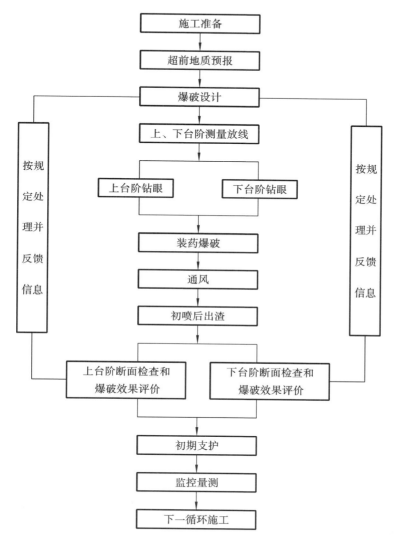

图10.15 台阶法施工工艺流程图

(3)三台阶法开挖。

Ⅳ级围岩采用三台阶法施工。上、中、下台阶均采用光面爆破。三台阶法施工将断面分为上、中、下三部分。为了保证开挖轮廓圆顺、准确,维护围岩自身承载能力,减少对围岩的扰动,拱部及边墙采用光面爆破。采用简易工作台架、

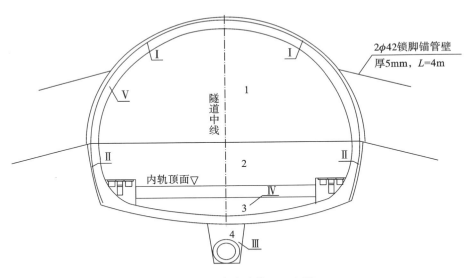

图 10.16 台阶法施工工序图

1—上台阶开挖；Ⅰ—上台阶初期支护；2—下台阶开挖；Ⅱ—下台阶初期支护；3—仰拱开挖；
4—中心深埋水沟开挖；Ⅲ—施作中心深埋水沟并回填；Ⅳ—仰拱填充混凝土；Ⅴ—拱墙混凝土

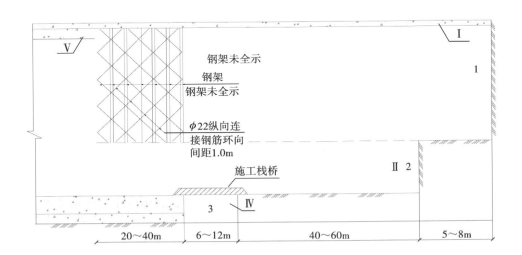

图 10.17 台阶法工序纵断面示意图

YT-28 风钻钻孔。上、中台阶采用 PC200 挖掘机或人工扒渣至下断面,下台阶由装载机装渣,采用带废气净化装置的自卸汽车运渣。

三台阶法施工工艺流程见图 10.18。三台阶法施工工序见图 10.19、图 10.20。

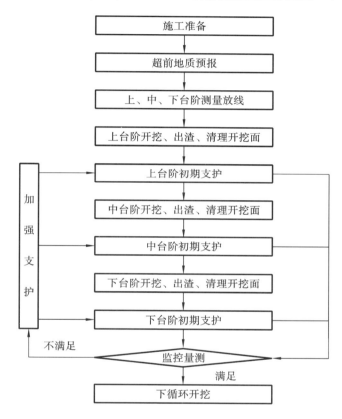

图 10.18　三台阶法施工工艺流程图

2)三台阶法工序说明

(1)上台阶开挖:在拱部超前支护施工后,沿隧道开挖轮廓线环向开挖上台阶。每循环开挖进尺不应大于 2 榀钢架间距。开挖后立即初喷 3～5 cm 混凝土封闭,并架设型钢钢架。按照设计要求施作锁脚锚管和系统锚杆,喷射混凝土。

(2)中台阶开挖:每循环开挖进尺不应大于 2 榀钢架间距,开挖后立即初喷 3～5 cm 混凝土封闭,并架设型钢钢架。按照设计要求施作锁脚锚杆和系统锚杆,喷射混凝土。

(3)下台阶开挖:每循环开挖进尺不应大于 2 榀钢架间距,开挖后立即初喷

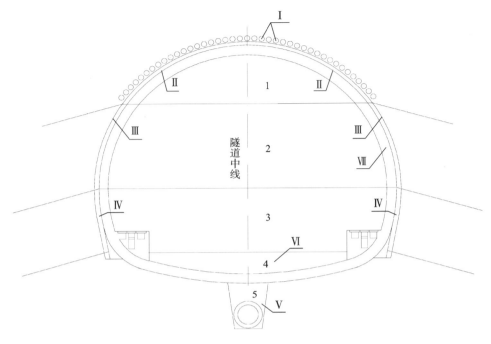

图 10.19 三台阶法工序横断面示意图

Ⅰ—超前小导管;1—上台阶开挖;Ⅱ—上台阶初期支护;2—中台阶开挖;Ⅲ—中台阶初期支护;
3—下台阶开挖;Ⅳ—下台阶初期支护;4—仰拱开挖;5—中心深埋水沟开挖;
Ⅴ—施作中心深埋水沟并回填;Ⅵ—仰拱填充混凝土;Ⅶ—拱墙混凝土

3~5 cm 混凝土封闭,并架设型钢钢架。按照设计要求施作锁脚锚杆和系统锚杆,喷射混凝土。

(4)隧道仰拱开挖:围岩较好时,仰拱与下台阶同时开挖;围岩软弱破碎时,仰拱单独开挖。仰拱按每循环 3 m 组织施工,采用人工配合机械开挖,人工清底,并及时施工仰拱衬砌和填充。

(5)各步台阶开挖长度宜控制为 3~5 m,第 3 部台阶开挖后仰拱应紧跟。

(6)隧道开挖后初期支护应及时封闭成环,Ⅳ级围岩封闭位置距离掌子面不得大于 35 m。

(7)软弱围岩及不良地质铁路隧道的二次衬砌应及时施作,二次衬砌距离掌子面的距离,Ⅳ级围岩不得大于 90 m。

(8)施工中,应按有关规范及标准图的要求,进行监控量测,及时反馈结果,

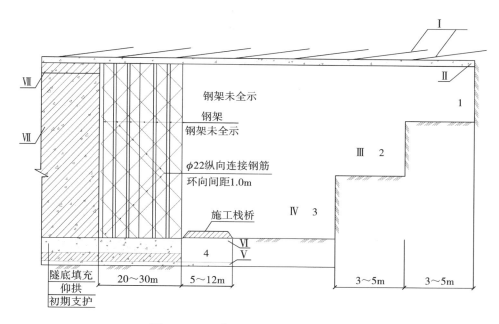

图 10.20　三台阶法工序纵断面示意图

分析洞身结构的稳定,为支护参数的调整、浇筑二次衬砌的时间提供依据。

3)三台阶法施工要求

(1)隧道施工应坚持"弱爆破、短进尺、强支护、早封闭、勤量测"的原则。

(2)如有超前支护等辅助施工措施,应首先利用上一循环架立的钢架施作完毕,再开挖。

4)三台阶临时仰拱法

隧道洞身Ⅴ级围岩采用三台阶临时仰拱法开挖。为了保证开挖轮廓圆顺、准确,维护围岩自身承载能力,减少对围岩的扰动,上台阶采用人工风镐或弱爆破开挖,中、下台阶采用挖掘机开挖或控制爆破开挖,中下台阶左、右边墙开挖必须交错施工,严禁两侧同时对挖,各部之间的间距2~3 m。

三个台阶平行作业,上台阶每循环开挖支护不得大于1榀钢架间距,边墙每循环开挖支护进尺不得大于2榀钢架间距;仰拱施工实行短开挖(石质围岩不得大于3 m,土质不得大于1.5 m,土质隧道仰拱墙脚、拱脚等隅角处应预留60~70 cm 人工开挖)、早支护、快封闭、勤量测,及时施作钢架支护,闭合成环。加强洞内施工抽排水,防止边墙失稳。

上台阶采用简易工作台架、YT-28风枪钻孔,上、中台阶采用反铲挖掘机或人工扒渣至下台阶,下台阶由装载机装渣,采用带废气净化装置的自卸汽车运渣。三台阶临时仰拱法施工工艺流程见图10.21,三台阶临时仰拱法施工工序见图10.22、图10.23。

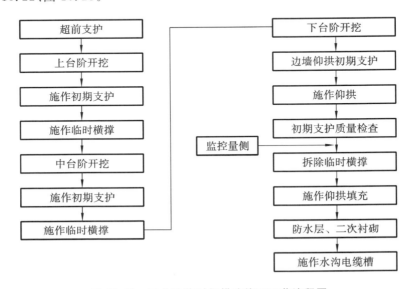

图10.21 三台阶临时仰拱法施工工艺流程图

施工工序说明如下。

(1)用上一循环架立的钢架施作隧道超前支护;开挖1部台阶,喷10 cm厚混凝土封闭掌子面;施作2部洞身结构的初期支护,即初喷4 cm厚混凝土,架立钢架,并设锁脚锚管;导坑底部施作Ⅰ18临时钢架;钻设系统锚杆后复喷混凝土至设计厚度,仰拱喷射混凝土至设计厚度。

(2)上台阶施作至适当距离后,施作2部台阶,施作洞身结构初期支护即初喷4 cm厚混凝土,架立钢架,并设锁脚锚管;导坑底部施作Ⅰ18临时钢架;钻设系统锚杆后复喷混凝土至设计厚度,仰拱喷射混凝土至设计厚度。

(3)中台阶施作至适当距离后,施作3部台阶,施作边墙结构初期支护。

(4)下台阶施工至适当距离后,开挖第4部台阶,施作仰拱初期支护;施作纵向钢梁,纵梁分段设置,每施作一榀仰拱钢架均用纵梁连接,纵梁与仰拱环向钢架采用焊接连接,纵梁通过锁脚锚管与围岩锚固,锁脚锚管与纵梁需焊接牢固,使纵梁与仰拱环向钢架形成一个整体。

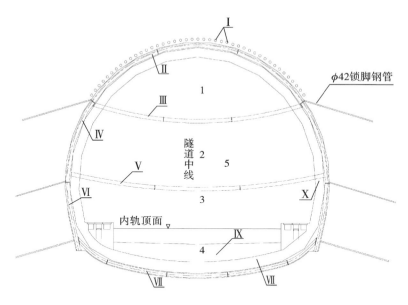

图 10.22 三台阶临时仰拱法施工工序图

Ⅰ—超前小导管;1—上台阶开挖;Ⅱ—上台阶初期支护;Ⅲ—中台阶初期支护;2—中台阶开挖;
Ⅳ—下台阶初期支护;Ⅴ—中台阶临时仰拱;3—下台阶开挖;Ⅵ—下台阶初期支护;4—仰拱开挖;
Ⅶ—仰拱初期支护;Ⅷ—仰拱浇筑;Ⅸ—仰拱填充混凝土;Ⅹ—拱墙混凝土

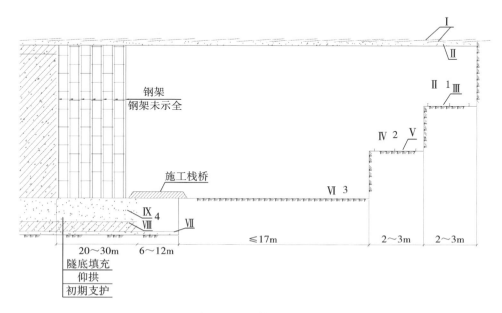

图 10.23 三台阶临时仰拱法施工工序纵断面图

10.5.5 初期支护施工方法及工艺

隧道初期支护由喷射混凝土、挂钢筋网、格栅/型钢钢架、拱部 $\phi22$ 组合中空锚杆、边墙 $\phi22$ 砂浆锚杆组成。初期支护施工程序见图 10.24。

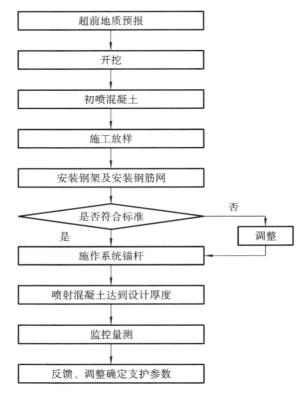

图 10.24 初期支护施工程序图

1. 喷射混凝土

为了减少粉尘、喷锚料回弹量及提高初期支护的质量,喷混凝土采用湿喷工艺,在洞外由混凝土拌和站拌好,通过混凝土搅拌运输车向洞内送料,空压机供风。喷射混凝土施工程序详见图 10.25。

1) 原材料要求

砂选用颗粒坚硬、干净的中、粗砂,符合国家二级筛分标准,细度模数大于 2.5,含水率控制在 5%~7%;碎石选用坚硬耐久、最大粒径不大于 15 mm 的碎

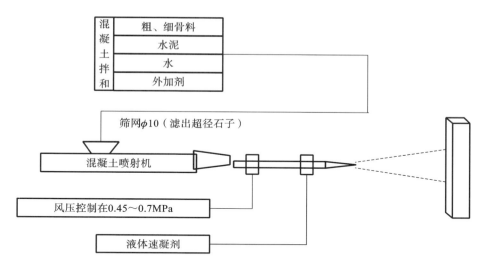

图 10.25 喷射混凝土施工程序图

石;水泥用 42.5R 普通硅酸盐水泥;使用的外加剂根据设计要求确定。

速凝剂等外加剂选择质量优良、性能稳定的产品。速凝剂在使用前,要做与水泥的相容性试验及水泥净浆凝结效果试验,保证喷射混凝土凝结时间控制在规范要求范围内。

2) 湿喷混凝土的施工方法

根据设计要求和地质围岩状况,喷射混凝土分为素喷、锚喷、钢架联合锚网喷,本工程采用湿喷作业技术。

混凝土喷射机安装调试好后,在料斗上安装振动筛(筛孔 10 mm),以避免超粒径骨料进入喷射机;喷射前首先清除基面松动岩块,对个别欠挖部分进行凿除、对个别超挖部分喷射混凝土补平;用高压水冲洗基面,对遇水易潮解的岩层,则用高压风清扫岩面;检查喷射机工作是否正常;要进行喷射试验,一切正常后可进行混凝土喷射工作。

混凝土喷射送风之前先打开计量泵(此时喷嘴朝下,以免速凝剂流入输送管内),以免高压混凝土拌和物堵塞速凝剂环喷射孔;送风后调整风压,控制在 0.45~0.7 MPa,若风压过小,则粗骨料冲不进砂浆层而脱落,风压过大将导致混凝土回弹量增大。可按混凝土回弹量大小、表面湿润易黏着力度来掌握。喷射压力根据喷射仪表反馈的信息及时调整风压和计量泵,控制好速凝剂掺量。

为保证喷射混凝土的厚度和质量,喷射混凝土分二次完成,即初喷和复喷。喷射料由洞外的混凝土拌和站拌和,混凝土输送车运输。

初喷在刷帮、找顶后进行,喷射混凝土厚度 4~5 cm,及早快速封闭围岩,放炮后由人工在渣堆上喷护。

复喷是在初喷混凝土层加固后的围岩保护下,完成立拱架、挂网、锚杆工序等作业后进行的。

喷射混凝土分段、分片、分层进行,由下向上,从无水、少水向有水、多水地段集中,多水处安放导管将水排出。施喷时喷头与受喷面基本垂直,距离保持 1.5~2.0 m。设钢架时,钢架与岩面之间的间隙用喷射混凝土充填密实,喷射顺序先下后上对称进行,先喷钢架与围岩之间空隙,后喷钢架之间,钢架应被喷射混凝土覆盖,保护层不得小于 4 cm。喷前先找平受喷面的凹处,再将喷头呈螺旋形缓慢均匀移动,每圈压前面半圈,绕圈直径约 30 cm,力求喷出的混凝土层面平顺光滑。一次喷射厚度控制在 6 cm 以下,每段长度不超过 6 m,喷射回弹物不得重新用作喷射混凝土材料。新喷射的混凝土按规定洒水养生。

回弹量的多少取决于混凝土的稠度、喷射技术、骨料级配等多种因素。要将边墙部分回弹率控制在 15% 以内,拱部回弹率控制在 20% 以下。施工前制定作业指导书并在施工中根据实际情况不断完善。在实际工作中尽快摸索掌握有关工作风压、喷射距离、送料速度三者之间的最佳参数值,使喷射的混凝土密实、稳定、回弹最小。必要时,在混凝土中掺加硅粉或粉煤灰,以增加混凝土的和易性而减少回弹。

2. 组合中空锚杆

本标段隧道拱部系统锚杆采用 $\phi22$ 组合中空锚杆,锚杆设置钢垫板,垫板尺寸 150 mm×150 mm×60 mm。锚杆位置、长度和数量据所处围岩地段的不同情况设置。组合中空锚杆施工示意图见图 10.26。

中空锚杆施工钻孔使用风枪钻孔,钻孔前根据设计要求定出孔位,钻孔保持直线并与所在部位岩层结构面尽量垂直,钻孔直径 $\phi42$,钻孔深度大于锚杆设计长度 10 cm。中空注浆锚杆施工程序如下。

钻孔完成后,用高压风吹净孔内岩屑;将锚头与锚杆端头组合后送入孔内,直达孔底;将止浆塞穿入锚杆末端与孔口取平并与杆体固紧;锚杆末端戴上垫板,然后拧紧螺母;采用锚杆专用注浆泵向中空锚杆内压注水泥浆,水泥浆的配

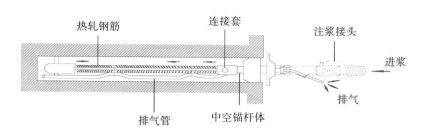

图 10.26　组合中空锚杆施工示意图

合比为 1∶(0.3～0.4),注浆压力为 1.2 MPa,水泥浆随拌随用。组合中空锚杆注浆时,砂浆经中空锚杆杆体的中空内孔从连接套上的出浆口进入锚孔壁与钢筋杆体间的空隙,锚孔内的砂浆由上向下充盈,锚孔内的空气从排气管排出直至回浆,注浆完成后立即安装堵头。

1)锚杆材质

锚杆材质采用 $\phi 22$ 螺纹钢筋,垫板厚度不小于 60 mm。施工前,锚杆按设计长度截取。

2)锚杆施工前准备工作

检查锚杆类型、规格、质量及其性能是否与设计相符。根据锚杆类型、规格及围岩情况准备钻孔机具。

组合中空锚杆施工工艺流程见图 10.27。

3. 砂浆锚杆

边墙锚杆采用 $\phi 22$ 砂浆锚杆,施工工艺流程见图 10.28。

1)钻孔

锚杆钻孔采用手持风钻钻孔,孔眼间距、深度和布置符合设计参数的要求,其方向垂直于岩层层面。

2)锚杆安装及注浆

砂浆锚杆由人工配合机械安装,采用砂浆锚杆专用注浆泵往孔内压注早强水泥浆,砂浆配合比(质量比):砂灰比宜为 1∶(1～2),水灰比宜为 0.38～0.45。

早强水泥采用硫铝酸盐早强水泥,并掺早强剂。

注浆开始或中途超过 30 min 时应用水润滑注浆管路。

注浆孔口压力不得大于 0.4 MPa。

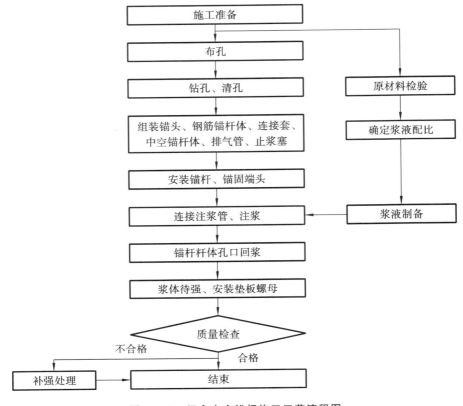

图 10.27 组合中空锚杆施工工艺流程图

注浆时注浆管要插至距孔底 5～10 cm 处,随水泥浆的注入缓缓匀速拔出,随即迅速将杆体插入,锚杆杆体插入孔内的长度不得短于设计长度的 95%。若孔口无砂浆溢出,将杆体拔出重新注浆。

4. 钢筋网施工

钢筋网施工工艺流程见图 10.29。

1) 钢筋网施工

钢筋网按照设计要求加工成方格网片,安装时搭接长度 1～2 个网格,纵横钢筋相交处可点焊成块。钢筋网一般在初喷混凝土、锚杆完工之后安设,施工时运至工作面进行敷设,网片要紧贴初喷面,混凝土保护层厚度必须满足设计要求。网片与网片间、网片与锚杆间要焊接牢固。

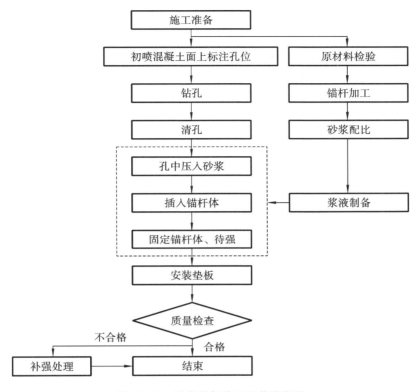

图 10.28　砂浆锚杆施工工艺流程图

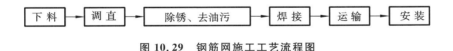

图 10.29　钢筋网施工工艺流程图

2）技术要点

钢筋必须经试验检测性能合格；使用前要做钢筋除锈和去污处理；钢筋网节点与锚杆间采用电焊焊接牢固，网片间用铁丝扎紧或焊接，在喷射作业时不得走动；钢筋网铺设随混凝土初喷面起伏，并与壁面接触密实；复喷混凝土后，将钢筋网完全覆盖，钢筋网不得外露，而且要有 3～5 cm 厚保护层。复喷后喷混凝土面应平整。

5. 格栅/型钢钢架施工

本工程所用的拱架支撑主要有格栅钢架、型钢钢架两种形式。

格栅/型钢钢拱架施工工艺流程见图 10.30。

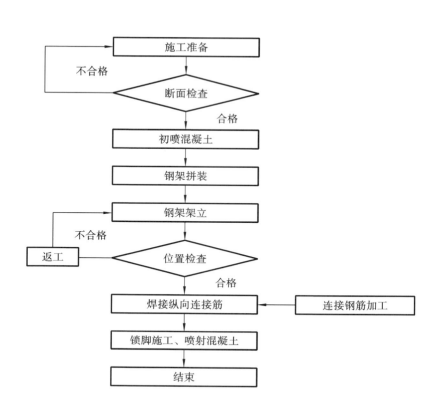

图 10.30　格栅/型钢钢架施工工艺流程图

格栅/型钢钢架在洞外按设计加工成型,洞内安装在初喷混凝土之后进行,与定位系筋、锚杆连接。钢支撑间设纵向连接筋,拱架支撑间以喷射混凝土填平。拱架支撑拱脚安放在牢固的基础上,架立时垂直隧道中线,当拱架支撑和围岩之间间隙过大时设置垫块,用喷射混凝土喷填。

拱架按设计要求预先在洞外结构件厂加工成型。先将加工场地用 C15 混凝土硬化,按设计放出 1:1 的加工大样。放样时根据工艺要求预留焊接收缩余量及切割的加工余量。将格栅钢筋冷弯成形,要求尺寸准确,弧形圆顺。

为保证拱架支撑设在稳固的地基上,施工中在拱架支撑基脚部位预留 0.15～0.2 m 原地基;架立拱架支撑时挖槽就位,软弱围岩地段要夯实拱脚,在拱架支撑基脚处设锁脚锚管和垫槽钢以增加基底承载力。

拱架支撑平面垂直于隧道中线,倾斜度不大于 2°。拱架支撑的任何部位偏离铅垂面不大于 5 cm。

为保证拱架支撑的稳定性、有效性,两拱脚处和两边墙脚处加设锁脚锚管,每个接头连接处设置 2～4 根。

拱架支撑按设计位置安设,在安设过程中,当拱架支撑和初喷层之间有较大间隙时采用同级混凝土回填密实,钢支撑与围岩(或垫块)之间的间隙不大于50 mm。

为增强拱架支撑的整体稳定性,将拱架支撑与锚杆连接在一起。沿钢支撑设直径为$\phi22$的纵向连接钢筋。

为使拱架支撑准确定位,拱架支撑架设前均需预先打设定位系筋。系筋一端与拱架支撑连接在一起,另一端锚入围岩中0.5～1 m并用砂浆锚固,当拱架支撑架设处有锚杆时尽量利用锚杆定位。

拱架支撑架立后尽快喷射混凝土,并将拱架支撑全部覆盖,使拱架支撑与喷混凝土共同受力。喷射混凝土先从拱脚或墙脚处向上喷射以防止上部喷射料虚掩拱脚不密实,造成强度不够,拱脚(墙脚)失稳。

10.5.6　出渣运输施工方法及工艺

根据施工现场的实际情况,本标段隧道出渣采用无轨运输方案。采用装载机或挖掘机装渣,运渣采用配备尾气净化装置的自卸汽车运渣。隧道弃渣有条件时尽量线路调配利用,其余弃至渣场。弃渣场设置永久的渣场挡护工程,顶面设置截排水系统,同时对渣场坡面采取植被防护等措施。

车辆通过仰拱施工地段时,为避免仰拱施工对其他工序的干扰,拟采用仰拱栈桥过渡,即车辆通过搭设在仰拱施工地段的架空平台过渡到已浇筑仰拱并达到通车强度地段,仰拱落底清理及浇筑混凝土均在该栈桥下进行,待栈桥下仰拱施工结束,混凝土强度达到通车强度后,再向前移动平台,如此周而复始循环推进。

为提高出渣效率,缩短循环时间,保证安全,采取如下措施。

(1)加强装运渣设备维护保养,备足易损配件,发现故障及时排除。

(2)设专人养护道路,保持道路平整、无积水,定期铺渣维修。尤其雨季,设专人及时排除安全隐患。

(3)加强洞内排水与照明,保持洞内有良好照明和路况。

(4)施工便道经常洒水,防止扬尘。加强通风,保证洞内空气新鲜。

(5)教育出渣汽车司机遵守交通规则,礼貌行车,严禁带故障行车和酒后驾车。

(6)由于通视状况差,隧道施工过程中,在洞内安装色灯信号,按照轻车让重车原则,由专职调度员组织洞内运输车辆的行驶,避免塞车,维持交通秩序。

(7)弃渣场采用推土机平整,专人指挥倒渣。

10.5.7 监控量测作业

1. 洞内外观察

(1)洞内外观察分开挖工作面观察、已施工区段观察以及地表观察,开挖工作面观察应在每次开挖后进行一次,内容包括节理裂隙发育情况、工作面稳定情况、围岩变形等。当地质情况基本无变化时,可每天进行一次,观察后应绘制开挖工作面略图并做好地质素描,填写工作面状态记录表及围岩级别判定卡。

(2)对已施工区段的观测每天至少一次,观测内容包括喷射混凝土、锚杆与钢架的状态,以及施工质量是否符合规定的要求。

(3)洞外观察包括洞口地表的情况、地表沉陷、边坡及仰坡的稳定、地表水渗透的观察。

(4)在观察过程中如发现地质条件恶化,初期支护发生异常现象,应立即通知施工负责人采取应急措施,并派专人不间断观察。

2. 拱顶下沉及水平净空变化量测

(1)拱顶下沉及水平净空变化量测应在同一断面进行量测,并采用相同的量测频率。如位移出现异常应加大量测频率。量测频率见表10.13。

表 10.13 量测频率表

变形速度/(mm/d)	量测断面距开挖工作面的距离/m	量测频率
≥5	(0～1)B	2次/d
1～5	(1～2)B	1次/d
0.5～1	(2～5)B	1次/(2～3 d)
0.2～0.5	(2～5)B	1次/3 d
<0.2	>5B	1次/周

注:B 表示隧道开挖宽度。

(2)净空变形量测断面的间距应根据围岩级别、隧道断面尺寸、埋置深度及工程重要性等确定,Ⅴ级围岩地段为 5 m,Ⅳ级围岩地段为 10 m,Ⅲ级围岩地段为 30 m,施工中可根据实际情况进行加密。

(3)净空变形量测应在每次开挖后进行,初读数在开挖后 12 h 内读取,最迟不得大于 24 h,而且在下一循环开挖前必须完成读数。

(4)测点应牢固可靠,易于识别并妥善保护,拱顶量测观测点必须埋设在稳定的岩面上,并和洞内水准点建立联系。

(5)量测应选择精度适当,性能可靠,使用及携带方便的仪器,仪器使用前必须经过严格标定。

(6)水平相对净空变化量测点的布置应根据施工方法、地质条件、量测断面所在位置、隧道埋置深度等条件确定。

(7)拱顶下沉量测应与水平相对净空量测在同一断面内进行,可采用水准仪等仪器测量下沉量。当地质条件复杂,下沉量大或偏压明显时,除量测拱顶下沉外,尚应量测拱腰下沉和基底隆起量。

(8)拱顶下沉量测与水平净空相对变化量测的频率相同,应从表 10.13 中根据变形速度和距开挖面距离选择较高的一个量测频率。当拱顶下沉、水平收敛速率达 5 mm/d 或位移累计达 100 mm 时,应暂停掘进,并及时分析原因,采取措施。

3. 地表下沉量测

(1)地表沉降监测适用于隧道浅埋段,测点在隧道开挖前布设,地表沉降观测点和隧道内测点布置在同一断面里程进行沉降观测,地表沉降观测点纵向间距按《铁路隧道监控量测技术规程》(Q/CR 9218—2015)要求布置。

地表下沉量测应根据隧道埋置深度、下穿沟谷地段、地质条件、地表有无建筑物、所采用的开挖方式等因素确定。地表下沉量测的测点应与水平净空相对变化和拱顶下沉量测测点布置在同一个横断面内,地表下沉量测测点纵向间距见表 10.14。

表 10.14 地表下沉量测测点纵向间距表

隧道埋深与开挖宽度	量测断面距/m
$2B < H_0 < 2.5B$	20~50
$B < H_0 \leq 2B$	10~20
$H_0 \leq B$	5~10

注:H_0 表示隧道埋深,无地表建筑物时取表内上限值。

(2)横断面方向地表下沉量测的测点应取 2~5 m,在一个量测断面内应设 7~11 个点,隧道中线附近测点应适当加密,隧道中线两侧量测范围不小于 $H_0 + B$,地表有建筑物时量测范围适当加宽,地表沉降测点和隧道内测点应布置在同一断面里程。

(3)地表下沉量测应在开挖工作面前方 $H+h$（隧道埋置深度＋隧道高度）处开始，直到衬砌结构封闭、下沉基本停止为止。

(4)地表下沉的量测频率和拱顶下沉及水平相对净空变化的量测频率相同。

(5)各量测作业面应持续到变形基本稳定后1～3周。

(6)锚杆轴力、围岩压力、衬砌应力等的量测，开始时应和同一断面的变形量测频率相同，当量测值变化不大时，可降低量测频率，从每周一次到每月一次，直到无变化为止。

4. 地表位移量测

1）监测内容

隧道洞身下穿滑坡段地表位移实施量测，参照路基边坡地表位移量测方法通过对观测桩进行数据分析，确定隧道结构在该段的稳定性，确保施工和运营安全。

2）测试方案

(1)地表位移监测。

观测桩：建立射线网法观测网。滑坡段沿隧道纵向每隔10～20 m设置监测断面，每个断面分别于隧道中线、隧道开挖两侧边线、隧道两侧边线外5 m及10 m处设置观测桩。各工点分别于滑坡体可能影响的范围外30 m设基准点和置镜点。采用经纬仪测量，监测隧道所通过滑坡体区域的地表状态，指导施工。

位移计：选择代表性工点，特别是在滑坡体界面线与隧道洞身施工面相交存在安全隐患的地方进行；该滑坡沿隧道纵向每隔10～20 m设置监测断面，分别于隧道两侧的开挖边界、隧道中线上方的滑坡分界面设置多点位移计，隧道施工掘进临近滑坡体30 m左右时钻孔成孔埋置。每个工点不少于2个监测断面，每个断面2个监测点。

(2)监测频率。

自隧道掘进到滑坡体观察开始，每天监测一次，在沉降量突变的情况下，每天应观测2～3次，当隧道施工间隔时间较长时应保证不少于3 d观测一次。隧道在该段洞身全部施工结束后1个月内至少每周观测一次，第2、3个月后每2周监测一次，雨后加密监测，3个月后每月观测一次，一直观测到铺轨验交结束。轨道铺设后至试运营期间每月监测一次。同时根据监测数据的变化情况，调整监测频率。

(3)地表水平位移监测技术要求应符合《高速铁路工程测量规范》(TB 10601—2009)中规定的技术指标要求。

5. 监控量测管理

(1)变形管理等级。

根据有关规范、规程、设计资料及类似工程经验,制定本工程监控量测变形管理等级,见表10.15,据此指导施工。

表10.15 变形管理等级表

管理等级	距开挖面 $1B$	距开挖面 $2B$	应对措施
Ⅲ	$U<U_{1B}/3$	$U<U_{2B}/3$	可正常施工
Ⅱ	$U_{1B}/3 \leqslant U \leqslant 2U_{1B}/3$	$U_{2B}/3 \leqslant U \leqslant 2U_{2B}/3$	综合评价设计施工措施,加强监控量测,必要时采取相应工程对策
Ⅰ	$2U_{1B}/3<U$	$2U_{1B}/3<U$	暂停施工,采取相应工程对策

注:U 为实测位移值。

观察及量测发现异常时,应及时修改支护参数。一般正常状态须同时满足以下条件:净空变化速度小于 0.2 mm/d 时,喷射混凝土表面无裂缝或仅有少量微裂缝,围岩基本稳定;位移速度除在最初 1~2 d 允许有加速外,应逐渐减少。

(2)监控量测体系。

施工监测管理程序见图10.31。

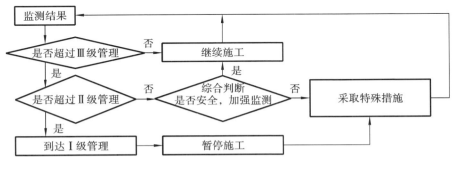

图10.31 施工监测管理程序图

工程施工前,根据现场实际情况及施工进度,编制详细的监测实施计划,并确定监测技术标准,报监理工程师及建设单位批准。为了真实反映监测结果,本标段施工监测由工程管理部组成专门监测小组,具体负责各项监测工作,积极配合监理做好对监测工作的检查、监督和指导,工程完成后,根据监测资料整理出本标段的监测分析总报告纳入竣工资料中。

拱顶下沉、收敛量测初读数应在 3~6 h 内完成,其他量测应在每次开挖后 12 h 内取得初读数,最迟不得大于 24 h,且在下循环开挖前必须完成。

测量前检查仪表设备是否完好,发现故障及时修理或更换;确认测点是否松动或人为损坏,当测点状态良好时方可进行测试工作。测量中按各项量测操作规程安装好仪器仪表,每测点一般测读三次,取算术平均值作为观测值;每次测量都要认真做好原始数据记录,并记录开挖里程、支护施工情况以及环境温度等,保持原始记录的准确性。

测量完毕后及时进行资料整理及信息反馈。

将监测管理及监测实施计划纳入施工生产计划中,作为一个重要的施工工序来实施,并保证监测有确定的时间和空间。

制定切实可行的监测实施方案和相应的测点埋设保护措施,并将其纳入工程的施工进度控制计划。

施工监测紧密结合施工步骤,监控每一个施工步骤对周围环境、围岩、支护结构、变形的影响,据此优化施工方案。

(3)量测数据分析。

量测后将量测数据进行处理和分析,绘制时间-位移曲线。一般情况会出现如下两种时间-位移特征曲线,见图 10.32。

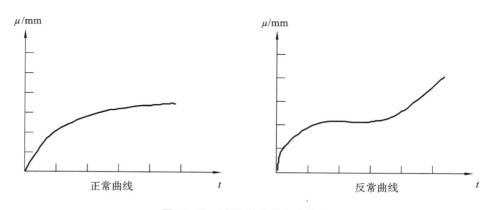

图 10.32　时间-位移特征曲线图

当时间-位移曲线趋于平缓时,进行数据处理、回归分析,推算最终位移并掌握位移变化规律。

当时间-位移曲线出现反弯点时,表明围岩和支护已呈不稳定状态,此时应增加量测频率、密切监视围岩动态,并加强支护,必要时暂停开挖。

隧道周边任意点的相对位移值或回归分析推算的总相对位移值均小于允许相对位移表所列数值。当位移速率无明显下降,而此时实测位移值已接近表列数值,或喷层表面出现明显裂缝时,立即采取补强措施,并调整原支护设计参数或开挖方法。

二次衬砌施作在满足下列要求时进行:各测试项目的位移速率明显收敛、围岩基本稳定;已产生的各项位移已达到预计总位移量的 80%～90%;周边位移速率小于 0.2 mm/d,或拱顶下沉速率小于 0.15 mm/d。

(4)监控量测信息反馈。

信息反馈是监控量测过程中非常重要的一环,信息反馈以位移反馈为主,主要依据时态曲线的形态对围岩稳定性、支护结构的工作状态、对周围环境的影响程度进行判定,验证和优化设计参数,指导施工。监控量测信息反馈程序见图 10.33。

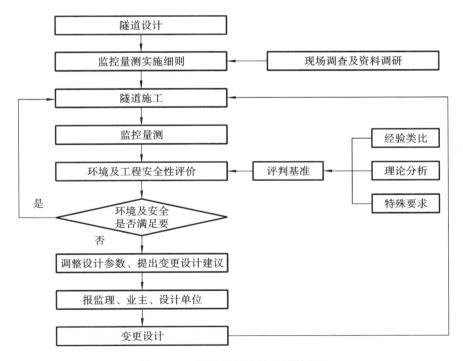

图 10.33　监控量测信息反馈程序图

10.5.8 施工缝、变形缝的防水处理

1. 施工缝防水处理

本标隧道暗洞拱墙环向施工缝采用中埋式橡胶止水带＋背贴式橡胶止水带，后设一道排水盲管的复合防水措施，暗洞仰拱环向施工缝采用中埋式橡胶止水带＋遇水膨胀止水条，纵向施工缝采用中埋式镀锌钢板止水带＋遇水膨胀止水条。

施工缝通常有竖缝和平缝两种，在进行防水施工时，首先须在二次衬砌混凝土灌注后的 4～12 h 内，用钢丝刷将接缝处的混凝土面刷毛或用高压水冲洗，直至露出表面石子。在新混凝土灌注前，应将接缝处清理干净，保持湿润，先刷水泥浆两道，再铺设 10 mm 厚水泥砂浆(用原混凝土配合比，除去粗骨料，也可掺加膨胀剂)，过 0.5 h 后再灌注混凝土。

2. 胶止水带安装

先期施工混凝土时，将 $\phi12$ 的定位钢筋焊于侧墙或底、顶板钢筋上，装入止水带固定于定位架上，并清理干净带面上的污垢，变形缝处的端头模板钉设填缝板，使止水带气孔中心线和变形缝中心线重合，止水带用端头模板夹牢固定，填缝板必须垂直设置，并支撑牢固不得跑模，施工缝处混凝土加强振捣及时养生。

3. 沉降变形及温度伸缩缝防水处理

本标隧道变形缝、温度伸缩缝采用中埋式止水带、遇水膨胀止水条、填缝材料的复合防水措施，变形缝衬砌背后均设置一道排水盲管。

止水带的固定及安装方法与施工缝中止水带安装相同。施工过程中对竖直向的止水带两边的混凝土要加强振捣，保证两边的混凝土密实，同时将止水带与混凝土表面的气泡排出，要保证止水带与混凝土牢固结合，止水带处的混凝土不应有粗骨料集中或漏振现象。

对于水平向的止水带，待止水带下充满混凝土并充分振捣密实后，放平止水带并压出少量的混凝土浆，然后再浇筑止水带上部混凝土，振捣上部混凝土时要防止止水带变形。

变形缝中使用的橡胶止水带和止水条材料必须有出厂质量证明，并经进场检验和复验合格后方可使用，变形缝的构造形式和材料必须符合设计要求。

4. 衬砌背后注浆防水

衬砌施工时拱顶预埋回填注浆管,注浆管的固定圆盘采用点粘或者点焊固定在防水板表面,同时用胶黏带将圆盘四周临时封住,防止浇筑混凝土时浆液进入并堵塞注浆管。待衬砌强度达到设计强度的100%后进行拱顶回填注浆,以使初期支护和二次衬砌之间回填密实,并填塞由于混凝土不密实或干裂形成的缝隙,起到防水作用。

回填注浆采用1∶1水泥浆,水泥浆采用浆液搅拌机拌和,单液注浆泵注浆。注浆采用隔孔注浆方式,当发生各孔串浆现象时,采用群孔注浆方式。注浆压力拟定为0.1~0.2 MPa,注浆工艺严格按设计和施工规范进行。注浆材料、注浆方式及注浆压力等参数根据注浆试验结果及现场情况调整。达到设计注浆压力即可停止注浆,一定时间后再重注浆,如此反复多次以确保衬砌混凝土密实。注浆过程中随时观察注浆压力和注浆机排量变化,防止堵管、跑浆、漏浆。

5. 二次衬砌施工方法及工艺

当围岩和初期支护变形基本稳定,量测监控数据表明位移率明显减缓、拱脚附近收敛值小于0.2 mm/d和拱顶相对下沉小于0.15 mm/d时,方可施作二次混凝土衬砌。隧道二次衬砌全部采用整体式液压衬砌台车施工。混凝土采用自动计量的拌和站集中供应,搅拌运输车运送,混凝土输送泵泵送入模。衬砌施工中注意及时埋设回填注浆的预埋管及其他附属设施的预埋件。洞门待洞口二次衬砌完成后适时施作。二次衬砌施工工艺流程见图10.34。

(1)衬砌台车。

隧道二次衬砌全部采用整体式液压衬砌台车施工,每个作业面配备1台12 m长全断面液压衬砌台车,挡头模采用自制钢模。钢模液压衬砌台车见图10.35。衬砌台车采用全站仪和水准仪定位。

(2)钢筋制作及安装。

钢筋在洞外下料加工,弯制成型,洞内绑扎。

钢筋连接:钢筋主筋采用钢筋接驳器机械连接方式,其他钢筋采用绑扎搭接。隧道衬砌拱部及边墙钢筋接头不得采用焊接。同一区段内钢筋接头面积不大于全部钢筋面积的50%。

钢筋调直:采用钢筋调直机在一块较平整的场地进行钢筋的调直。

钢筋下料:根据设计图纸的规格尺寸,在下料平台上放出大样,然后进行钢

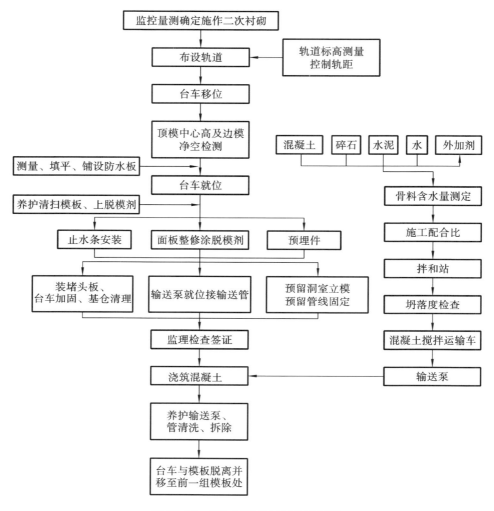

图 10.34 二次衬砌施工工艺流程图

筋的下料施工。

钢筋成型：在钢筋加工平台上根据钢筋制作形状焊接一些辅助设施，人工利用钢筋弯曲机进行钢筋的成型加工。

(3)混凝土拌制。

采用自动计量搅拌站集中搅拌，搅拌站按试验室出具的配料通知单进行配料。

混凝土原材料严格按照施工配合比要求进行准确称量，称量最大允许偏差

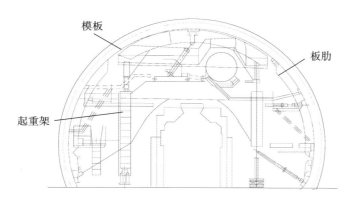

图 10.35　钢模液压衬砌台车示意图

符合下列规定(按重量计):胶凝材料(水泥、矿物掺合料等)±1%;专用复合外加剂±1%;粗、细骨料±2%;拌和用水 1%。

搅拌混凝土前,严格测定粗细骨料的含水率,准确测定因天气变化而引起的粗细骨料含水量变化,以便及时调整施工配合比。一般情况下,含水量每班抽测 2 次,雨天随时抽测,并按测定结果及时调整混凝土施工配合比。

采用电子计量系统计量原材料,用同位素测量法连续检测骨料的含水量,通过自动控制系统,自动调整拌和用水量;采用二次搅拌工艺。搅拌时,先向搅拌机投入细骨料、水泥、矿物掺合料和专用复合外加剂,搅拌均匀后,再加入所需用水量,待砂浆充分搅拌后再投入粗骨料,并继续搅拌至均匀为止。上述每一阶段的搅拌时间不少于 30 s,总搅拌时间不少于 2 min,也不宜超过 3 min。

炎热季节搅拌混凝土时,采取在骨料堆场搭设遮阳棚、采用低温水搅拌混凝土等措施降低混凝土拌和物的温度,或在傍晚和晚上搅拌混凝土,以保证混凝土的入模温度满足相关规定。

(4)混凝土浇筑与运输。

采用混凝土运输罐车运送混凝土。在运输过程中要避免出现离析、漏浆,并要求浇筑时有良好的和易性,坍落度损失减至最小或者损失不至于影响混凝土的浇筑与捣实,当有漏浆和离析发生时,在进入输送泵前启动罐车重新拌和,确保入模混凝土的质量。

混凝土的入模采用 HBT60 输送泵。模板台车就位并安设挡头板后即可进行混凝土的灌注。灌注混凝土之前,钢模板台车外表面需涂抹脱模剂,以减少脱模时的表面黏着力。灌注混凝土时,先从台车模板最下排工作窗口进行灌注混凝土,灌注混凝土至混凝土快要平齐工作窗口时,关闭工作窗,然后从第二排工作窗口灌注混凝土,依此类推,最后于拱顶输料管处关闭阀门封顶。在灌注混凝土时,二衬台车两侧的混凝土高差不得大于一个窗口高度,以防止台车产生偏压位移。

考虑模板台车的自振系统,对个别部位辅以插入式振捣棒进行,如模板台架施工时采用插入式振捣棒进行振捣。采用插入式振捣棒振捣时,按"快插慢拔"操作。混凝土分层灌注时,其层厚不超过振动棒长的1.25倍,并插入下层不小于5 cm,振捣时间为10～30 s。振捣棒应等距离插入,均匀地捣实全部混凝土,插入点间距应小于振捣半径的1倍。前后两次振捣棒的作用范围应相互重叠,避免漏捣和过捣。振捣时严禁触及钢筋和模板。

(5)衬砌质量控制。

合格的原材料、合理的配合比和严格的施工控制对确保混凝土质量来说缺一不可,主要施工环节工艺质量控制措施如下。

①配合比监督管理。

试验部门应在加强原材料质量控制的同时,加强配合比监督管理。试验室提供混凝土理论配合比,并根据砂石含水率测试结果,换算成混凝土施工配合比。骨料的吸水性随着天气的变化,其含水率波动非常大,因此在开盘前,应准确测定粗、细骨料的含水率,对粉煤灰也要检查其是否受潮,若受潮应测定其含水率,及时调整混凝土施工配合比,并据此填发施工配料单。搅拌站应严格按试验室签发的施工配料单进行配料。

②开盘计量检查。

混凝土开盘前应认真检查自动计量系统,确保计量准确。拌制混凝土所用各项材料,均应按重量投料,偏差控制在允许的范围之内。

③混凝土的搅拌。

拌制混凝土应采用自动混凝土搅拌系统,投料顺序为:碎石、砂、水泥、粉煤灰、水及减水剂。自全部材料进入搅拌机开始搅拌起,至开始卸料时止,确保每盘混凝土搅拌时间至少2 min,以使外加剂充分发挥作用,混凝土拌和物坍落度检查每工班应进行2次,坍落度实测值应符合配合比设计规定。

④运输和泵送。

混凝土在运送途中,运输车应保持每分钟2～4转的慢速转动,为减少混凝土坍落度损失,保持混凝土必要的工作性能,混凝土运输延续时间不得超过表10.16的规定。

表 10.16　混凝土运输延续时间表

混凝土出机温度/℃	运输延续时间/min
20～30	45
10～19	60
5～9	90

对运到浇筑地点的混凝土应进行坍落度检查,钢筋混凝土应为 140～160 mm,不得有明显偏差。

泵送混凝土操作应符合泵送混凝土的相关规定,先用同水灰比砂浆润滑管道,避免人为因素造成堵管。

⑤浇筑。

隧道衬砌施工多在起拱线以下的边墙上出现麻面、水泡和气泡等表面缺陷,严重影响混凝土外观质量,缺陷的产生与浇筑和振捣环节的控制有关,应采取综合措施,加以改进,以防止混凝土表面缺陷的出现,可采取以下措施。

a. 分层分窗浇筑,泵送混凝土入仓应自下而上,从已灌注段接头处向未灌注方向分层对称浇筑,防止偏压使模板变形。灌注下层混凝土时,应将台车中层窗口开启,以利排气;同理,灌注中层混凝土时,应将台车顶层窗口开启,以利排气。

b. 灌注混凝土时,应在泵管前端加长若干米的软管,进入窗口时应伸入窗内并使管口尽量垂直向下,以避免混凝土直接泵向岩面,造成墙角和边墙出现蜂窝麻面。

c. 混凝土浇筑时的自由倾落高度不宜超过 2 m,当超过时,应采用滑槽、串筒等器具,或通过模板上预留的孔口浇筑,应杜绝浇筑高度过高而不采取任何措施的浇筑方法。

d. 严禁在泵车处加水。水灰比是混凝土强度的第一保证要素,有意加水会严重影响混凝土的技术指标。

e. 混凝土封顶时应严格操作,尽量从内向端模方向浇筑,排除空气,以保证拱顶灌注饱满和拱顶的密实度。

f. 加强施工组织管理,保证混凝土连续浇筑,避免间歇时间过长,若超过 2 h,则必须按浇筑中断进行工作缝处理。

⑥振捣。

采用插入式振捣器和衬砌台车上挂附着式振捣器两种方式进行振捣。插入式振捣器的移动间距不宜大于其作用半径的 1.5 倍,且插入下层混凝土中的深度宜为 5~10 cm,每个振点的振捣持续时间以混凝土不再沉落,不再出现气泡,表面明显出现浮浆为宜,在振捣过程中要使振捣棒避开钢筋,但要保证钢筋周围的混凝土均匀受振;附着式振捣器开动时间为混凝土浇满附着式振捣器振捣范围时,每次振动时间 1~2 min,谨防空振和过振,操作人员要注意加强观察,防止漏振和过振现象发生。

⑦拆模。

选择合理的拆模时间,利用全液压衬砌台车液压系统进行拆模,混凝土达到拆模控制强度所需时间应通过试验确定。拆模后要防止衬砌表面受到碰撞。

⑧养护。

混凝土洒水养护时间规定见表 10.17。

表 10.17　混凝土洒水养护时间规定

水泥品种	相对湿度		
	<60%	60%~90%	>90%
硅酸盐水泥、普通硅酸盐水泥	14 d	7 d	可不洒水

⑨保证拱顶填充密实。

严格控制水灰比、水泥用量和含砂率来保证混凝土中砂浆质量,降低孔隙率。尽量减小水灰比,水灰比不能大于 0.6,砂率为 35%~45%,灰砂比为 1:(2.0~2.5)。确保水泥、砂子、石子、水和外加剂的质量要求。施工中严格按配合比准确计量,计量允许偏差:水泥、水、外加剂为±1%;砂、石为±2%。严格控制混凝土的坍落度。

在模板台车上预留观察(注浆)孔,间距 4~5 m,观察孔用 ϕ50 的锥形螺栓紧密堵塞,混凝土初凝后拧开螺栓,探测拱顶是否回填密实,如果有空洞,在混凝土具有一定强度后且于模板拆除前压浆回填。

如果混凝土灌注过程中拱顶回填不满,那么应采取二次插管浇筑的方法,首先在挡头板位置预留排气孔,然后由内向挡头板方向压灌混凝土。

在挡头板处,拱腰线以上预埋注浆管,间距 3 m,如果发现有空洞,在混凝土具有一定强度后且于模板拆除前压浆回填。

10.5.9　施工注意事项

(1)衬砌施作前首先检查断面尺寸,并报监理工程师进行检查。检查合格后,根据有关测量数据将衬砌台车就位,并调试、配套有关设备。

(2) 首先测量定位,测量工程师和隧道工程师共同进行水平、高程测量放样。通过轨道将台车移至衬砌部位,调好标高,按隧道衬砌内轮廓线尺寸调整好模板支撑杆臂。将基础内杂物和积水清除干净,斜坡基底要修凿成水平或台阶状,确保边墙混凝土基础稳固。

(3) 根据技术交底的中线和标高铺设衬砌台车轨道,要求使用标准枕木和鱼尾板;轨距与台车轮距一致,左右轨面高差小于 10 mm。起动电动机使衬砌台车就位。

(4) 起动衬砌台车液压系统,根据测量资料使钢模定位,保证钢模衬砌台车中线与隧道中线一致,拱墙模板成型后固定,测量复核无误。

(5) 清理基底杂物、积水和浮渣;装设钢制挡头模板,按设计要求装设橡胶止水带,并自检防水系统设置情况。

(6) 自检合格后报请监理工程师隐蔽检查,经监理工程师签证同意后灌注混凝土。

(7) 在施工地下水较大地段的混凝土衬砌时,要加强对地下水的检测,及时调整混凝土的配合比。

(8) 衬砌施工缝端头必须进行凿毛处理,并用高压水冲洗干净。

(9) 按设计要求预留沟、槽、管、线及预埋件,并同时施作附属洞室混凝土衬砌。

10.5.10 仰拱、仰拱填充施工

仰拱、仰拱填充先于拱墙二次衬砌施工,待喷锚支护全断面施作完成后,及时开挖并灌注混凝土仰拱及部分填充,使支护尽早闭合成环,并为施工运输提供良好的条件。为确保隧道结构的稳定和安全,仰拱施工时浇筑部分边墙,以利墙拱衬砌台车进行施工。由于出渣运输与仰拱施工存在干扰,无法正常作业。为了保证安全,有时不得不停止掘进而进行混凝土仰拱作业,这又延长了施工工期。为此采取防干扰仰拱栈桥作为过渡通道,以保证掌子面正常施工。仰拱施工工艺流程见图 10.36,仰拱施工防干扰栈桥见图 10.37。

仰拱施工采用 12 m 自行式仰拱栈桥,仰拱端头采用大模板,混凝土浇筑前必须将隧底虚渣、杂物、积水等清理干净,超挖部分应采用同级混凝土回填,由中心向两侧对称浇筑,仰拱与边墙衔接处捣固密实。仰拱一次施工长度控制在 3~6 m,仰拱与填充连续施工,做好仰拱大样,保证填充混凝土不侵入仰拱断面。将上循环混凝土仰拱接头凿毛处理,并与边墙衬砌钢筋连接。

自检合格后,报监理工程师做隐蔽工程检查签证,混凝土输送车运输浇筑,

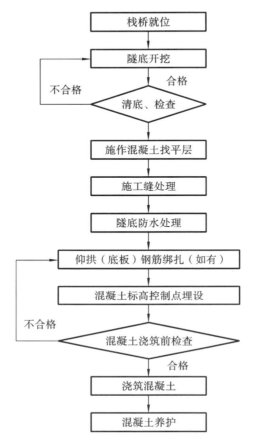

图 10.36 仰拱施工工艺流程图

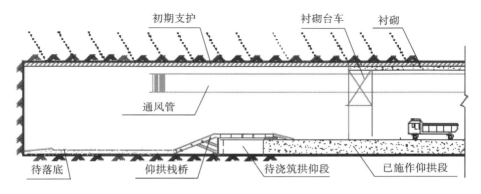

图 10.37 仰拱施工防干扰栈桥示意图

插入式振动棒捣固。

1. 附属工程施工方法及工艺

1)综合设备洞室及分区所施工

洞内设备洞室及分区所按设计位置施作,主要采用手持凿岩机钻眼,光面微震爆破,人工配合装载机装渣至运输车运出洞外。

开口交叉处引起围岩应力重分布及应力集中,是结构的薄弱环节,要妥善解决辅助洞室开口时的受力转换,确保施工安全。

隧道施工至辅助洞室位置时,按辅助洞室开挖轮廓打设超前小导管预支护,正洞初期支护完成后,辅助洞室开口破除正洞初期支护前,贴焊预制的加强格栅钢架环框,满喷混凝土后在辅助洞室入口开挖面上方形成一个拱部钢筋混凝土加强环,以利开挖。综合洞室衬砌施工采用定型钢模板配合正洞衬砌台车,人工立设拱墙架、模板,灌注混凝土时与正洞混凝土同时进行,施工时注意与正洞防水设施连通。

2)通信、信号、电缆槽施工

隧道内设置双侧电缆槽,分别为通信、信号与电力电缆槽;电力电缆槽尺寸:430 mm×300 mm(宽×深);通信、信号电缆槽尺寸:350 mm×300 mm(宽×深),槽道内用粗砂填实,电力、通信信号电缆槽均为双侧设置。

在模筑衬砌完成地段,根据施工组织安排同时进行水沟、电缆槽施工。沟、槽立模采用专用大块组合钢模板。混凝土由洞外拌和站提供,混凝土灌注采用在混凝土罐车后接长溜槽直接入模的方式,插入式振捣,洒水养生。沟、槽盖板在洞外预制场集中预制,运至洞内后,人工挂线砂浆找平铺设。沟槽施工时,按设计间距在电缆槽沟底及隧底填充(铺底)顶面位置向侧沟内预埋PVC泄水孔,并保证流水坡度。

3)其他附属工程

(1)隧道内设置固定照明,全段隧道内两侧设置贯通的救援通道,救援通道每隔200 m设图像文字标识,指示两个方向分别到下一个洞口的整百米数,并配备灯光及应急照明显示方向。

(2)接触网预埋件根据现场模板台车长度和图纸设计要求进行设置。

(3)隧道内电气化接地按相关图纸、规定设置隧道综合接地系统;隧道内专用洞室及站后设备洞室接地按设计要求施作。

(4)隧道洞口及专用洞室、直放站、基站、照明箱变、中继站等洞室处的过轨管线按设计要求设置。

2. 施工辅助作业方案

1)施工排水

建平隧道线路在进口～DK030+120段的纵坡设计坡度为0,其余段的纵坡设计坡度为14.5%。根据设计坡度、水文地质条件、施工任务划分及施工顺序安排等因素综合考虑,本隧道在施工过程中隧道进口、斜井大里程方向及出口大里程方向采用顺坡自然排水方式,斜井小里程方向及隧道出口小里程方向采用反坡机械抽排水方式。顺坡排水平面示意见图10.38、反坡排水平面示意见图10.39、斜井排水平面示意见图10.40。上坡施工地段设两侧或单侧排水沟自然排水至洞外污水处理池,经污水处理后排至河沟内。下坡施工地段采用在开挖面附近挖集水坑积水,污水泵抽排、排水管输水的方法将洞内水排至排水沟,再排至洞外的沉淀池内,处理后外排。

图10.38 建平隧道顺坡排水平面示意图

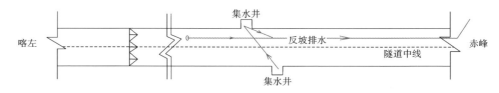

图10.39 建平隧道反坡排水平面示意图

2)施工供电及照明

施工初期使用地方电源或自发电,满足生产和生活用电。电力永临结合竣工交付使用后,采取永临结合的方式供电。

(1)施工供电。

由附近高压线接至高压变配电中心,经高压配电后送出2路10 kV线路,其中,1路进洞经洞内的变压器降压后供开挖、装渣、喷锚、衬砌、排水、照明等设备

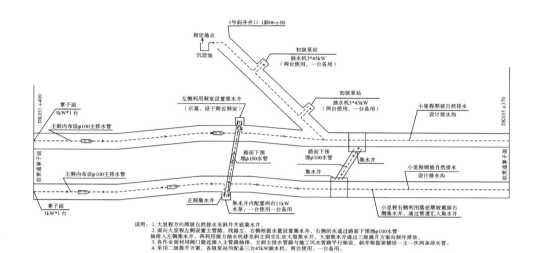

图 10.40　建平隧道斜井排水平面示意图

用电,1 路经洞外变压器降压后供空压机站及其他生产和生活设施用电。

为满足洞内施工用电需求,供电半径设计为 500 m,当掘进超过 500 m 时,采用高压进洞,利用移动箱式变压器供电,每 500 m 移动一次,将移动式箱式变压器设于隧道大避车洞内,铺设电缆供隧道使用。

斜井或反坡施工时,每隔 500~1000 m 安装 1 台固定 80 kV·A 变压器,供洞内前后 250~500 m 范围内抽水和照明用电。

中心高压配电站的控制和断电保护采用微机综合自动化管理系统,所需的控制、保护、各类自动化装置等功能全部自动化。

(2)照明。

照明负荷距洞口 500 m 处,由洞外电源供电,以后的照明由洞内电源的变压器供电。

照明供电均采用 TN-S 系统,即三相五线制,以各段变电站为中心向两端布置,最远端距离 500 m,负荷均布。用 BLV-25 mm^2 绝缘电线沿右侧边墙蝶式瓷瓶明配,间距 10 m,下侧距路面 4 m。照明光源采用高效节能高压钠灯。

距离掌子面 100 m 范围内,考虑作业人员集中,采用 24 V 安全电压供电。

(3)备用电源。

为了满足工程安全以及防灾的需要,供电方式为双回路,并配备发电机组作为备用电源,停电时自动切换电源,以保证洞内抽水、照明和通风等。

(4)施工供电设备配置。

施工供电设备配置详见表 10.18。

表 10.18 施工供电设备配置表

供电地点	变压器	移动变压器	发电机组
隧道进口	3 台 400 kV·A		2 台 300 kW
1 号斜井	3 台 400 kV·A	1 台 400 kV·A	2 台 300 kW
2 号斜井	4 台 315 kV·A	1 台 400 kV·A	2 台 300 kW
3 号斜井	4 台 315 kV·A	1 台 400 kV·A	2 台 300 kW
隧道出口	2 台 630 kV·A		2 台 300 kW

3)高压供风

高压风采用螺杆式空压机和电动空压机组成的移动压风站集中供风方式,移动压风站随着正洞隧道的掘进而移动,但空压机的位置距开挖面的距离始终保持在 1 km 范围以内。

高压风管采用 $\phi 150$ 无缝钢管,进洞后采用托架法安装在边墙上,沿全隧道水沟上 50 cm 位置布置,高度以不影响仰拱及铺底施工为宜。主管道每隔 300 m 分装闸阀和三通,以备出现涌水时作为排水管使用,管道前段距开挖面 30 m 距离的主风管头接分风器,用高压软管接至各风动工具。移动空压机配备按洞内风动机械同时工作最大耗风量及管道漏风系数等计算。总耗风量 Q_i 计算见式(10.2)。

$$Q_i = \sum Q \times (1+\delta) \times k \times k_m \qquad (10.2)$$

式中:δ 为安全系数,电动机具取 $0.3 \sim 0.5$;k 为空压机本身磨损的修正系数,取 $1.05 \sim 1.10$;k_m 为不同海拔高度的修正系数,取 1.14;$\sum Q$ 为风动机具同时工作耗风量总和,其计算公式见式(10.3)。

$$\sum Q = \sum q \times q_n \qquad (10.3)$$

式中:q_n 为管道漏风系数,取 1.15。

同时工作的各种风动工具耗风量计算见式(10.4)。

$$\sum q = N \times q \times k_1 \times k_2 \qquad (10.4)$$

式中:N 为使用台数;q 为每台风动工具耗风量;k_1 为同时工作系数,取 0.85;k_2 为风动机磨损系数,取 1.10。

每个工作面考虑安排 12 台风枪,每台耗风量按 3.5 m³/min 计;一个工作面喷射混凝土湿喷机耗风量按 16 m³/min 计,则每个工作面总耗风量为 74 m³/min。据此每个掘进作业面配备 4 台 20 m³/min 的电动空压机即可满足供风要求。

4)施工通风

根据确定的施工方案和工期安排以及施工顺序情况,隧道进出口及各斜井工区均采用长管压入式通风。

(1)通风控制条件。

隧道在整个施工过程中,作业环境符合下列卫生及安全标准。

①隧道内氧气含量:按体积计不得小于 20%。

②粉尘允许浓度:每立方米空气中含有 10% 以上游离二氧化硅的水泥粉尘为 2 mg;含有 10% 以下游离二氧化硅的水泥粉尘为 6 mg;二氧化硅含量在 10% 以下,不含有毒物质的矿物性和动植物性的粉尘为 10 mg。

③有害气体浓度:一氧化碳不大于 30 mg/m³,如果施工人员进入开挖面检查的浓度为 100 mg/m³,则必须在 30 min 内降至 30 mg/m³;二氧化碳按体积计不超过 0.5%;氮氧化物(换算为 NO_2)低于 5 mg/m³。

④洞内温度:隧道内气温不超过 28 ℃,洞内噪声不大于 90 dB。

⑤洞内风量要求:隧道施工时供给每人的新鲜空气量不应低于 3 m³/min,采用内燃机械作业时供风量不应低于 3 m³/(min·kW)。

⑥洞内风速要求:全断面开挖时不小于 0.15 m/s,在分部开挖的坑道中不小于 0.25 m/s。

(2)施工通风计算原则。

①挖循环进尺按 3 m 考虑,爆破后通风时间按 30 min 考虑。

②进出口正洞和斜井施工正洞开挖工作面所需风量,按洞内最小风速、洞内人员数量、一次爆破后 30 min 排除开挖工作面的炮烟和稀释洞内内燃机废气等四种情况进行计算,取其最大值作为计算依据。

③通风管阻力按静压损失和动压损失相加计算。

④通风管采用高强、低阻、阻燃型软管,直径 1.3 m,管节长 100 m。风管内摩阻系数取 0.0019,百米漏气率按 1.3% 考虑。

⑤进出口正洞和各斜井工区均采用长管路独头压入式通风,并适当辅以射流风机加快污浊气体排出洞外的速度。

⑥进出口工区及各斜井工区每个工作面的内燃机械设备按 1 台装载机(功率 113 kW)和 1 台自卸汽车(每台 206 kW)配置。

(3)施工通风计算。

①进出口工区和各斜井工区开挖工作面所需风量的计算公式、参数取值及

计算结果如下。

a.按洞内允许最小风速计算:

$$Q_{开} = VA \tag{10.5}$$

式中:V 为洞内允许最小风速(m/s),取 $V=0.25$ m/s;A 为断面面积(m²),按全断面考虑,取 $A=92$ m²。

$Q_{开}=0.25\times 60\times 92=1380$ (m³/min)。

b.按洞内最多作业人员计算:

$$Q_{开} = KN \tag{10.6}$$

式中:K 为洞内单个作业人员所需的新鲜空气(m³/min),取 $K=3$ m³/min;N 为洞内作业人员的数量,每个工作面按 50 人考虑。

$Q_{开}=3\times 50=150$ (m³/min)。

c.按最大一次爆破排除掘进工作面炮烟计算:

$$Q_{开} = (5Gb - AL_{\circ})/t \tag{10.7}$$

式中:G 为最大一次爆破药量(kg),按进尺 3 m,单位耗药量 1.1 kg/m³,$G=1.1$ kg/m³$\times 92$ m²$\times 3$ m$=303.6$ kg;b 为炸药爆炸时有害气体生成量,岩层中取 $b=40$;t 为通风时间(min),取一天 30 min;A 为开挖断面面积(m²),按全断面开挖,取 $A=92$ m²;$L_{\circ}$ 为炮烟抛掷距离(m),$L_{\circ}=15+G/5=15+303.6/5=75.7$(m)。

$Q_{开}=(5\times 303.6\times 40-92\times 75.7)/30=1792$ (m³/min)。

d.按稀释内燃机废气至允许浓度计算:

$$Q_{开} = K\sum N_i \tag{10.8}$$

式中:K 为内燃机械、车辆每 kW 所需的供风量(m³/min),取 $K=3$ m³/(min·kW);N 为内燃机械、车辆的总台数;N_i 为各种内燃机械、车辆的额定功率,进出口工区和各斜井工作面取装载机 1 台(每台功率 113 kW),19 t 自卸汽车 1 台(每台功率 206 kW)。

$Q_{开}=3\times(1\times 113+1\times 206)=957$ (m³/min)。

通过计算结果比较,取爆破排除掘进工作面炮烟所需风量 1792 m³/min 为开挖面所需风量。

②通风机供风量计算。

通风机供风量应满足掘进工作面所需风量及补足风管沿程漏风损失。

通风机应提供的供风量:$Q_{机}=PQ_{开}=1792\times P$。其中,$P$ 为通风管漏风系数,$P=1/(1-L/100\times P_i)$,P_i 为通风管平均百米漏风率,取 1.3%,L 为通风管长度(m)。

进出口工区及各斜井工区开挖面的通风管长度 $L=L_0+30\text{ m}-50\text{ m}$。其中,30 m 为通风机进出口至洞口的距离,50 m 为通风管末端至开挖面的距离,L_0 为洞口(井口)至工区分界的长度。

进出口工区和各斜井工区各工作面的通风管长度、通风管漏风系数和风机供风量见表 10.19。

表 10.19 施工通风风量计算表

位置	参数	通风管长度 L/m	通风管漏风系数 P	风机供风量 $Q_\text{机}/(\text{m}^3/\text{min})$
进口工区		1380	1.22	2455
1号斜井工区	大里程方向	2900	1.61	2115
	小里程方向	2230	1.46	2168
2号斜井工区	大里程方向	1555	1.25	2240
	小里程方向	1635	1.27	2276
3号斜井工区	大里程方向	1783	1.30	2330
	小里程方向	1733	1.29	2312
出口工区		1600	1.26	2260

③风机选型与风压校核。

风机风压 $h_\text{机}$ 应满足通风管全程的风压损失值 $h_\text{损}$ 的要求,本隧道通风管为直管,只考虑静压损失,通风管路静压损失值 $h_\text{损}$ 按式(10.9)计算:

$$h_\text{损} = Q_\text{机} Q_\text{开} R_\text{f} g \tag{10.9}$$

式中:$Q_\text{机}$ 为通风机供风量(m^3/s);$Q_\text{开}$ 为开挖面所需风量(通风管末端风量,m^3/s);g 为重力加速度,取 $g=9.8\text{ m/s}^2$;R_f 为通风管全程摩擦风阻,按式(10.10)计算:

$$R_\text{f} = 6.5\, \alpha L/D^5 \tag{10.10}$$

式中:α 为风管内摩擦阻力系数,取 $\alpha=0.0019$;L 为通风管总长度(m);D 为通风管直径(m),取 $D=1.3\text{ m}$,$D^5=3.71\text{ m}^5$。

即 $R_\text{f}=6.5\times 0.0019/3.71=0.0033$($\text{m}^{-4}$)。

进出口工区及斜井工区通风管压力损失及选用风机的型号、数量等见表 10.20。

表 10.20　风机配置一览表

位置	计算参数	风机应供应风量 /(m³/min)	通风管压力损失 $h_损$/Pa	选用风机				备注
				型号	数量/台	供风量 /(m³/min)	风压 $h_机$/Pa	
进口工区		2455	8320	DA140B2D-2FSE110	2	1550～2912	860～5355	2台串联接力
1号斜井工区	大里程方向	2115	4043	DA160C2-3S160	3	1550～2912	860～5355	3台串联接力
	小里程方向	2168	4798	DA160C2-3S160	3	1550～2912	860～5355	3台串联接力
2号斜井工区	大里程方向	2240	6122	DA160C2-3S160	3	1550～2912	860～5355	3台串联接力
	小里程方向	2276	6330	DA160C2-3S160	3	1550～2912	860～5355	3台串联接力
3号斜井工区	大里程方向	2330	7021	DA160C2-3S160	3	1550～2912	860～5355	3台串联接力
	小里程方向	2312	6833	DA160C2-3S160	3	1550～2912	860～5355	3台串联接力
出口工区		2260	6072	DA140B2D-2FSE110	2	1550～2912	860～5355	2台串联接力

(4)通风管理。

隧道通风管理是隧道通风的一个重要环节,一个良好的通风方案如果没有有效的管理是达不到设计效果的。通风管理从以下几个方面进行。

①风机管理:通风机专职司机对通风机进行专业管理,司机可以从电流表上判断风管通风情况,若电流突然降低,可能是风管中途破裂;若电流突然升高,可能是风管受挤压而缩小过风断面。值班司机发现风管出问题可以立即通知通风班进行抢修。

②风管管理:风管的挂设、检查、修复均由专业班组实施,使风管漏风率、局部阻力降到最低限度。

③工程管理科设置一名通风工程师,对通风方案的实施进行检查指导并对通风效果进行监测,每增加60 m风管均要测出风口风速,计算风量,同时测出隧道内的风速,对当前通风质量进行评价,并根据实测结果与通风设计进行对比,验证通风设计的合理性。

根据施工方案、工期安排以及施工顺序情况,本隧道各作业面施工过程中均采用压入式通风。建平隧道通风平面布置图详见图10.41。

图10.41 建平隧道通风平面布置图

5)施工降尘

粉尘排除与风速有关:当风速为0.15 m/s时,5 μm以下的粉尘悬浮并被排出洞外;风速增大时,能悬浮并带走较大粒径的粉尘,同时增强了稀释作用;风速为1.5～2.0 m/s时,粉尘浓度将降到最低;风速继续增大就会扬起已经沉降的粉尘,浓度反而上升。所以做好通风工作将起到较好的除尘效果。

(1)机械净化。

①加强对进洞机械的维修保养。定期检查空气滤清器是否堵塞,进、排水是

否畅通。喷油嘴及时更换,则喷油效果好。雾化程度高,可使柴油充分燃烧。

②掺柴油添加剂。为了节油和消烟可掺加柴油添加剂。

③对部分机械进行机外净化。主要给装载机装配带有催化剂的附属箱,将附属箱连接在尾气排放管上,用催化剂和水洗的办法来降低发动机排出的废气中的有害气体含量。

(2)水幕降尘。

施工防尘采用水幕降尘和个人戴防尘口罩相结合的方法,在距掌子面 30 m 外边墙两侧各放一台水幕降尘器,爆破前 10 min 打开阀门,放炮 30 min 后关闭。

水幕降尘是一种比较传统且常用的降尘方法,其优点是工艺简单,施作方便,但是传统水幕发生器大多为风水混合型,实际使用起来并不方便。因为通常在放炮后或出渣时,空压机已不再运转,无法提供高压风。如果专为水幕发生器供风而使空压机运转,又将造成巨大的能源浪费。由此,常用做法是采取节水无风水幕降尘,具体实施方法如下:只使用高压水、多喷头交叉、在水中加入湿润剂。

水幕降尘器安装在距掌子面 40 m 和 90 m 处,由爆破人员撤离开现场时开启,一般在放炮后 30 min 或出渣后关闭。水幕降尘器见图 10.42。

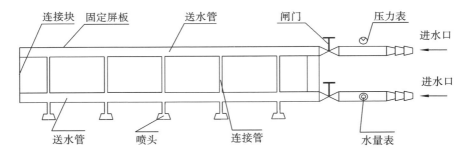

图 10.42 水幕降尘器示意图

水幕降尘原理:高压水经喷头雾化成微小水滴散射到空气中,与尘粒充分接触,尘粒附着在水滴上,或与被湿润的尘粒碰撞而凝聚成较大的颗粒,从而加速沉降,达到降尘的目的。

湿润剂降尘原理:湿润剂是由亲水基和疏水基两种不同的基团组成的化合物,湿润剂溶于水时,其分子完全被水分子包围,亲水基一端被水分子吸引,疏水基一端被水分子排斥,于是湿润剂分子在微小水滴表面紧密定向排列,形成界面吸附层;界面吸附层的存在使水的表面张力降低,同时朝向空气的疏水基与尘粒之间有吸附作用而把尘粒带入水滴中。湿润剂可选用普通洗衣粉,洗衣粉水溶

液浓度为 $25×10^{-6} \sim 35×10^{-6}$。

(3) 水炮泥技术。

本隧道爆破时采用水炮泥,以降低粉尘。水炮泥就是用装水的塑料袋填于炮眼内来代替一部分炮泥,装完药后将其填于炮眼内,然后用黄泥封堵。实践表明,此法降尘效率非常高。

(4) 湿式作业。

钻孔防尘:钻孔风枪采用湿式钻孔,保证有足够的供水量,水压不低于0.3 MPa。

爆破防尘:采用水封爆破进行降尘,即把水装在塑料袋中置于炮泥前方,这样炮泥可使 $1 \sim 5\ \mu m$ 粉尘降低 $50\% \sim 80\%$,同时减少爆破产生的有害气体;爆破后采用风水喷雾器进行喷雾降尘;为加速湿润粉尘的沉降,在距掘进工作面 $20 \sim 30$ m 处利用喷雾器设置粗雾粒净化水幕。

(5) 出渣防尘。

放炮后出渣前,用水枪在掘进工作面自里向外逐步洗刷隧道顶板及两侧,水枪距工作面 $15 \sim 20$ m 处,水压一般为 $0.3 \sim 0.5$ MPa;在装渣前及装渣时,向渣堆不断洒水,直到渣堆湿透;对干燥的石渣,其洒水量取 $4 \sim 8\ L/m^3$,如果石渣湿度大,则少洒水或不洒水。

(6) 喷射混凝土防尘。

隧道采用湿喷混凝土作业,降低喷射混凝土作业时产生的粉尘量;在喷射混凝土作业面,布设局部通风机进行吸尘,来改善作业面的工作环境。

6) 高压供风

高压风采用电动空压机组成压风站集中供风方式。高压风管直径采用 $\phi150$ 无缝钢管,进洞后采用托架法安装在边墙上,沿全隧道通长布置,高度以不影响仰拱及铺底施工为宜。主管道每隔 300 m 分装闸阀和三通,以备出现涌水时作为排水管使用,管道前段距开挖面 30 m 的主风管头接分风器,用高压软管接至各风动工具。在各隧道掘进口分别配备 4 台 40 m/min 的电动空压机,空压机房设置专人看管和维护。

7) 高压供水

在各隧道洞口附近钻井或从溪流中进行取水,经相关检验部门检验合格后用作施工用水,生活用水经水质处理后饮用。在现场条件允许的情况下,隧道均在洞口附近的山上距隧底高差 50 m 左右设一座高位水池,水池容量为 300~

400 m³,若现场条件不具备,则在洞口附近的水池内设增压泵向洞内供应压力水,以满足施工用水及开挖掌子面水压的需要。洞内高压水管采用 $\phi 80 \sim \phi 100$ 的无缝钢管。

8) 供电及照明

(1) 施工供电。

各隧道口从附近高压线接至高压变配电中心,经洞外的变压器降压后供洞外空压机站、其他生产和生活设施用电及洞内的衬砌、排水、照明等设备用电。

中心高压配电站的控制和断电保护采用微机综合自动化管理系统,所需的控制、保护等各类自动化装置功能全部自动化。

(2) 照明。

照明供电均采用 TN-S 系统,即三相五线制,以各段变电站为中心向两端布置,最远端距离 500 m,负荷均布。用 BLV-25 mm² 绝缘电线沿右侧边墙蝶式瓷瓶明配,间距 10 m,下侧距轨面 4 m。照明光源采用高效节能高压钠灯,每延米按 10 W 计,每隔 10 m 一盏,安装在横担上沿。

(3) 备用电源。

为了保证不间断供电,在每个洞口配备两台 300 kV·A 柴油发电机组,组成 600 kV·A 的自备电站,当主供线路停电时,自备电站自动投入供洞内外全部施工生活用电。

9) 洞内管线布置

隧道洞内管线布置见图 10.43。

10) 施工通信

隧道必须保障洞内外通信联络畅通,以满足施工和应急需要。为此,拟建立有线通信和无线通信两套系统。

(1) 隧道外施工作业区、生活区通信。

队伍进场后,向电信部门申请在项目经理部和各施工队安装直拨电话,方便项目经理部和各施工队的联系,并在项目经理部安装一台传真机。

同时申请无线电话大用户网,为主要工程管理人员配备移动电话,实现网内用户免费通话,从而更方便各级人员与业主、监理及外界联系,加强各部门和人员间的沟通。在项目经理部建立局域网,使信息、数据快速传输,实现资源共享,提高办事效率。

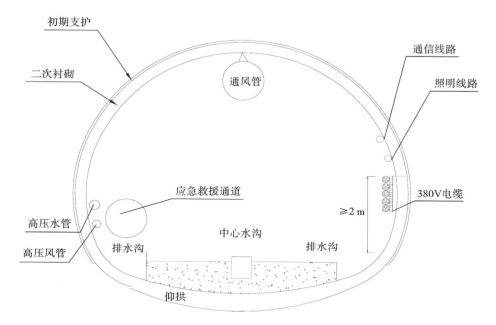

图 10.43 隧道洞内管线布置示意图

(2)隧道内通信。

为了使洞内外各道工序协调配合、现场指挥准确可靠,隧道施工采用无线通信系统和有线通信系统相结合的网络方式。两个系统相互交换、全自动接续。

洞内泄漏电缆通信见图 10.44。

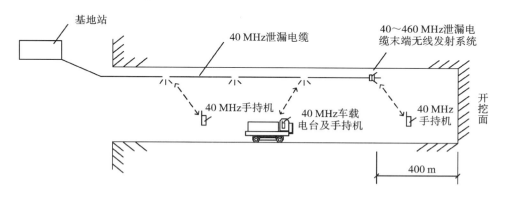

图 10.44 洞内泄漏电缆通信

①无线通信方案。

无线通信系统由基站、固定台、移动手持机、漏泄同轴电缆、天馈线等组成。

选用新西兰 TAIT 集群无线通信系统,该系统最大的特点是以较低的价格提供一套性能先行的数据通信系统,它用电话卡端口与交换机连接完成无线对无线、无线对有线、有线对无线之间全自动接续。隧道内采用漏泄同轴电缆,作为无线电波导体,覆盖全隧道。终端用同频定向天线在隧道里可向前传输 1 km,即掌子面施工约 1 km 为无缆区,既方便了现场施工,又确保掌子面施工顺利推进时无线通信不间断。

②有线通信系统。

在隧道进、出口设置各个指挥中心,在指挥中心安装 60 门程控交换机,出入中继与无线基站电话卡口连接,作为有线与无线系统的连接中继线;并且出入中继与电信局用户号连接,作为公用网的呼入呼出中继线。

隧道内敷设一条 20 对充油电缆连接到程控交换机,将程控自动电话安装至各施工控制点。隧道每隔 500 m 安装自动电话机一部。根据需要在有人值班处随时可安装自动电话机。隧道内电话选型要求具有防震、防潮性能,信号为视听方式,即来电振铃的同时有灯光显示,以满足在隧道内恶劣环境下信号可靠的需要。

10.5.11　施工救援应急通道

为完善隧道应急预案,确保隧道施工在紧急情况下救援工作的顺利实施,要求在施工的隧道内均设置应急通道,详细内容满足《铁路隧道施工抢险救援指导意见》(铁建设〔2010〕88 号)的要求。

①沿隧道墙脚地面至少设置一条救生管道,管道采用直径不小于 600 mm,壁厚不小于 15 mm 钢管,应急管道内设应急水管(饮用)、电话线、照明线等。

②管道纵向设置范围:管口距掌子面距离不大于 12 m,另一端延伸至已施作衬砌段外 1~2 倍洞径。

③掌子面附件设应急工具包:存放应急电筒、灯具、活动扳手、钢锯、锤子、钢钎、电话机等应急工具。

④掌子面附件设应急救生包:存放 10 人左右一天应急食物及饮用水,包内备有包扎纱布、消毒药水、常见外伤用药等,应急食品定期更换。

⑤救生通道需跟随掌子面的前移而移动,应急管道结合施工工法妥善设置,确保在紧急状况下畅通。

⑥应急管包必须由安全员专职负责。

1. 隧道达到一级防水等级的技术措施

隧道施工按照设计要求要达到不渗、不露、不裂,表面无湿滞的一级防水要求。

隧道衬砌防渗、防漏从防水层质量和衬砌结构自防水质量两方面来保证,根据本工程设计情况,施工中采取以下技术措施。

(1)铺设防水板。

防水板铺设前混凝土表面需基本平顺;锚杆尾部外露长度切掉;防水层施工区段没有爆破作业。

防水板及土工布的铺设质量符合设计及规范要求。在灌注混凝土衬砌前,检查防水板的焊接和铺设质量,合格后方可灌注。

(2)铺设环向排水盲沟。

按设计要求铺设软式透水管盲沟,施工时可根据渗漏情况适当调整,水大时可加大铺设密度。施工时先铺设排水盲沟再铺设防水板,并把盲沟引入两侧排水沟。

(3)混凝土防水。

通过调整配合比和掺用外加剂的方法增加混凝土的密实性,以达到防水的目的。混凝土施工前,由试验室做好配合比试验和抗渗性试验,通过控制水灰比、调整含砂率和水泥用量的方法来提高抗渗性。混凝土掺加适当的外加剂,如引气剂、减水剂等以达到防水的要求。

(4)施工缝和变形缝处理。

施工缝是易漏水部位,应尽量少设或结合变形缝设置。严格按设计要求进行施工缝和变形缝的施工。

(5)衬砌防水措施。

①衬砌混凝土采用衬砌台车整体灌注,不间歇施工和加强捣固。

②尽量减少超挖,超挖部分采用与衬砌相同强度的混凝土浇筑回填。

③采用配合比最佳的混凝土,增加混凝土的密实性。

④采用防水混凝土,并掺加外加剂。

(6)防裂缝的措施。

①采用混凝土整体台车灌注,不间歇施工和加强捣固。

②加强对混凝土的养生,设专人、专用设备进行养生。

③采用掺入外加剂和粉煤灰的施工技术。

2. 确保衬砌混凝土耐久性的技术措施

通过降低水灰比,使用高效减水剂和矿物掺合料,控制侵蚀性离子的扩散系数,提高混凝土抗渗透性。

结构混凝土设计防水标准为一级,结构表面不允许有湿渍。从提高混凝土本身质量和加强施工管理等几个方面入手,对结构混凝土防渗漏采取以下措施。

(1)选好原材料。

优化混凝土的原材料,选用抗水性好、泌水性小、水化热低并具有一定抗侵蚀能力、质量稳定的硅酸盐水泥。选用级配良好的砂、石等集料,拟采用细度模数为 2.8~3.0 的中砂,碎石最大粒径小于 31.5 mm。

(2)选好混凝土配合比。

混凝土配合比设计应满足设计对混凝土抗渗的技术指标要求。经多次试配、类比,配制出既能满足混凝土的强度及其他各项技术性能,又能提高其抗渗漏能力的混凝土。混凝土水灰比、混凝土水泥用量、混凝土外加剂掺量严格按照要求控制。

(3)控制混凝土浇筑质量。

降低混凝土的入模温度,炎热季节施工应尽量安排在气温较低的时间段进行混凝土浇筑,同时可用降低砂、石及拌和水温度的方法来控制混凝土的入模温度。

二次衬砌施工应在围岩和初支变形基本稳定期间进行,混凝土浇筑施工应严格按照顺序进行,浇筑时适当放慢速度,两侧边墙对称分层灌注,浇筑到墙、拱交接处停 0.5~1.0 h,待边墙混凝土下沉稳定后,再灌注拱部混凝土。振捣时避免因漏捣而引起蜂窝麻面或因振捣时间过长、过短所引起的翻砂和捣固不密实等不良现象的发生。浇筑混凝土的间隙时间应控制在允许范围内,间隙时间超出允许范围时必须待其达到强度要求,对其按施工缝有关要求进行处理后方可再进行混凝土浇筑。

提高模板台车的强度和刚度,台车应表面平顺、光洁,接缝严密、不漏浆。支撑应牢固、可靠,具有足够的稳定性。

混凝土模板拆除应根据不同结构部位模板的受力情况及其对混凝土强度的要求,分期、分批拆除。拆除模板应尽量避免在混凝土散热高峰期进行,避免因模板拆除过早引发结构裂纹。拆模时混凝土的强度必须符合设计或规范要求,严禁未经技术人员同意提前脱模,脱模时不得损伤混凝土。

混凝土浇筑完毕,待其初凝后及时对外表面喷涂混凝土养护液进行养护。

(4)施工缝及变形缝的处理。

施工缝、变形缝的处理,除严格按照设计和技术规范的有关要求及前述结构施工方案、方法中有关该部分的相关内容进行外,还应采取以下措施。

①分次浇筑混凝土时,必须待原浇筑的混凝土达到规定的强度要求后,方可再进行混凝土浇筑。

②在原混凝土表面再次进行混凝土浇筑前,应清除原混凝土表面的浮浆及脆弱表面层,对混凝土表面进行凿毛,露出粗骨料,使其表面呈凹凸不平状。

③用高压水冲洗表面,彻底清扫原混凝土表面的泥土、松散骨料及杂物,让混凝土表面充分吸水润湿。

④施工缝、变形缝的止水带安装应顺直、密贴,安装位置和方法正确。混凝土浇筑前应对其有无破损、位置是否正确等进行严格检查,在符合要求后方可进行混凝土浇筑。

⑤混凝土浇筑时,对接缝处适当地进行重复振捣,使其密贴,同时应采取措施防止止水带的移位和破损。

(5)超欠挖控制措施。

①提高画线、钻眼精度,尤其是周边眼的精度,它是直接影响超欠挖的主要因素,因此要认真测画中线高程,准确画出开挖轮廓线。

②断面轮廓检查及信息反馈:了解开挖后断面各点的超欠挖情况,分析超欠挖原因,及时更改爆破设计,减少误差,配专职测量工检查开挖断面。

③根据不同地质情况,选择合理的钻爆参数,选配多种爆破器材,完善爆破工艺,提高爆破效果。提高装药质量,杜绝随意性,防止雷管混装。

④在节理发育的地段采用超前支护等辅助施工手段来嵌固围岩,以防止超欠挖的产生。

⑤建立严格的施工管理制度。在解决好超欠挖技术问题的同时,必须有一套严格的施工管理制度来保证技术的实施。为此,从进洞前,应制定严格的奖罚制度,调动施工人员的积极性。

3. 不良地质地段施工措施

1)断层破碎带、节理密集带地段施工措施

本隧道进口段内共有 5 条断层破碎带,3 条节理密集带,在断层破碎带及其影响带范围内由于地质条件比较差,岩体破碎,施工时易引起塌方,预防塌方首先要做好地质预报工作,掌握地质情况,选择安全、合理的施工方法并制定可靠的保证措施。

(1)做好超前地质预报,根据地质变化及时调整支护措施。

(2)选好施工方法,对于软弱围岩地段,力求安全稳妥,不盲目冒进,杜绝塌方。

(3)坚持"管超前、严注浆、短进尺、强支护、快封闭、勤量测"的原则进行浅埋、断层破碎带段施工。

(4)对围岩进行超前预加固,采用先固后挖,密闭支撑,边挖边封闭的办法施工。

2)岩爆段施工技术措施

对隧道中可能发生岩爆的地段,遵循以防为主,防治结合的原则,在对可能发生岩爆地段的围岩特性、水文地质情况等进行预测、预报的基础上,根据岩爆强度大小,采取不同的措施。

(1)岩爆发生前的预防措施。

①微弱岩爆地段,可直接在开挖面围岩上洒水,软化围岩表层,促使应力释放和调整。

②中等岩爆地段,在隧道开挖断面轮廓线外 10~15 cm 范围内,侧壁及拱部打设注水孔,并向孔内喷灌高压水,软化围岩,加快围岩内部的应力释放。

③强烈岩爆地段,可先掘进一个断面面积为 15~30 cm^2 的小导洞,使岩层中的高地应力得以部分释放,再进行隧道开挖,但应通过探测到的具体情况,确定循环进尺。

④在可能发生岩爆地段,还应改善爆破设计,将深孔爆破改为浅孔爆破,减少一次装药量,加大不同部位炮眼的雷管段位间隔,延长爆破时间,减弱爆破对围岩的影响,减小爆破应力场的叠加,降低岩爆频率和强度。

(2)岩爆发生时的处理措施。

①发生岩爆时,人员在安全距离地段躲避一段时间,直至岩爆平静为止。洞顶的岩爆松石要及时清除掉,同时进行工作面的观察记录,如岩爆位置、强度、类型、数量及山鸣等。

②机械迅速驶离现场,到达安全区域,停机待命。

(3)岩爆发生后的处理措施。

①加强巡视,及时撬顶,清除爆裂的岩石,确保施工人员安全。

②岩爆发生并确认岩爆平静后,施工人员向工作面及附近洞壁岩体洒高压水,以降低岩体强度,减弱岩体的脆性,降低岩爆的剧烈程度,同时起到降温除尘的作用。

③初期支护紧跟开挖面,尽可能减少岩层暴露时间,减少岩爆发生,确保人员安全。

(4)岩爆地段的技术措施。

①采用能及时受力的锚杆。

②采用喷射钢纤维混凝土,厚度宜为 5~8 cm。

③当用台车钻眼,岩爆的强度在中等以下时,可在台车及装渣机械、运输车辆上加装防护钢板,避免岩爆弹射出的块体伤及作业人员或砸坏施工设备。

④采用分步开挖法施工。开挖后,及时施作超前锚杆对开挖面前方的围岩进行锁定。在拱部及两侧侧壁布置预防岩爆的短锚杆,锚杆长度宜为 2 m 左右,间距宜为 0.5~1.0 m,并宜与钢纤维喷射混凝土联合使用,形成喷锚加固作用。

10.5.12　辅助坑道施工方法及工艺

为了开辟施工工作面,加快施工进度,满足施工通风和分散弃渣的要求,建平隧道设置了 1、2、3 号斜井,均采用双车道无轨运输方式。开挖方法见表 10.21。

表 10.21　辅助坑道开挖方法

围岩等级	开挖方法
Ⅲ级	全断面法
Ⅳ级	台阶法
Ⅴ级	短台阶法

1. 辅助坑道开挖支护

辅助坑道施工时先做好洞外的排水系统,防止洞外地表水进入坑道,Ⅲ级地段采用全断面法开挖,利用风钻钻孔,楔形掏槽,光面爆破,挖掘机或装载机配合自卸车装运弃渣。用风钻钻锚杆孔,人工安装锚杆并进行锚固或注浆,采用湿喷机进行湿喷混凝土作业。

斜井Ⅳ级采用台阶法开挖,Ⅴ级围岩采用短台阶法开挖。上下台阶均由人工或风钻实施钻孔,上下台阶均采用光面爆破,非电毫秒雷管起爆,分次爆破开挖成型。上断面利用挖掘机扒渣至下断面,装载机或挖掘机装渣,自卸汽车运渣至弃渣场。用风钻钻锚杆孔,人工安装锚杆和铺设网片,并对锚杆进行锚固或注浆,采用湿喷机进行湿喷混凝土作业。

2. 辅助坑道衬砌

辅助坑道一般地段采用永久喷锚衬砌,井底与正洞交叉口段、井口段、后期作为隧道防灾救援疏散工程的坑道采用模筑衬砌。

3. 原材料检测、工程试验方案

为达到设计目标值,必须加强试验和检测工作,组建检测试验中心,制定试验检测方案,确保工程结构安全,确保工程使用合格的材料,正确指导工程施工。

(1)检测、试验工作流程。

检测和试验实行标准化作业,工作流程见图10.45。

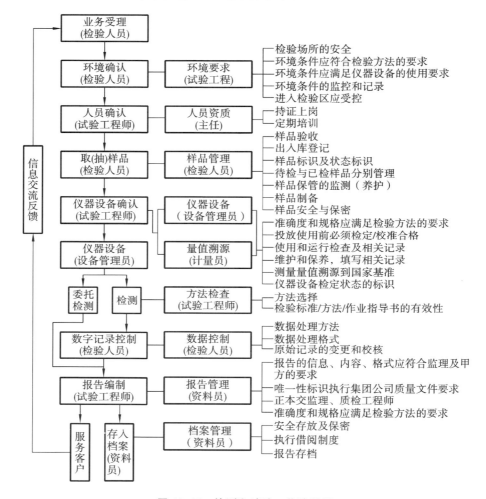

图 10.45　检测和试验工作流程图

(2)检测、试验项目试验方案。

本隧道大部分试验检验项目由中心试验室完成,少数项目委托具备检测资质或权威单位进行检测。

结合本隧道实际确定以下主要检测和试验项目,见表10.22。

表 10.22　主要检测和试验项目表

检验项目		频次	主要仪器	方法
钢材	力学、工艺性能	同厂、同批、同一牌号、同规格每 60 t 为一检验单位检验一次	万能材料试验机	GB/T 232—2010 金属材料　弯曲试验方法 GB/T 228.1—2021 金属材料　拉伸试验 第 1 部分:室温试验方法
焊接	强度、冷弯	同一品种、同一焊接人、同一工班每 200 个接头检验一次	万能材料试验机	JGJ/T 27—2014 钢筋焊接接头试验方法标准
水泥	细度、凝结时间、安定性、强度、C_3A、碱含量	同厂、同批、同品种、同强度等级、同生产日期袋装水泥 200 t/散装水泥每 500 t 检验一次	电动抗折机、净浆搅拌机、胶浆振动台、稠度机、凝结时间测定仪、沸煮箱等	GB 175—2007/XG 3—2018《通用硅酸盐水泥》国家标准第 3 号修改单 GB/T 1345—2005 水泥细度检验方法筛析法 GB/T 17671—2021 水泥胶砂强度检验方法(ISO 法) GB/T 1346—2011 水泥标准稠度用水量、凝结时间、安定性检验方法 GB/T 176—2017 水泥化学分析方法 TB 10424—2018 铁路混凝土工程施工质量验收标准

续表

检验项目		频次	主要仪器	方法
混凝土	拌和物性能：入模温度、坍落度、含气量、凝结时间、泌水率	坍落度每拌制 50 m³ 或每工作班测试不应少于 1 次；含气量每 50 m³ 混凝土检验一次；入模温度、泌水率每班检验一次	含气量测定仪、凝结时间测定仪、泌水率测定仪	GB/T 50080—2016 普通混凝土拌合物性能试验方法标准
	力学性能：强度、弹性模量	每 100 盘检验强度一组、每班每一结构部位检验一组	万能材料试验机、弹性模量测定仪	GB/T 50081—2019 混凝土力学性能试验方法标准
	耐久性能：表层混凝土强度、含气量、气泡间距系数、抗渗性、氯离子渗透电量、体积稳定性、钢筋混凝土保护层厚度、表面裂缝最大宽度	同标号、同配合比混凝土至少进行一次抽检；表层混凝土强度、表面裂缝最大宽度、抗渗性每次随机抽 10 点；含气量、气泡间距系数、氯离子渗透电量每次抽 3 点；钢筋混凝土保护层厚度同一单位工程每一分部工程抽检一次 20 点	混凝土抗渗仪、冻融试验仪、氯离子渗透电量测定仪、混凝土体积稳定性测定仪、钢筋保护层厚度测定仪	GB/T 50082—2009 普通混凝土长期性能和耐久性能试验方法 ASTM C1202—18 混凝土氯离子渗透电量快速测定方法

10.6　安全目标和安全保证体系及措施

10.6.1　安全管理职责

1. 工区长职责

工区长对承包工程项目的安全生产负全面领导责任：认真贯彻落实安全生

产方针、政策、法规和各项规章制度,结合项目特点提出有针对性的安全管理要求,严格履行安全考核指标和安全生产奖惩办法;认真落实施工组织设计中安全技术管理的各项措施,严格执行安全技术审批制度、施工安全交底制度和设施、设备交接验收使用制度;领导组织安全生产检查,对存在的问题落实解决;发生事故保护好现场,及时总结,接受教训。

2. 安全总监职责

协助工区长做好安全生产和环境保护工作,对安全负有重要监督管理责任;督促检查和指导推进项目安全管理责任体系的落实;组织进行危险源辨识、风险评估,根据风险情况组织制定预控措施,编制应急预案,并监督实施;参加项目专项安全施工方案的审核、安全技术交底和各项安全评价、验收工作;对现场安全环保进行督查,参加或组织定期检查。

3. 总工程师职责

认真贯彻执行国家和上级有关劳动保护安全生产方面的法规和技术标准,对公司施工中一切安全技术上的问题负全面责任。编制施工组织设计时,应包括安全技术措施方案内容,并要作出具有针对性的技术和物资保证,落到实处并检查执行情况。在安全技术攻关和技术改造活动中,对使用新技术、新材料、新工艺要进行安全可行性研究、分析,从技术上负责。对职工进行安全知识的教育与考核,把提高广大职工安全技术素质和预防事故能力列为教育的内容和目的。组织制订安全技术操作规程和单位、分部工程安全技术措施,并检查执行和实施情况,在组织施工技术鉴定时,必须把安全技术措施列为重要内容,同时审查鉴定。参加重大伤亡事故、机械事故的调查,从技术层面分析事故原因,提出鉴定意见和改进措施。参加施工现场的安全检查,及时解决施工中的安全技术问题。

4. 安质部长职责

认真传达贯彻落实上级及工区长有关安全工作的决定、文件指示、会议精神,定期具体组织职工进行安全教育,定期组织安全检查,组织召开安全例会,分析并向工地领导小组报告安全生产形势,具体组织开展安全劳动竞赛活动,大力推广安全生产的先进经验,对存在的安全隐患及时提出整改措施,落实到人,并进行限期整改后的复查,组织开展安全文明标准化工地建设活动,建立各项安全管理台账。若发生事故则保护好现场,写事故报告。负责组织编写事故救援预案、事故调查、抢险预案。

5. 专职安全工程师职责

认真学习并执行有关规章制度,根据本工程的实际情况,制定项目和重点工程、专项工程的安全预防措施,负责对施工过程的安全工作进行检查监督,对职工进行安全教育培训考核,并有安全检查和教育的记录。编写安全事故救援预案、事故调查、抢险预案。及时解决安全工作中存在的问题,总结安全、质量工作,及时提出防范措施。

6. 专职安全员职责

对所管辖区段的施工安全负直接责任。对施工队职工进行安全教育,对辖区施工队的施工安全进行检测并有记录,负责监督施工队及班组的安全状况,对违反安全操作规定的行为进行制止,并向安全管理工程师及安全质量科报告。参加编写安全事故救援预案、事故调查、抢险预案。及时提出安全工作中存在的问题以及相应防范措施。负责对施工过程中的安全设施进行检查,对检查不合格的工序,专职安全员有权勒令停工,报告安全管理工程师及安全质量科,并提出处理意见和整改措施。

10.6.2 安全保证体系

施工现场安全生产管理体系建立不仅是为了满足工区自身安全生产要求,同时也是为了满足相关方(政府、发包人、保险公司、社会)对施工现场安全生产管理体系持续改善和安全生产保证能力的要求。

1. 安全保证措施

1)安全管理制度

要做好工程项目安全管理,首先要健全安全管理各项制度。工程项目施工现场安全生产管理制度是施工单位和施工现场整个管理体系一个组成部分。安全管理制度是遏止施工生产事故发生的有效手段,能够最大限度地降低安全成本费用支出,提高工程项目经济效益。安全管理制度重点包括如下各项。

(1)安全教育。安全教育是提高工人安全意识和自我责任心的主要途径之一,加强对工人的安全教育培训工作,让工人自觉认识到安全的重要性,提高工人的安全操作技能,从而在施工中懂得如何操作,如何保护自己,从"要我安全"向"我要安全"转变。

(2)预防坍塌。隧道施工必须按规定开展监控量测和超前地质预报。岩溶、富水、含有瓦斯等有毒、有害气体,穿越煤层、采空区或有断层、破碎带等不良地质的隧道,必须用水平钻孔方式进行超前地质预报复核。全断面开挖水平钻孔不得少于5个,分步开挖水平钻孔不得少于3个,钻孔深度不得小于30 m,前后两次钻孔搭接长度不得小于5 m。通过监控量测、超前地质预报和超前地质预报复核有效地了解隧道开挖前方的地质情况,更好地指导施工,保证安全生产。

(3)完善隧道施工方案。根据隧道的地勘报告、隧道的地质情况,组织专业人员针对性地编制隧道施工方案,根据围岩的情况,选择合适的施工工艺,保证施工安全。遇到突发情况,比如发现与原设计不同的地质情况,要及时报告给设计单位,根据设计单位的设计方案重新施工,严禁蛮干。

(4)救援培训。面对灾难和事故,应该做到沉着冷静,组建隧道应急救援队伍,加强应急救援的培训,有效提高工人的自救和互救的能力,同时减少二次伤害。隧道开挖面至二次衬砌之间,必须设置直径不小于700 mm、壁厚不小于8 mm的钢管救生通道,且每隔5~8 m设置1处便于开启的活动门,平常情况下活动门应当关闭。开挖面20 m范围内必须储备应急照明灯、食品、饮用水和必要的急救药品,并进行明显标示和定期检查更换,确保在有效使用期内。

(5)用电安全管理。按要求根据施工用电的实际情况,编制临时用电方案,做到三相五线的要求,动力线和照明线要分开,所有的施工点按照三级配电二级保护的要求设置配电箱,并装设符合要求的漏电保护器,施工中临时用电必须是持电工特种作业操作证的人员进行操作,严禁其他人员触碰。同时加强对配电箱的管理和维护工作,保证安全有效。

(6)车辆交通管理。施工现场要做到人行道与车行道分离,在拐弯区,危险区域等位置设立警示标牌、反光锥和足够的照明设施,保证行车、行人安全,洞内工人穿戴反光背心,要做好机械设备车辆的维修保养工作,保证安全装置有效,严禁带病作业。

(7)监控系统。根据实际情况,在隧道内开挖面、隧道二衬和隧道洞口装设监控系统,人员持芯片进入施工现场,可以通过监控系统观察人员是否安全操作,有无违章,同时通过监控系统也能模拟人员所处的位置,有效地对一线工人进行管理。

(8)爆破安全管理。隧道采用钻爆法施工,要加强对民爆物品的安全管理,从领用、运输、存储、使用到退库等要做到全程监管,定专人负责,及时清场爆破区域人员,每天在规定的时间内爆破,做好爆破公告和爆破警戒工作,运输中,采用专用的民爆车辆,严禁炸药、雷管和人员混装,使用过程中,注意爆破区域内是否存在杂散电流,人员严禁穿化纤类衣服,爆破后剩余的爆破物品及时退库处理。

2) 安全生产责任制

明确施工中的安全责任、义务。建立健全各级各部门的安全生产责任制,定岗定责到位,责任链接到终端,从旁站员、安全员、安全管理工程师、工区长、项目经理到集团公司总经理,即从终端向上逐层明确各岗位人员的安全责任。各项经济承包有明确的安全指标和包括奖惩办法在内的保证措施。建立安全风险抵押金制度,项目经理部将预留一定额度的安全风险抵押金。对安全事故责任者除按有关规定处罚外,还将扣除安全风险抵押金。

3) 安全检查制度

安全检查工作是保证安全生产的重要手段,项目长、工区长组织工区定期对安全控制计划执行情况进行检查考核和评价,对于施工中存在的不安全行为隐患,分析其原因并制定相应整改防范措施。根据施工过程特点和安全目标要求,确定安全检查内容和检查方法。配备必要设备或器具,确定检查负责人和检查人员,并明确检查内容及要求。

工区进行定期与不定期安全生产检查、专业性安全生产检查、季节性安全生产检查、节日安全生产检查、班组自我检查、交接检查和相互检查,并编写安全检查报告。

各生产班组应根据不同情况进行每日巡检,发现隐患和问题及时整改。对于难以治理的问题应及时上报。

建立施工开、复工前安全检查验收制度。对查出的安全隐患和问题要进行通报,建立登记、整改、复检、销项制度。

4) 安全教育培训制度

建立安全教育培训制度。加强作业人员安全教育和技术培训工作,提高安全技能和自我防范意识,使其牢固树立"安全第一,预防为主"的思想,自觉遵守各项安全生产法令和规章制度,减少各类事故发生。

电工、焊工、架子工、爆破工、机操工、张拉工、起重工及各种机动车辆司机等特殊工种必须持证上岗,除进行一般安全教育外,还要经过本工种安全技术培训,方准独立操作,每年还要进行一次复审。对从事有尘毒危害作业工人,要进行尘毒危害和防治知识教育。

采用新技术、新工艺、新设备施工和调换工作岗位时,要对操作人员进行新技术操作和新岗位安全教育,未经教育不得上岗操作。

新进场工人必须进行初步安全教育。在做好新工人入场教育的同时,工区还必须把经常性安全教育贯穿管理工作全过程。

2. 安全保障技术措施

1) 现场布置安全技术措施

(1) 开工前,根据施工现场地形、地貌勾画详细施工平面布置图。运输道路、临时用电线路布置、各种管道、仓库、加工车间(作业场所)、主要机械设备位置及工地办公、生活设施等临时工程安排,均要符合安全要求。

(2) 全面规划工地排水设施,其设置不得妨碍交通和影响工地周围环境。排水沟经常清理疏通,保持畅通。

(3) 工地人行道、车行道坚实平坦,保持畅通。场内运输道路尽量减少弯道和交叉点。频繁交叉处,必须设有明显警告标志,或设临时交通指挥。

(4) 一切建筑施工器材(包括建筑材料、预制构件、施工设施构件等)均按施工平面布置图规定地点分类堆放整齐、稳固。

(5) 作业中使用剩余的器材及现场拆下来的模板、脚手架杆件和余料、废料等都随时清理回收,并且将钉子拔掉或者打弯后再分类集中堆放。

(6) 油漆及其稀释剂和其他对职工健康有害的物质,存放在通风良好、严禁烟火的专用仓库。

(7) 施工现场安全设施如安全网、洞口盖板、护栏、防护罩、各种保险限位装置都齐全有效,并且不得擅自拆除或移动,因施工确实需要移动时,必须经工地施工管理负责人同意,并需采取相应的临时安全措施,在完工后立即复原。

(8) 施工现场除应设置安全宣传标语牌外,危险部位还必须悬挂按照《安全色》(GB 2893—2008)和《安全标志及其使用导则》(GB 2894—2008)规定的标牌。夜间有人经过的坑洞等处均设红灯示警。

2) 隧道工程施工安全技术措施

(1) 隧道施工一般安全技术措施。

任何人进洞必须佩戴安全帽和其他防护用品,遵章守纪,听从指挥;同时加强安全保卫,禁止闲杂人员进入;进洞前进行登记并接受洞口值班人员检查,经班组长点名,并执行进洞挂牌、出洞摘牌制度;在洞口或适当处所,设置急救材料储备库,储备防火、防水、防毒器材,支撑用料,各种适用工具等。备品要保质保量,并不得随意挪动,使用一次后立即进行补充;隧道掘进时要加强地质超前预报,在浅埋段指派专人观测地面变化有无沉降,确保施工安全;对风险隧道和正洞单口掘进长度超过 2000 m 的隧道,要配备必要的具有人员定位功能的洞口管理系统和声光报警、应急通信、疏散标志、应急照明、应急排水及逃生通道装备系统等,实现隧道信息化施工的需求。

(2)洞口土方施工安全技术措施。

洞口段土石方开挖时,注意坡面的稳定情况,应先做好洞口的防排水设施,清除洞口坡面的零星危岩落石,再进行洞口开挖,并及时做好洞口边仰坡防护措施,尽早修建洞门及洞口段衬砌,以确保施工安全;开挖按自上而下的顺序进行,防止因开挖不当造成坍塌,坚决禁止掏底开挖;洞口土石方施工时,要做好截、排水工作,并随时注意检查,开挖区应保持排水系统通畅,并与原有水系相连通;在岩石破碎土质松软地段,开挖面不能太大,不能暴露太久,及时进行防护处理,防止坍塌伤人;做好施工中机械设备的组织指挥工作,保证道路畅通,防止发生机械碰撞、翻机、翻车及伤人事故。

(3)开挖施工安全保障措施。

①在洞口施工前首先对地表岩层裂隙发育情况及不良地质情况进行详细调查,对洞口上方的危岩落石进行清除、加固,确保洞口施工安全;开挖是隧道安全控制最重要的环节,针对不同的地质情况采用不同的开挖方案,严格控制开挖进尺,选择最佳的爆破参数,按相关规程操作施工;对参加施工的人员进行安全教育,从事爆破及操作机械的人员,必须经过专业培训和考试,取得合格证后,方予上岗。

②爆破按设计进行施工,控制装药量,光面爆破,防止造成超欠挖、塌方等不安全事故;爆破面平顺,避免应力集中而导致开挖面掉块、初期支护开裂等不安全事件;隧道施工各班组间,建立完善的交接班制度;钻眼人员到达工作面时,先检查工作面是否处于安全状态。钻眼采用湿式凿岩机,严禁在残眼中钻眼。对钻孔台车进洞经过的道路和临时台架,应认真检查安全界限,并有专人指挥,就位后不得倾斜。

③洞内爆破作业,进行统一指挥。爆破时,所有人员撤至不受有害气体、振动及飞石伤害的地点。在照明不足、工作面岩石破碎尚未及时支护、发现涌泥涌

水未经妥善处理时,严禁装药爆破。爆破人员随身携带电筒,防止点炮途中突然发生照明熄灭,并设事故照明。

④爆破后经过通风排烟,检查人员才能进入工作面,经检查确无不安全因素后,工作人员才进入工作面;隧道两作业面接近贯通时,预留 30 m,采取单方向掘进。

3)装渣与运输安全保障措施

(1)各种运输设备严禁人料混装,各种摘挂作业设立专职联络员;进入隧道的内燃机械与车辆,选用带净化装置的柴油机,汽油机械与车辆不进入洞内;装载料具时,不超出装载限界,装运型钢拱架、管棚等长料具时,捆扎牢固。

(2)机械装渣时,坑道断面满足装载机械安全运转需求,设置专人指挥,以免机械碰断电线或碰坏已做好的初期支护,确保安全。

(3)在洞口处设置缓行标志,必要时安排人员指挥交通。洞内的车辆、施工机械、模板台车等,在外缘设置低压红色闪光灯,组成限界显示设施。运输车辆在使用前详细检查,不带病工作。行驶车辆保持一定间距,洞内道路经常洒水,加强养护。洞内倒车与转向,做到开灯、鸣笛或有人指挥。

(4)在向洞内运输爆破器材时,雷管与炸药放置在带盖的容器内分别运送。当人工运送爆破器材时,直接送到工作地点,严禁中途停留,且有专人防护;汽车运送爆破器材时,炸药与雷管分别装在两辆车内专车运送,由专人护送,严禁其他人员搭乘,汽车排气口加装防火罩。

3. 支护、衬砌施工安全保障措施

(1)施工期间,现场施工负责人会同技术人员对各部支护进行定期检查。在不良地质段,每班责成专人检查。加强监控量测,当发现量测数据有突变或异变时,立即通知现场负责人,采取应急措施或通知施工人员撤离危险地段。

(2)锚杆的质量、长度,喷射混凝土的质量、厚度,以及钢拱架的安装位置、间距等严格按设计施工。若已锚地段有较大变形或锚杆失效,立即在该地段增设加强锚杆,长度不小于原锚杆长度的 1.5 倍。用于临时支护的立撑底面加设垫板或垫梁,并加木楔塞紧。

(3)喷层的异常裂缝作为主要安全检查内容,喷层面要平顺,以免应力集中,出现喷层开裂。

(4)衬砌台车作业地段距开挖作业面拉开一定的距离,台车下的净空保证车辆能顺利通过,并悬挂明显的缓行标志。台车上不堆放料具及其他杂物,混凝土两端挡头板安装牢固。拆除混凝土输送软管或管道时,先停止混凝土泵的运转。

4. 隧道内用电安全保障措施

(1)隧道施工电压采用380 V,成洞地段照明电压采用220 V,工作地段照明电压采用36 V。对于较长的隧道,采用10 kV高压电进洞,在洞内设置移动式变压器,将高压电流变为400/380 V,再送至工作地段,变压器工作面移动。

(2)高压电缆架设在离地面5 m的高度处,成洞地段架设在衬砌的拱墙上。由变压器出来的低压,应设置配电箱,箱上加锁,钥匙由电工掌管。220 V照明线使用防潮绝缘导线,动力线采用橡皮电缆输送。在全断面开挖地段,洞内电线穿入穿线管,每根电线根据用途做不同的标记,并做好登记,埋在开挖底面下20 cm、衬砌边墙内侧处;在分断面开挖地段,开挖下导以上断面时,用木制三脚架靠边架设电线,待开挖下导时移入地下。衬砌后安设瓷瓶与横担固定在边墙上。仰拱先行段在施工仰拱时,取出电线,仰拱施工后埋在边墙内侧处,衬砌完成后移上边墙,并做到顺直、美观、绝缘良好。

(3)在接近工作地点处设置携带式照明变压器,将220 V电压变成36 V电压供工作面照明。移动灯具和手提作业灯,使用胶皮电缆及螺口灯头。照明灯具在成洞地段采用没有眩光、透雾性能强的高压钠灯,在开挖面、工作面采用亮度高的低压卤钨灯,在洞门口的场外照明采用清晰度高的镝灯。

(4)低压电气设备加装触电保护器,电气设备外露的转动和传动部分,加装防护罩。电气设备的检查、维修和调整工作,由专职的电气维修工进行。防爆电气设备,在安装前由合格的防爆电气检查人员检查其安全性能,合格后才予安装,使用期间定期进行测试与检查。

5. 通风与防尘安全保障措施

(1)施工中的通风符合现行铁路隧道施工规范的要求。隧道内的空气成分每半月取样分析一次,含尘量每月检测一次。施工时的通风,设专职人员管理。无论通风机运转与否,严禁人员在风管的进出口附近停留,通风机停止运转时,人员不靠近通风软管行走和在软管旁边停留,不将任何物品放在通风管或管口上。

(2)定期检查测定粉尘浓度,放炮前后进行喷雾与洒水,出渣前用水淋透渣堆和喷湿岩壁,在出风口设置喷雾器。喷射混凝土采用湿喷技术。

6. 不良地质段施工安全保障措施

隧道开挖必须制定切实可行的施工方案和安全措施,采取"先治水、短开挖、弱爆破、强支护、早封闭、勤量测"的施工方法。

加强对塌方的预测,采用超前地质预报系统对地质、水文情况进行探察。按所探察的地质、水文情况采取超前锚杆、超前预注浆等加固围岩和防排水措施,选定开挖、爆破参数。

加强初期支护和预注浆,保证围岩稳定。断面开挖完成后,及时进行初期支护,防止局部坍塌。

加强监控量测,随时掌握洞内围岩变化情况并采取必要的加固防护措施。

根据围岩变形量测情况,必要时进行模筑混凝土衬砌,确保围岩稳定,将可能的突发情况消灭在萌芽状态。

7. 施工机械安全控制措施

(1)各种机械操作人员和车辆驾驶员持证上岗;对机械操作人员建立档案,并由专人管理。

(2)操作人员按照本机说明书规定,严格按照工作前的检查制度和工作中注意观察及工作后的检查保养制度,做到"工作前检查、工作中观察、工作后保养"。

(3)操作室保持整洁、严禁存放易燃、易爆物品,严禁酒后操作机械,严禁机械带病运转或超负荷运转。

(4)机械设备选择安全的停放地点,夜间有专人看管。

(5)指挥施工机械作业人员,明确规定指挥联络信号。

(6)起重作业严格按照《建筑机械使用安全技术规程》(JGJ 33—2012)和《建筑工人安全操作规程》(DB64/T 558—2009)规定的要求执行。

(7)使用钢丝绳的机械,在运转中严禁用手套或其他物件接触钢丝绳,用钢丝绳拖、拉机械或重物时,人员远离钢丝绳。

(8)驾驶员必须遵守的规定:驾驶车辆时,各种证件必须齐全有效,并虚心接受交通部门的监督与管理。

(9)汽车在几种特殊道路上行驶的安全要求:交叉路口、泥泞道路等危险道路、铁路道口行车时,要集中注意力,做到"一停、二看、三通过",谨慎驾驶,安全行车。长途运输必须配备两名司机。

(10)汽车驾驶员自觉遵守交通规则,同时注意车辆维修保养,刹车和方向灵敏可靠,杜绝带故障出车,不准开快车,不准酒后开车,不准领导干部开车,不准非驾驶人员开车。

(11)定期组织机电设备、车辆安全大检查,对检查中查出的安全问题,按照"四不放过"的原则进行调查处理,制定防范措施,防止机械事故的发生。

第11章 隧道施工管理——以蒙辽铁路专线工程 CFSG-3 标段为例

11.1 工程概况

新建赤峰至京沈高铁喀左站铁路位于蒙东地区的通辽与辽宁省西部地区,线路自京沈高铁喀左站引出,经朝阳市的喀左县、建平县以及赤峰市的宁城县、元宝山区、红山区、松山区,引入赤峰西站,线路全长 156.21 km。其中辽宁境内 55.18 km,内蒙古境内 101.03 km。新建北京方向上、下行联络线共计 11 km,全部位于辽宁省境内。

线路自京沈客专喀左站北京端外包京沈正线引出,左线下穿京沈客专顾杖子特大桥后折向西北经顾杖子东侧,至九神庙村北侧、老郑杖子南侧设郑杖子线路所(右线绕行 4.7 km)。线路折向西北经六块地、车仗子后以约 9 km 隧道穿越天秀山、经天秀山省级自然保护区西侧边缘,从辽宁省储备物资管理局和军事设施中间穿越后于双庙南侧出隧道,接着跨越京四高速公路、锦承铁路、101 国道,于牤牛河支流东侧设建平站;出站后穿上石金铁矿,以隧道方式下穿建平县古生物化石市级保护区的实验区和膨润土矿区,经南房身、小七家、新胜后并行既有叶赤铁路西侧向北前行,在 DK55+060 进入内蒙古自治区。

进入内蒙古自治区后,线路向北于既有天义站北侧约 3 km 处新建宁城站,出站后向北经二十家子、三家于山前村跨越既有叶赤铁路,经汐子镇国家粮食储备库东侧,在汐子工业园区在建污水处理厂和既有叶赤铁路中间通过,跨越坤头河,继续向北经房身地、山嘴子村于前七家附近设平庄西站,出站向西北上跨叶赤铁路后并行楼子店河,从平煤西露天矿塌陷区和永兴煤矿采空区中间通过,折向北以隧道形式下穿燕内长城遗址,上跨赤朝高速公路后在打粮沟附近绕避二道井子大灰包国家级遗址,继续向西上跨赤峰东环路后在文钟镇东侧折向北绕避沈阳军区雷达营,从华峰水泥厂中间空旷处通过,向北并行于 306 国道东侧跨过锡泊河后引入赤峰西站 DK156+381.875。

11.2　工程内容和数量

CFSG-3 标段位于辽宁省和内蒙古自治区境内,施工里程范围为 DK29＋960～DK71＋000,标段全长 41.04 千米。本标段线路位于辽宁省朝阳市和内蒙古赤峰市,线路平行于叶赤铁路走向。沿线途经辽宁省朝阳市建平县、内蒙古赤峰市宁城县 2 个县。

本标段路基约 23.69 km,其中区间路基土石方 2779186.5 m³,站场路基土石方 455461 m³;特大桥 4274.61 延长米/4 座,大桥 974.62 延长米/5 座,中桥 206.60 延长米/2 座,框架式桥 1049.03 顶平米,刚架桥 1695.86 顶平米,涵洞 1228.80 横延米;隧道 11730 延长米/2 座;制架箱梁 234 孔;站场 1 座(宁城站);CRTS I 型双块式无砟道床 22.52 铺轨公里。

11.3　征地拆迁数量、类别,特殊拆迁项目情况

本标段需要拆迁的给排水管线共 18 处,通信光电缆共 98 处,电力线路 95 处,其中 66 kV 以上电力线路 4 处,热力管线 6 处,无特殊拆迁项目。具体的拆迁情况如表 11.1 所示。

表 11.1　拆迁情况表

序号	拆迁项目	类别	数量	备注
1	给水管道	铸铁	3 处	
		PE	4 处	
		PVC	2 处	
2	灌溉管道	PE	13 处	
		PVC	9 处	
3	污水管道	混凝土	3 处	
4	雨水管道	混凝土	4 处	
5	热力管道	管径 600 mm	4 处	
		管径 300 mm	2 处	

续表

序号	拆迁项目	类别	数量	备注
6	电力线路	≥66 kV	4 处	
		<66 kV	55 处	
		地埋	36 处	
7	通信光电缆	架空	41 处	
		直埋	57 处	
8	重大企业		37 处	

11.4 工程特点

1. 设计标准高、施工难度大

设计行车速度 250 km/h，工程采用了高标准的基础沉降控制设计要求和严格的路基填筑、桥梁沉降变形及梁体徐变控制标准，确保线路满足高速运行需要的高平顺性要求。

2. 建平隧道为本线控制工程，工期紧，任务重

建平隧道全长 11340 m，为本线控制工期的重点工程，工期紧，任务重，需精心组织合理安排施工，确保按期完工，为全线铺轨创造有利条件。

3. 各专业接口多，组织协调复杂

本项目集路基、桥涵、隧道、制架梁、无砟道床及部分站后相关工程于一体，各专业接口工程方案的选定和方案的实施将是整体工程施工组织的重点，必须高度重视。

4. 桥隧比例高，地形地貌复杂多变

本标段桥隧比重高，占线路总长的 43%。辽宁省境内沿线地形地貌复杂多变，交通运输条件较差，工程实施难度大。

11.5 控制工程及重难点工程

11.5.1 控制工程

建平隧道地处辽宁省建平县清峰山乡境内,为全线最长隧道。建平隧道里程为 DK30+060～DK41+400,全长 11340 m,分别在 DK33+070、DK36+550、DK38+700 处设置斜井,3 处斜井均为双车道无轨运输形式,斜井在隧道主体工程竣工以后作为紧急出口使用。围岩级别较差,Ⅳ级围岩 4940 m、Ⅴ级围岩 2570 m,占隧道总长的 66.2%。

隧址位于低山区,不良地质较多,施工时易引起岩爆、围岩失稳、塌方、突泥、涌水等情况。隧道属长隧道,工程量较大,工程施工过程中要自始至终做好弃渣、污水排放及边坡还绿等工作。此隧道为本线的控制工期工程。

采取措施:根据围岩级别分别制定开挖方法,有效控制围岩变形,采用超前地质预报、地质素描等措施,掌握掌子面前方围岩地质情况,并及时反馈,随时调整方案,正确指引施工,同时合理制定通风方案,并加强洞内粉尘及瓦斯监测。

11.5.2 重难点工程

1. 制架梁工程

本标段箱梁制存梁场负责本标 158 孔及 CFSG-4 标 76 孔箱梁的预制、架设,其中 32 m 箱梁 232 孔,24 m 箱梁 10 孔,20 m 箱梁 1 孔。制(存)梁场占地 120 亩,设置 5 个制梁台座,30 个存梁台座。

施工难点:制梁场大型设备多,工序复杂,安全、质量风险大,施工协调任务重。

采取措施:配置专职设备调配生产管理人员负责设备的调用、维修;根据架梁计划制定详细的制梁计划,组织专业队伍采用流水作业法施工;加强与业主及 CFSG-3 标的联系沟通,确保线下工程及时完成。

2. 无砟道床工程

本标段建平隧道洞内采用无砟道床轨道,无砟道床施工工序繁多,前后搭接严密,工装线性循环,物流组织严密,轨道平顺性要求严。

施工难点:为保证轨道的平顺性,CPⅢ网平面控制技术和各结构物工后沉降评估是无砟道床施工的前提保证。

采取措施:配置高精度测量仪器,加强施工联测,采用先进施工设备,并配置专业施工队伍负责具体施工。

11.6 施工进度计划

小桥涵尽早安排施工,为路基连续填筑创造条件。对跨营运线、沟渠、河流、水库及雨季有影响的钻孔桩、基础、承台尽量避开雨季施工。

本标段控制工期的特大桥下部工程应以满足架梁需求为目标,组织多单元平行的流水施工,多开工作面,长桥短修,以保证全桥的工期。根据地质情况和设计要求选择合适的施工机具并组织好机具的调用工作,避免重复进场;作业周期较易控制的一般结构桥梁基础和墩身工程,可根据各施工区段内桥梁设置实际情况和工期要求,采用多作业面平行流水方式组织基础、承台和墩身的施工。

桥面系按架梁区段分单元施工。由于运架梁作业空间的制约,在保证架梁工效的情况下,桥面系利用运架梁间隙,紧跟架梁进行流水作业。

施工进度计划安排详见表 11.2。

表 11.2 桥涵工程施工进度计划安排表

序号	工程名称	开工时间	完工时间	施工天数
一	二工区			
1	南房身 1 号大桥下部结构施工及上部现浇箱梁施工	2016-8-1	2017-6-22	205
2	框构中小桥及涵洞工程	2016-8-1	2016-9-29	60
二	三工区			
1	南房身 2 号大桥下部结构	2016-8-1	2016-10-3	64
2	小河南大桥下部结构	2016-8-1	2016-10-5	66
3	南洼水库 1 号特大桥下部结构	2016-8-1	2016-11-8	100
4	南洼水库 2 号特大桥下部结构	2016-8-1	2016-11-6	98

续表

序号	工程名称	开工时间	完工时间	施工天数
5	漠河沟大桥下部结构	2016-8-1	2016-10-14	75
6	敖海营子中桥下部结构	2016-9-15	2016-11-14	61
7	跨油库专用线特大桥下部结构	2016-8-1	2016-11-14	106
8	框构中小桥及涵洞工程	2016-8-1	2017-4-25	147
三	四工区			
1	宁城老哈河特大桥下部结构	2016-8-1	2016-11-14	106
2	四家大桥下部结构	2016-8-1	2016-10-9	70
3	桃古图中桥下部结构	2016-9-10	2016-11-10	62
4	框构中小桥及涵洞工程	2016-8-1	2016-10-19	80

说明：桥梁工程工期未含桥面系施工，桥面系配合铺架安排在铺架后施工。

11.7　首件工程评估

对现浇箱梁、路基、无砟轨道等工程类型展开首件工程评估工作。以最先开工且满足质量验收标准要求、外观质量良好、工艺工序具有推广价值、能够对后续同类工程起到引领作用的工程作为首件工程。首件工程未通过评估的，同类工程不得开工，根据评估结论和意见认真分析原因，进行整改并重新办理首件工程评估。

施工标段首件工程评估：与监理单位共同组织，根据评估结论和意见，组织修改完善作业指导书在本标段推广应用。对通过评估的首件工程工艺、工法及管理措施进行总结提炼，并进行持续改进和提升，用以指导标段内同类工程的施工，确保同类工程按首件工程标准组织施工。由建设单位选取通过评估、具有代表性的首件工程，适时组织各参建单位进行现场观摩，以推广其主要做法、相关工艺及管理措施。

建设单位首件工程评估：向建设单位提出评估申请报告，建设单位组织评估，并根据评估结论和意见，组织修改完善作业指导书；评估未通过的首件工程，相关单位按照评估意见进行整改后，建设单位重新评估。

工管中心首件工程评估：首先由建设单位组织初评，初评完成后，建设单位向中国铁路总公司工管中心提交评估申请，中国铁路总公司工管中心组织评估。

评估通过后，建设单位根据评估意见，组织修改完善，形成全线统一的作业指导书，在全线同类工程中推广应用；评估未通过的首件工程，由建设单位组织有关单位按照评估意见进行整改后，中国铁路总公司工管中心重新评估。

11.8 资源配置方案

1. 材料的供应原则

甲供材料：由业主供应的材料，提前上报用料计划，由业主统一组织供料，并按业主指定的交货地点和交货方式准时办理交接和检验。

自购材料：自行采购的材料，采购中遵循质量优先、兼顾价格的原则进行招标采购。在广泛掌握材料产地、货源、价格、生产、流通等材料市场信息的基础上，开展材料招标采购、订货业务活动，保质保量，做到公开、公平、公正，并接受业主对招标采购过程的监督。

合格物资设备供应商的基本条件：具有独立企业法人资格；遵守国家法律、行政法规，具有良好信誉；具有履约合同能力和良好的履约纪录；具有一定规模和良好资金财务状况；有完善的产品质量保证体系和管理制度；有相应的专业技术人员；有按国家规定的标准检测和检验合格的专业生产设备；有 2 次以上为铁路大中型建设项目提供产品的业绩；规定的其他条件。

2. 材料的运输方式

在施工现场设置临时材料厂，作为材料中转场。同时各混凝土拌和站设砂石料场、水泥罐、粉煤灰罐等，各架子队设料库，保证充足的物资储备。

甲供材料由供货厂商直接发往材料中转场，然后组织汽车运输分发供应到工地。

甲供材料外的主要地方材料以及柴油、汽油等其他材料，从当地附近料场或市场招标购进，由供应商组织汽车直接运至施工现场；火工品经当地公安部门审批后，联系供货厂商直接组织运至工地火工品库。

3. 特殊季节材料保证措施

在雨季和法定长假来临之前，由物资设备部编制详细的材料需求计划，做好施工材料的采购和组织进场，并做好储备，满足施工需要，避免待料停工现象发生。平时派专人做好便道的维修工作,保障施工材料运输畅通,尤其是在雨季来临之前,更要加强对施工便道的养护。

根据材料计划做好资金计划,材料款做到专款专用,使材料能够按计划运至现场。

11.9 标准化管理实施要点

11.9.1 管理制度标准化

依据《中国铁路总公司关于深化铁路建设项目标准化管理的指导意见》(铁总建设〔2013〕193号)及发包人的相关规定,进一步制定和细化本项目施工的管理制度和实施细则,构建出结构清晰、职责分明、内容稳定、体现"六位一体"管理要求的管理制度。其主要包含技术管理、质量管理、安全管理、计财管理、综合管理等方面的内容。

1. 人员配备标准化

严格按照"人员配置标准化"要求,结合工程专业类别,配备、配足现场施工管理人员,并建立学习培训制度,定期组织有关人员学习管理及专业新知识,切实提高施工管理人员对施工标准化管理的认识和实施标准化管理的能力。

针对三电及管线迁改、路基、桥梁、隧道、制架梁、无砟轨道等工程,按专业化组织施工,分专业划分施工单元并按工作面管理组建专业化作业队。隧道注浆施工、超前地质预报、制架梁、连续梁、无砟道床施工等关键施工工序由专业化队伍承担。

2. 设备配置标准化

按照机械化、工厂化的要求,分专业按工作面配备成套机械设备,以高标准机械化程度提高工效。按照尽量减少人力施工作业的原则,路基、桥涵、隧道、制架梁、无砟道床、各种构件生产加工等工程施工均全部配备相应的机械设备,钢筋、混凝土构件等实行工厂化生产。

路基工程按平行施工单元配备成套设备;桥梁工程按施工工序配备成套设备;隧道工程根据地质条件配备成套设备;无砟道床工程根据工序要求配备成套

设备;混凝土集中拌和站、箱梁制(存)梁场等根据工程数量、供应强度等配备成套设备。

设备种类:根据项目的工程类别、结构、地质情况及满足安全质量控制需要,合理选择应配置的设备。单价10万元以上的施工设备以及1000元以上的工程测量和试验检测设备需全部列出。

规格型号:应根据施工总体安排,合理选择施工所需的设备规格型号。除满足施工进度要求外还需保证施工工艺、工效具备当前较高水平。

对现浇梁、制架梁、拌和站、特殊工点、特殊工序(地质超前预报、喷射混凝土、隧道通风、防排水等)的设备选型应予以详细计算和说明。

设备数量:将工程划分为若干个施工作业单元,对每一个施工单元进行标准的基本资源配置(关键工程应考虑双配置);再根据项目工程数量、施工总体安排、单位工程施工方案以及安全质量要求,结合设备规格型号、实际工效水平确定标段总的资源配置。

11.9.2 现场管理标准化

依据《中国铁路总公司关于深化铁路建设项目标准化管理的指导意见》(铁总建设〔2013〕193号)及发包人的相关规定,建立工地建设标准;依据《铁路技术管理规程》(铁道部令第29号)和公司管理制度的要求,建立内业资料管理标准;依据《关于积极倡导架子队管理模式的指导意见》(铁建设〔2008〕51号)制定相应的劳务用工管理标准,依据工地试验室建设标准等制定试验管理标准。

按经发包人审查同意的标准化管理规划,组建标准化项目管理机构,编制作业指导书和作业标准,严格按标准组织施工作业,推进标准化工地建设,实现现场管理标准化。

根据发包人建设项目信息化管理要求,配备相应的终端硬件设备,纳入发包人统一接口,并接受发包人统一管理;设置专人负责信息系统的管理和维护,按发包人要求的资料目录及格式通过信息系统按时如实提供工程实施、管理过程中的相关资料,使之作为现场管理重要的技术管理手段和支撑。

施工过程中根据有关施工规范、标准、指南的要求,采用成熟工艺、工法,编制施工作业指导书,通过指导书落实施工准备和施工过程中质量管理的重点和要求,按照质量要求规范现场操作方法、质量检查方法,达到指导和规范现场作业的目的,并通过试验不断优化。

1. 工地建设标准化

1)现场平面规划

挂设施工总平面布置图,主要标明标段重点工程,各种生产驻地、生活驻地、拌和站、箱梁制(存)梁场、取弃土场、施工便道及与既有道路接线关系,供电线路,监理、设计现场工作点,主要工程数量,工程概况等。

2)生产区

(1)标识标牌。以工点为单位,在醒目位置设置"五牌一图",即工程概况牌、管理人员名单及监督电话牌、消防保卫牌、安全生产牌、文明施工牌和施工现场平面图。

(2)路基工区。每个区段为一作业单元,一般在200 m以上或以构筑物为界,施工作业区段、地基处理区段、填土区段、平整区段、碾压区段、检测区段、路基整修区段有明显的分区作业指示牌,无交叉作业。

(3)桥梁工区。桩基、基坑、制浆储浆池周围设置护栏,位于居民区附近时,夜间加设红色标志灯。桩基作业停止或完毕后用井盖盖好、设置围栏和警示标牌。墩台身混凝土浇筑作业平台设栏杆,墩高超过2 m时张挂安全网。

跨既有公路、铁路的立交桥梁,施工期间设置防护棚架和防护网,设置限高架和防撞设施,并设置警示标志。

(4)隧道工区。隧道洞口设置值班室,设立人员进出洞口登记制度,并设专人负责。隧道内水电管路分开布置,架设有线或无线通信设备,保持通信畅通。

隧道内外的台架、工作平台上满铺底板,周边设置栏杆。

洞口施工区,洞内机电室、料库等处设置必要的消防器材。并设明显标志,定期进行检查。

各类通风管路敷设平顺,接头严密,定期检查粉尘及有害气体浓度。

应急用品箱及应急管道按设计要求布设。

(5)箱梁制(存)梁场。根据设计硬化预制场地和制作预制构件台座;场地四周用砖砌围墙(或通透式围栏)封闭,设置出入口及大门,在大门一侧设置单位铭牌,在大门处设置门卫值班室;场内合理划分混凝土拌和站、制梁区、存梁区、构件加工区域,设置区域标识牌。

制梁场应有坚实的存梁台座和地面排水系统,梁片存放时应支垫牢固,不得倾斜,并设置防止梁体倾覆的措施。

龙门吊设置与高压线的安全距离,满足最小安全操作距离要求,在龙门吊下方的相应位置,挂设"施工重地,注意安全"警示牌。

特种作业和各种机电设备操作应制定安全操作规程,现场设置安全操作规程牌,其内容主要包括操作要领、安全事项、工前检查、工后保养、日常维护等。司机岗位职责、岗位安全操作规程牌随机挂设。

张拉台座两端设置防护装置,并悬挂安全警示标志。警示标志的设置符合有关规定的要求。

制梁场设有锅炉房的,锅炉房门口附近墙上悬挂"锅炉重地、闲人免进"的公示牌,房内醒目位置张挂安全操作规程牌和安全警示牌。锅炉房的各类管线布置规范整齐,符合安全要求,作业人员穿戴好防护用品,严格按照操作规程作业。

2. 辅助生产区

1)材料场地

材料分类堆放,设立标牌。砂石料分不同粒径、不同品种分仓存放,并标识材料名称、产地、规格、数量、进场时间、检验情况、试验报告号、检验批次等,金属线材存放时上盖下垫、平放堆垛,注意标牌的保管,避免混淆。水泥、掺合料按生产厂家、品种、强度等级、批号分堆码放,严禁混存,在垛上设置标识,注明生产厂家、品种、强度等级、出厂日期、进库日期等,外加剂设置标识,注明生产厂家、品种、出厂日期、进库保管日期等。

2)拌和站

划分拌和作业区、材料计量区、材料库及运输车辆停放区,内设试验室,并设骨料清洗池、集水池、沉淀池和污水过滤池。

3. 文明施工

现场采用封闭式管理,现场管理人员(包括工班长)佩戴上岗证。

施工现场主要道路进行硬化处理,土方集中堆放。土方作业采取洒水防止扬尘。大型临时设施场地、弃渣场坡面按设计进行复垦绿化。

现场根据需要设置机动车洗车场、排水池、沉淀池,施工污水处理达标后按规定排放。

现场施工中注意大气污染、噪声污染、水土保持和保护环境。

4. 施工工艺标准化

1) 路基工程

地基处理采取的各种处理方法,按设计采用相应的施工工艺。路堤填筑采用三阶段、四区段、八流程工艺。基床表层级配碎石采用三阶段、四区段、六流程工艺。路堑开挖根据实际情况采取全断面开挖、横向台阶开挖、逐层顺坡开挖、纵向台阶开挖等工艺。坡面防护按设计要求选用。

2) 桥涵工程

按设计要求施工明挖基础、陆域桩基础及承台等,按照成熟施工工艺标准进行施工。明挖框架桥涵框构采取满堂支架浇筑,按设计或规范要求合理设置施工缝。

墩高小于15 m的实体墩采用整体大块拼装式模板一次浇筑成型,墩高大于15 m的墩身分次浇筑成型。

3) 隧道工程

根据各种围岩类别隧道采取相应的明挖法、全断面法、台阶法、三台阶临时仰拱法等开挖。爆破采用光面爆破和预裂爆破方法。衬砌采用衬砌台车进行整体一次性浇筑。

4) 制架梁工程

箱梁在制(存)梁场采取集中预制、架桥机架设施工。

5) 无砟道床工程

严格按照施工指南、设计要求及施工组织设计要求进行无砟道床铺设,采用先进成熟的施工工艺和配套机械设备组织施工。

11.9.3 用工模式标准化

1. 主要人员配置

架子队专职队长、技术负责人,技术、质量、安全、材料、领工员等主要组成人员由单位正式职工担任。

2. 劳务合同管理

所有劳务作业人员纳入架子队统一集中管理,并与其签订劳务协议或劳务合同。

3.行为控制

确保每个工序和作业面有领工员、技术员、安全员跟踪作业,确保每个工序有领工员跟班作业。实行安全、技术交底制度,对所有劳务人员进行岗前专业培训,合格后方可上岗。从事技术工种的,上岗前应取得执业资格证书,从事特殊工种的要有特种作业证书。

4.项目部劳务管理

配备专门的劳务管理人员,建立劳务作业人员工资支付保障制度,设立劳务作业人员工资基金专户。建立健全劳务管理制度,并将劳务作业人员登记造册,记录其身份证号、执业资格证书号、劳动合同编号等。

5.物资材料质量检验标准化

自行采购的物资材料由集团公司物资部门进行招标采购。工程材料、物资具有出厂合格证。进场物资、材料按规定进行复检。对所有的进场物资名称、规格、材质、产地、批号、批量、到货日期及使用工程部位进行标识,建立项目主要材料明细账、其他材料分类账,做到账物相符。

6.试验室管理标准化

1)资质

中心试验室资质文件符合要求,人员配备及资质符合要求,检测试验仪器设备清单齐全,仪器仪表的标定及检验合格有效。

2)程序

检测委托及委托单、任务下达、原始记录、报告撰写、报告发出、资料管理、样品管理。

3)检验内容

开工前对原材料的质量按要求进行检验,并提出检验报告送监理单位审核;材料使用前按要求完成本批次的材料试验;收集、整理、保管各项检验试验原始记录,提供隐蔽工程验收所必需的有关资料;将经过施工单位项目技术负责人签署的试验成果、检测报告、检测资料报监理单位审核。

7. 控制测量标准化

1)建立控制网

开工前建立全线高程控制网。

2)控制网复测

交接桩后,进行复测,复测合格后启用。轨道施工前地面发生区域性沉降、地震后要进行全网复测。

3)控制网维护

控制桩必须稳定符合规范要求,设置保护设施,每次使用前进行外观检查,并做书面检查记录。对损坏的控制点及时修复补测。

11.10 试验检测机构及监测制度

11.10.1 监测制度

1. 检验和试验

开工前编制详细的过程检验和试验计划,配齐工程检验和试验所需要的各种设备,提前做好检验和试验的各种准备工作,保证检验和试验的真实性、可靠性、可追溯性,保证工程质量随时处于可控状态。

工程管理部、中心试验室对进货检验和试验工作负责,负责样品和试件的抽样和试验。

工程管理部、安全质量部对过程检验和试验负责,确保进入下一道工序的产品均为合格品。

工程完工后,由总工程师组织相关部门进行最终检验和试验,并由工程管理部填写工程竣工报告。

2. 检验、试验设备的控制

开工前编制本工程详细的过程检验和试验计划,说明应该检验(检查)和试验项目的频次、依据的工作评定(检验)验收标准、施工规范和试验规程等。若有特殊的检验方法和手段,应明确需要的检验设备、检验操作人员是否需有关单位认可等。

配齐工程所需试验、检验设备以满足施工检验和试验的要求,认真做好原材料、模筑混凝土和喷射混凝土的质量检查和试验工作,使其始终处于可控状态。

现场设置符合标准的养生池,安排专人负责试件的送检及质量记录的整理工作。

11.10.2 检验和试验状态

工程管理部、精测队和中心试验室分别负责按规定要求采购检验、测量和试验设备,并对所有检验、测量和试验设备按规定周期进行校检,建立仪器台账,确保不合格的仪器及设备不投入使用。

11.11 建立完善的工期保证体系

建立健全施工工期保证体系,从组织上、制度上、技术上和施工资源上保证工程按施工进度计划顺利实施。在施工过程中,不断完善管理机制,确保工期保证体系的有效运行。加强工程施工调度,确保动态控制,结合工程进展及时调整进度计划,力争加快工程进度,提前实现工期目标。

1. 保证工期的技术措施

1)编制完善的实施性施工组织设计

以保证工程质量及安全为前提,加强施工计划的科学性、合理性,运用网络技术、系统工程原理,根据标段工程特点、工程量大小、施工工期及现场实际情况等编制详细的、切实可行的实施性施工组织设计,选择最优施工方案。

2)积极推广应用先进工艺,提高施工效率

积极推广先进经验和先进技术,向"四新"要质量、要进度。路基表层以下填筑按照"三阶段、四区段、八流程"、基床表层按照"三阶段、四区段、六流程"施工工艺进行机械化施工,争取早日完工。桥梁钻孔桩施工采用先进的钻机,提高工效,加快进度;墩台根据实际情况采用大块组合钢模板施工;混凝土采用集中拌和,泵送入模。隧道施工做到开挖、装运、喷锚、衬砌机械化配套一条龙作业,加快速度。梁片采取制(存)梁场内集中预制,运梁车运输,架桥机进行架设。

针对本工程的特点,充分利用专业技术、专业化施工队伍和专用设备,组织科技攻关,及时解决施工中出现的技术问题,确保重点关键项目按进度顺利施工。

2. 实行网络管理、优化施工组织

建立从项目经理部到各生产单位的调度指挥系统,建立动态网络管理,全面及时掌握并迅速、准确处理影响施工进度的各种问题。

在充分考虑本工程施工现场条件的前提下,编制详细的总体施工网络进度和分阶段进度,及时确定阶段工作重点。不断优化施工组织设计,改进提高各工序的施工工艺。应用专业软件进行网络计划管理,使项目实施处于受控状态。

1) 保质量、保安全、加强环境保护,以保证工期

采用先进的施工经验和技术,严格按照相关技术规范施工,确保工程质量;建立健全各项规章制度,采取各种有效措施,确保施工安全;做好环境保护工作,做到文明施工。避免质量、安全、环保诸方面因素造成工程的停顿、间断或返工,保证本工程能够顺利连续实施。

2) 加强技术管理,落实技术责任制

建立技术管理程序,认真制定各施工阶段技术方案、措施,以及应急技术措施,做好技术交底,建立技术档案,把技术管理落到实处。

建立技术管理的组织体系,逐级落实技术责任制。严格按照质量保证措施建立质量管理体系,完善管理机制和施工程序,提高质量管理素质,防止因质量问题造成停工或返工。

11.12 施工环境保护内容及措施

11.12.1 施工环境保护内容

环境的影响有两层含义:一层含义是指内部环境,即对施工作业环境的影响;另外一层含义是指外部环境,即对周边环境的影响。对周边环境的影响主要指因各种原因引起的地表下沉、水文条件变化(如枯水、水位降低、水质污染)等,对周边结构物的影响,对社会、生活环境的影响。

环境保护是按照法律法规、各级主管部门和企业的要求,保护和改善作业现场的环境,控制现场的各种粉尘、废水、废气、固体废弃物、噪声、振动等对环境的污染和危害。环境保护是文明施工的重要内容之一,它对保证人们身体健康和社会文明,消除外部干扰,保证施工顺利进行,节约能源,保护人类生存环境,保证社会和企业可持续发展都具有重要的意义。

在本工程施工中,应严格遵守《中华人民共和国环境保护法》以及相关的法律、法规、规章制度,严格执行"三同时"原则(同时设计、同时施工、同时竣工),不留尾巴、不留后患,采取一切合理措施保护现场内外的环境,确保环保目标圆满实现。

本标段环保工作重点是施工噪声、振动、污水、泥浆、扬尘、施工固体废弃物管理控制,工程跨越的主要河流水体的保护等。

11.12.2 环境保护措施

1. 水污染的防治

施工过程中对水的污染主要是施工产生的污水,污水中含悬浮物、油类物质、石屑及石粉。

溶蚀性废水,混凝土的生产、运输、浇筑产生的污染,施工机械设备产生的污染,劳动力高度集中产生的污染以及其他相关配套设施产生的污染等均将对水源产生较大影响,在施工中要采取有效措施,保护水源不受污染。

(1)施工及生活废水的排放遵循清污分流、雨污分流的原则,各种施工废油、废液集中储积,集中处理;施工生产废水、污水处理合格后排放,确保水环境得到有效保护。

(2)现场存放油料的地面进行防渗处理,如采用防渗混凝土地面、铺防油毡等措施。在使用过程中,要采取防止油料跑、冒、滴、漏的措施,防止土壤受到污染。

(3)施工现场100人以上的临时食堂,污水排放设置有效的隔油池,定期清理,防止污染。

(4)工地临时厕所的化粪池采取防渗措施,并尽可能利用既有建筑物内的水冲式厕所,同时做好防蝇、灭蛆工作。

(5)化学用品、外加剂等材料应库内存放,妥善保管,防止污染环境。

(6)施工物料堆放应严格管理,防止在雨季中暴雨将物料随雨水径流排入地表及附近水域造成污染。

(7)加强对地表水和地下水水质的监测,配合当地环境监测部门搞好舆论宣传和监督工作,加强对沿线施工废水的控制,发现新的污染问题及时进行处理,防止水质恶化。

2. 大气污染的防治

施工期间的运输车辆及施工机械是大功率的设备,且施工场地又是一个相对封闭而狭长的空间,车辆设备在行驶和作业过程中会扬起尘土,在场内会产生大量有害气体,另外放炮产生的炮烟与灰尘均会破坏施工环境,影响空气质量,对洞内施工人员产生危害。为避免对当地人员和房屋、树木、农作物等造成损害,必须采取切实有效的措施对施工现场的空气污染进行防治。

(1)施工过程中采用先进设备,使用清洁能源,在设备选型时选择低污染设备,并安装空气污染控制系统。

(2)对施工机械车辆加强维护,以减少废气排量;对汽油等易挥发物品要密闭存放,并尽量缩短开启时间。

(3)在运输、储存水泥和粉煤灰等易飞扬物时,采取覆盖、密封、洒水等措施防止和减少扬尘。

(4)车辆进出工地不得超限运输,防止沿途撒、漏。

(5)在混凝土集中拌和站、水泥库等对环境有重要影响的设施布置时,要充分考虑本地区的季节风向,采取远离居民区并在拌和站的进料仓上安装除尘装置,控制粉尘污染。

(6)严禁在现场焚烧任何废弃物及有毒废料(废机油、废塑料等)。生活营地使用清洁能源,保证炉灶烟尘符合标准。

(7)配备专用洒水车,对施工现场和运输道路经常进行清扫和洒水湿润,减少扬尘。

(8)采用乳化炸药或水胶炸药,以降低放炮产生的有害气体及烟尘。

3. 噪声污染防治

施工噪声主要包括施工现场、机械作业时和车辆运输时产生的噪声。

为减少噪声影响,机械设备选型配套时优先考虑低噪声设备,尽可能采取液压设备和摩擦设备代替振动式设备,并采取消声、隔声、安装防震底座等措施。加强机械设备的维修保养,保证机械设备的完好率,确保施工噪声达到环境保护标准要求。

合理布置施工和生活区域。进入施工现场的机械车辆少鸣笛、不急刹、不带故障运行,减少噪声。机械车辆途经居住区域时减速慢行,禁鸣喇叭。

在固定机械设备附近修建临时隔声屏障,减少噪声传播。

合理安排邻近居民区、学校等噪声敏感地带的施工作业时间,尽量降低夜间车辆出入频率,夜间施工避免安排噪声很大的机械。

适当控制机械布置密度,条件允许时拉开一定距离,避免机械过于集中形成噪声叠加。

钢筋加工场、混凝土集中拌和站、预制场等高噪声作业场地设置尽量避开居民集中区。

合理安排施工人员在高噪声区和低噪声区的作业时间,并配备劳保用品。

制定噪声管理规章制度,对随意造成噪声损害和影响的单位、个人进行经济处罚。

4. 固体废弃物污染防治

施工营地和施工现场的生活垃圾,按环保要求运至指定地点(垃圾场)或集中堆放掩埋。营地、场地、便道在使用完毕后立即恢复。

工地厕所派专人清理打扫,并定期对周围喷药消毒,以防蚊蝇滋生、病毒传播。

对于施工中废弃的零碎配件、边角料、水泥袋、包装箱等,及时收集清理并搞好现场卫生,保护自然环境与景观不受破坏。

施工中的外弃物,按设计和环保要求进行外运处理。

5. 弃渣的处理

施工弃渣场,若处理不当,发生侵占耕地、占用或堵塞河道阻碍其正常的防洪排涝功能、引发新的水土流失现象等,都会对环境造成严重的不良影响。因此在施工中要采取以下措施进行处理。

(1)路堑、隧道开挖后的岩石,在弃渣中挑选块石用于弃渣场的挡墙挡护工程的砌料。

(2)按批准的规划设置弃渣场,有序堆放,弃渣场填平后进行复垦,为确保弃渣稳定,弃渣坡脚增设挡墙,防止水土流失。

11.13　职业健康安全管理制度

1. 职业健康安全教育与培训

根据有关法规、工程特点及公司的程序文件,确定培训需求,制定培训计划,对培训实施控制,确保职业健康安全岗位人员能够胜任本职工作。内容主要包括如下各项。

(1) 培训需分层次、有针对性地进行。

(2) 对全体施工人员进行职业健康安全意识的培训,理解职业健康安全方针,提高其职业健康安全意识和持续改进的自觉性。

(3) 对职业健康安全岗位人员进行培训,使其明确自己的职责,具备本岗位的职业健康安全工作技能,掌握本岗位应急准备与反应的要求。

(4) 每年末综合管理部对培训工作进行总结,检查培训计划的完成情况,调查培训效果。

(5) 所有的培训和教育须留存相关记录。

2. 职业健康安全检查

建立检查制度,并做好检查制度的实施。按检查制度及职业健康管理要求,定期对工程进行全面检查,检查内容主要包括:

(1) 查思想,主要是检查组织领导和职工对安全生产工作的认识;

(2) 查管理,主要是检查组织的安全生产管理是否有效;

(3) 查隐患,主要是检查生产作业现场是否符合安全生产、文明生产的要求;

(4) 查整改,主要是检查组织对过去提出问题的整改情况;

(5) 查事故处理,主要是检查组织对伤亡事故是否及时报告、认真调查、严肃处理。

做好检查记录,及时通报相关部门。

3. 职业健康安全技术交底

根据相关法规、施工组织设计、施工方案、专项安全技术方案进行逐级交底,确保每一名施工人员充分了解相应的职业健康要求及措施。

4. 职业健康保障措施

(1) 重视劳动保护工作。

施工中,加强行政管理,搞好劳动保护工作。建立工作时间的限制和休息时间,规定休假制度,从时间角度保护劳动者的安全和健康。采取各项劳动安全与卫生措施,从作业场所、环境条件保护劳动者安全和健康。对女职工的劳动保护和禁止使用未成年人的保护,从生理方面保护劳动者的安全和健康。施工前与施工技术人员密切联系,使施工组织措施符合劳动卫生保障要求。合理组织劳动力,严格按照劳动定额设计组织施工。

(2)劳动保护用品配备。

视施工需要、施工场所中危害因素和劳动安全与卫生的要求,合理配备足够、齐全的劳动保护用品。

选择齐全的劳动保护用品,如安全帽、安全带、雨衣、雨靴、手套、防护口罩、面罩等,既要使用方便,又要对危害和危险具有较好的防护效果。

选购的劳动保护用品符合国家标准,并且保证质量,选购时应审核其产品的生产许可证、产品合格证、安全鉴定证。在使用前进行质量检查,不合格的及时更换。

(3)正确使用劳动保护用品。

建立劳动保护用品正确使用管理规定,所有人员进入施工现场必须接受检查,检查内容主要包括:是否穿戴劳动保护用品,劳动保护用品穿戴是否正确,是否穿戴足够的防护用品。

按规定正确使用防护用品,熟悉、掌握防护用品的使用方法,上岗前必须按规定穿戴,正确发挥防护用品的作用,避免或减少伤害事故的发生。

(4)完善劳动安全卫生设施。

施工现场由于机械振动多,噪声大,在水泥装卸、搅拌及电焊中,工人常接触、吸入大量粉尘,易引起硅肺、职业性皮肤病、职业性耳聋等。在施工中主要采取完善劳动安全卫生设施等预防措施。

①改变施工工艺,减少生产性粉尘。采用无噪声或低噪声的工艺和设备替代高噪声的工艺和设备,解决施工过程中产生的噪声污染问题。

②取消和减少手持振动机械,操作时使用防振垫、防振手套。

③电、气焊作业尽量实行隔离作业,电焊工必须戴专用的防护用品。

④在施工、生活区域内设置标志、信号和防护装置,在坑、洞、沟等设置防护装置。在经常过往的地点设置通道、便桥,安装防护设施和照明设施。

⑤机电设备安装防护装置和漏电保护装置,在运转机械上设置安全启动和迅速停车装置;高空作业时,为防止落物伤人、坠落摔伤设置工具箱和防护网等。

第 12 章 特大断面隧道施工技术及管理——以深圳市东部过境高速公路工程为例

12.1 工程概况

深圳市东部过境高速公路全长 32.5 km,起点位于规划中的莲塘口岸(与香港公路网衔接),终点接入现况深汕惠盐高速公路金钱坳立交,主线设计为双向八车道。

深圳市东部过境高速公工程路第一合同段位于深圳市罗湖区仙湖植物园内,合同段起于 K0+497(右线 R0K0+658),由莲塘西岭下村罗沙路跨线桥引入,穿过莲塘山,终于 K3+273(右线 R1K3+200)处仙湖植物园内宝巾路,全长 2.776 km,总投资 8.75 亿元。

本合同段莲塘隧道是一座"V"形纵坡的长隧道,为深圳东部过境高速公路控制性工程。完整的莲塘隧道由主线、口岸连接线、市政连接线组成,为双"Y"形地下互通立交,实现洞内分合流。莲塘隧道左线贯通及喇叭口分岔段由本合同段负责施作,而右线贯通及中间分岔段 295.356 m 由市政第二合同段施作,合同段具体工程内容如下。

道路工程:包括莲塘隧道进、出口主线路基和出口 G1、G2 改路,莲塘隧道进口主线路基桩号为 K0+497～K0+585(88 m)、R0K0+648.142～R0K0+658(9.858 m),长 97.585 m,出口主线路基桩号为 K3+235～K3+273(38 m)、R1K3+153～R1K3+200(47 m),长 85 m;G1 改移道路桩号为 G1K0+000～G1K0+435.507,长 435.507 m,G2 改移道路桩号为 G2K0+000～G2K0+374.969,长 374.969 m。

隧道工程:包括莲塘隧道主线段、莲塘隧道口岸连接线段、莲塘隧道市政连接线 SL 段及辅助设施。莲塘隧道左线里程为 K0+585～K3+235,全长 2650 m,其中 K0+858～K1+880.459 段为口岸连接线标准两车道、K1+880.459～K1+901.542 段为分岔部最大断面(最大断面内轮廓 27.45 m(宽)×16 m(高),

毛洞开挖断面约为 30 m(宽)×18.4 m(高),开挖方量 428.5 米³/延米)、K1+901.542～K2+044.128 段为渐变 1～渐变 3、K2+044.128～K3+235 段为主线标准四车道；右线里程桩号为 R0K0+658～R1K3+153,全长 2201.644 m(未含不属于我部施工的 R0K1+476.644～R1K1+770 段,长 293.356 m),其中 R0K0+658～R0K0+860 段为口岸连接线标准三车道、R0K0+860～R0K1+476.644 段为口岸连接线标准两车道,R1K1+770～R1K3+153 段为主线标准四车道。莲塘隧道市政连续线 SL 小净距里程为 SKL1+808.082～SKL1+879,全长 70.918 m,为市政三车道。莲塘隧道辅助设施主要包括 9 条横通(1#、2#、3# 车行横洞和 1#、2#、3#、4#、5#、6# 人行横洞)、通风竖井(右线 R1K1+877 处直径为 1.5 m、深度 49.7 m)、洞内泵房、洞内配电室、预埋与预留洞室等。

12.2 主要技术参数

1. 道路主要技术标准

道路主要技术标准如下。

道路等级:高速公路。

设计行车速度:主线 60 km/h。

横向坡度:−4‰～4‰。

车道宽度:3.75 m。

行车道净高:5.0 m。

汽车荷载等级:公路-Ⅰ级。

防火等级:Ⅰ级。

防水等级:Ⅱ级。

隧道设计纵坡控制范围:0.3%≤i<3%。

地震:场地抗震设防烈度Ⅷ度;设计基本地震加速度值为 0.1g。

2. 平纵设计

莲塘隧道口岸段最小圆曲线半径为 $R=400$ m、主线段最小曲线半径 $R=430$ m,最大设置±4%超高,左右线设计线间距 29～193.9 m。本标段设计范围内存在一处"Y"形喇叭口分岔隧道,位于莲塘隧道左线市政连接线 SL 线与口岸连接线 K 线分岔处,按三车道(3×3.5 m)加两车道(2×3.75 m)断面进行分岔设计。分岔隧道的过渡方式为:莲塘主线由标准断面渐变至大跨隧道的最大断面处,再与小净距隧道相接,实现喇叭口隧道的分岔,进入小净距隧道段,进而分岔形成分离式双线隧道。

莲塘隧道纵坡总体呈"V"形,隧道纵断面设计沿线控制重要构筑物与管线合理的下穿净距,莲塘隧道口岸段存在纵坡断底点(倒人字坡),设置隧道内排水泵房,本标段纵坡范围为-3‰~3‰。

3. 路基、路面工程设计参数

(1)路基标准断面。

路基标准断面如下:

两车道 9.75(0.5+0.5+2×3.75+0.75+0.5) m;

三车道 13.5(0.5+0.75+3×3.75+0.5+0.5) m;

四车道 17.75(0.75+0.75+4×3.75+0.5+0.75) m。

(2)路面结构。

路面结构如下:

5 cm 改性沥青马蹄脂碎石混合料上面层(SMA-13);

6 cm 中粒式沥青混凝土中面层(AC-20CSBS 改性);

26 cm 水泥混凝土基层;

18 cm 水泥稳定碎石底基层(水泥剂量 4%)。

4. 隧道工程设计参数

建筑规模参数见表 12.1。

表 12.1　建筑规模参数

工程部位			里程	长度/m	断面
莲塘隧道	口岸段	左线	K0+585~K1+800	1215	单向两车道,单洞单向行车
		右线	R0K0+658~R0K0+860	202	单向三车道,单洞单向行车
			R0K0+860~R0K1+476.644	616.644	单向两车道,单洞单向行车

续表

工程部位			里程	长度/m	断面
莲塘隧道	市政段	左线	SLK1+808.082～SLK1+879	70.918	单向三车道,单洞单向行车
	主线段	左线	K1+800～K1+880.459	80.459	单向两车道,单洞单向行车
			K1+880.459～K1+901.542	21.083	最大断面段,单洞单向行车
			K1+901.542～K1+935.501	33.959	渐变段1,单洞单向行车
			K1+935.501～K1+981.285	45.784	渐变段2,单洞单向行车
			K1+981.285～K2+044.128	62.843	渐变段3,单洞单向行车
			K2+044.128～K3+235	1190.872	双向八车道,双洞单向行车
		右线	R1K1+770～R1K3+153	1383	双向八车道,双洞单向行车
通风竖井		右线	R1K1+877处	49.7	直径7.5 m

隧道内轮廓采用拱形隧道内轮廓形式,两车道段、三车道段、分岔段大断面及四车道段的内轮廓均采用三心圆形式。隧道二车道标准段行车宽度为2×3.75 m,隧道三车道标准段行车宽度为3×3.75 m,隧道四车道标准段行车宽度为4×3.75 m,限高5.0 m,左侧向宽度为0.5 m,右侧为0.75 m,双侧设检修道宽0.75 m。莲塘隧道分岔段最大断面和三个渐变段的建筑限界由两车道建筑限界及其中间带(变宽)组成,高度5.0 m;车行横通道建筑限界宽4.5 m,高5 m;人行横通道建筑限界宽2 m,高2.5 m。

工程隧道沿线地表和地下建(构)筑物主要有高压电塔、公园休闲区低层建筑、既有排污隧道、同期建设的市政连接线隧道等,见表12.2、表12.3。

表12.2 地表上方主要建筑物汇总表

编号	桩号位置	建筑物描述	地面标高/m	隧道设计标高/m	与隧道净距/m
1	K1+920～K2+020	砖	53.9	13.7	40.2

续表

编号	桩号位置	建筑物描述	地面标高/m	隧道设计标高/m	与隧道净距/m
2	K3+050～K3+100	高压铁塔	80.1	43.8	36.3
3	R0K0+860～R0K0+910	高压铁塔	112.1	25.3	86.8

表12.3 地下主要管线(构筑物)汇总表

编号	桩号位置	管线(构筑物)类型	管线材料	尺寸	管底(构筑物底)标高/m	隧道设计标高/m	与隧道净距/m
1	K0+735.8	上跨排污隧道	混凝土衬砌	4.57 m×4.8 m	18.21	33.01	14.8
2	R1K2+590	上跨排污隧道	混凝土衬砌	4.57 m×4.8 m	18.71	31.71	13
3	K2+810	上跨排污隧道	混凝土衬砌	4.57 m×4.8 m	—	33.01	—
4	R0K0+975.2	上跨排污隧道	混凝土衬砌	4.57 m×4.8 m	15.98	23.08	7.1
5	K0+815(A1#人行横洞)	上跨排污隧道	混凝土衬砌	4.57 m×4.8 m	—	33.01	—
6	K1+274.360	上跨市政连接线R0线	衬砌二衬混凝土	14 m×9.68 m	11.11	18.01	6.9

12.3 隧址区自然地理概况

1. 地形地貌

本工区位于梧桐山西北侧,距离梧桐山主峰3～6 km,起点处位于主峰西侧约8 km,隧道从梧桐山西北打鼓地通过,沿线地貌为丘陵。隧道沿线地面标高约200 m;最低为仙湖出口所在地约30 m。地形坡度在山间较大,一般为18°～35°;在山间谷地处较缓,该段路线经过的自然山体完整,自然植被茂盛,覆盖率高。

2. 地质构造与地震

场区基岩地层主要为石炭系砂岩及侏罗系流纹岩,其地层产状主要受北东向深圳断裂束影响,走向北东,倾向北西,倾角40°~65°。

根据区域地质资料,本线路沿线地质构造较发育,以断裂构造为主。对线路造成主要影响的深圳断裂束内主要断裂均为北东向,大致平行分布于线路的两侧;莲塘—横岗福坑村路段为北东向横岗—深圳断裂与田螺坑断裂所夹持,沿北东向断裂带还发育有一些北西向构造。

3. 不良地质条件及特殊岩土

(1) 地面失稳:沿线未发现具有一定规模的滑坡、地面坍塌、泥石流等失稳现象,仅在工区周边局部地段的人工破面见有冲蚀、局部塌落等现象。

(2) 软弱地基:工区内的软弱地基及特殊岩土为人工填土,呈松散状,成分和结构均具明显的不均匀性,局部厚度较大。

4. 岩土分界线

从岩土体的物理力学性质、土石等级(普氏分类等级)及可挖性方面综合考虑,岩石全风化带与残积土层十分相似,已具土的属性,挖土机易挖掘,而强风化岩一般风化不均,夹较多的碎石,挖土机挖掘较困难。全风化岩层与强风化岩层分界线作为岩土分界线。

12.4 工程特点、难点及对策

12.4.1 工程特点

1. 地质条件复杂,支护方式多样化

本标段涉及Ⅲ、Ⅳ、Ⅴ级围岩,根据勘察结果,莲塘隧道轴线岩体可能受断裂影响岩层节理裂隙发育,岩体较破碎。特别是断层破碎带岩体低强度、易变形、透水性大、抗水性差、水文复杂、地质条件相互交错,通常导致两侧岩体在物理力学特性上具有显著差异,施工时须采取大管棚、小导管、锚杆、钢架支撑等多种超

前和系统性支护。

2. 紧邻深圳水库

本标段莲塘隧道线位紧邻深圳水库,与西侧深圳水库最近的两处直线距离为 158 m(K1+170)及 141 m(K2+100)。深圳水库属中型水库,总库容量约 4500 万立方米,正常容量约 3300 万立方米,水库常年蓄水,水位一般为 26.2 m。莲塘隧道标高低于深圳水库常水位路段较长,占隧道总长的 57.6%,且位于深圳水库常水位线以下段地勘显示有断层构造带和节理密集带,及容易与深圳水库发生水力联系。

3. 沿线构建筑物及现况设施保护监测要求高

本标段莲塘隧道沿线地下及地表建筑物主要有排污隧道、市政连接线 R 线隧道、高压电塔、仙湖景区低层建筑等。莲塘隧道 K0+735.8、K2+810、K0+815(A1♯人行横洞)、R0K0+975.2、R1K2+590 处上跨既有排污隧道,排污隧道常年运营,结构间最小净距 7.1 m。莲塘隧道左线 K1+274.360 位置需上跨在建市政连接线 R0 线,两条新建隧道近距离同期施工,其与隧道最小净距约 4.9 m,该处围岩级别为Ⅳ~Ⅴ级,岩体破碎,稳定性差。

隧道爆破施工时必须采用控制爆破,振速要求控制在限值内,对沿线地下及地表建筑物进行有效保护。一旦影响重要建筑物的使用安全,社会影响极大。因此,必须加强对隧道沿线地表建筑物及地下构筑物的沉降控制措施,提高量测监控及构筑物保护要求。

12.4.2 工程难点及对策

1. 严格控制爆破振速

由于本工程莲塘隧道穿越既有排污隧道和在建市政连接线隧道,因此隧道上跨建(构)筑物对施工爆破振动的要求较高。

施工中减振措施主要有减小爆破进尺、减小炮眼装药密度、光面爆破和预裂(预切割)爆破等。而隔振措施则主要有预切槽等。控制爆破施工中的振动效应的措施主要如下。

(1)采用低威力、低爆速炸药或采用小直径不耦合装药。

(2)采用微差爆破。实践表明,采用微差爆破后,与齐发爆破相比可降振约

50%。微差段数越多,降振效果越好。

(3)采用预裂爆破或预钻防振孔。

(4)限制总装药量和单次起爆的装药量。

(5)缩短进尺。

(6)采用分步开挖,增加临空面。

(7)严格遵守爆破规范要求。新建隧道二衬处:二衬浇筑后 3 d 内不得爆破;龄期 3~7 d 时,爆破振速≤3 cm/s;龄期大于 7 d 时,爆破振速≤5 cm/s。上跨排污隧道处:爆破振速≤2 cm/s。上跨市政隧道及地表建筑物处:爆破振速≤3 cm/s。爆破振速控制标准还应符合当地相关管理部门的规定。

2. 莲塘隧道左线分岔部大断面施工

莲塘隧道分岔部大断面位于莲塘隧道左线,车道设计为市政连接线 SL 线三车道+口岸连接线 K 线两车道,最大开挖断面宽 30.01 m,属罕见超大断面隧道。分岔部设计参数及地质条件如下。

(1)设计参数:车道设计为三车道+两车道连续合流,小桩号至大桩号由小净距段、大跨段、渐变段三段组成,大跨段及变径段衬砌结构断面由 S3-1、S3-2、S4b-2、S4b-3、S4b-4 型五种形式组成,其中 S3-1 型与小净距段相接,为最大断面(宽约 30.01 m、高约 18.4 m),衬砌采用复合衬砌,开挖采用双侧壁导坑法,辅助施工措施有局部注浆、超前小导管、超前锚杆等。

(2)地质条件:围岩主要为Ⅲ、Ⅳ级,岩体较完整,以弱风化岩层为主,属弱透水层地层;受区域地质构造影响,局部存在破碎带,易形成地下水补给通道。

据以上条件分析,得出如下结论。

(1)该分岔隧为特大跨隧道,最大宽度约 30.01 m,对围岩的稳定性不利,特别是拱部围岩,易造成掉顶、塌方事故。

(2)结构复杂、形式多变,共分五个断面。施工开挖样式多且双侧壁导坑开挖工序步骤多,工艺复杂,质量控制要求高,给施工带来了相当大的难度。

可采取如下对策措施。

(1)根据设计图纸、地勘资料、现场条件结合项目部施工技术水平,借鉴先进经验编制专项施工方案,经专家评审通过后严格按方案实施。

(2)采用小导洞先行左线贯通,再由大桩号往小桩号方向掘进分岔隧道,即贯通后先行施工标准四车道段,再依次施工渐变段 3、2、1、大跨段(S4b-4、S4b-3、S4b-2、S3-2、S3-1 型)衬砌及其连接处封头墙,大跨段(S3-1 型)二衬施作紧跟开挖。

(3)采用双侧壁导坑减跨施工,各导洞施工步序、间距须符合设计要求和相关规范,不得随意改变。

(4)扩挖施工应在超前预支护措施、邻近结构初次衬砌(必要时二次衬砌)施作完成后进行,确保安全。

(5)临时支撑必须在初期支护、围岩达到稳定状态后方可拆除,严格控制拆除长度,专人指挥,防止发生安全事故。

(6)严格控制开挖进尺,采用预裂、光面爆破,控制装药量,防止振动超限引起周边围岩松动、已完初期支护失效。

(7)初期支护早封闭,二衬紧跟开挖面。

(8)加强监控量测,及时反馈信息,指导设计和施工。

12.5　施工总体布置及规划

1. 施工队驻地

莲塘隧道口岸连接线进口施工队驻地在红线内修建,占地 1200 m²,由四栋双层活动板房和两栋单层活动板房组成。莲塘隧道出口施工队驻地采用临时征地修建,占地 3063.33 m²,由四栋双层活动板房和两栋单层活动板房组成。施工队驻地双层活动板房主要为工人住宿区,单层板房主要为食堂、浴室及卫生间,板房采用 K 式房屋结构,防火型材料,工人生活区全部采用 C20 混凝土进行硬化,厚度为 20 cm。同时严格按照双标管理要求建设以满足生产生活需要。

施工队驻地分布在莲塘隧道进、出口位置,具体布置详见莲塘隧道进口平面布置图、项目部驻地平面布置图。

2. 试验室、混凝土搅拌站

根据高速招标文件要求,混凝土全部采用商品混凝土(喷射混凝土除外),工地检测工作委托给深圳高速工程检测有限公司中心试验室。

3. 喷射混凝土搅拌站

拟建 2 个喷射混凝土搅拌站,在莲塘隧道进口(口岸连接线段)K0+500 处和莲塘隧道出口 K3+260 处各设置一个,进口拌和站距离罗沙路 120 m、距 107 国道约 5 km,出口拌和站距离仙湖植物园既有沥青路面宝巾路 30 m,交通方便。

每个搅拌站配置2台搅拌机,2个水泥储罐,3个料仓分别堆放中粗砂和碎石。机械设备配置见表12.4。

表 12.4 机械设备配置表

序号	设备名称	型号	单位	数量	备注
1	搅拌机	JN750A	台	4	
2	喷浆料运输车	8 m³	台	8	
3	装载机	厦工951Ⅱ	台	2	
4	发电机	200GF	台	2	

(1)排水布置。

场内布设排水沟、三级沉淀池等,对站内污水进行处理,达到标准后排入既有污水沟。搅拌站设置车辆洗车平台对车辆进行清洗,污水通过沉沙池后排入沉淀池。

(2)安全设施布置。

在每个水泥罐顶设置1根避雷针,能够满足覆盖整个搅拌站。并于站内合适位置设置消防砂池、消防水池以及灭火器等消防设施,确保整个搅拌站的消防安全。

(3)搅拌机安装。

进出口搅拌站均安装两台JN750A混凝土搅拌机,并呈一字型排列,分设两个配料斗,并在搅拌机配料斗及主机上方安装防雨棚,避免雨水流入影响混凝土配合比,确保混凝土质量。料斗各料仓间配置50 cm高挡板,防止串料。上料台设置限位块和采用钢板进行挡护,拌和机输送系统周围采用铁丝网维护。

进出口搅拌机各设有2个水泥罐,水泥罐基础采用扩大基础,并设置3根罐体地面固定拉线,罐体绘制"高速"和"重庆中环"字样,字体醒目,便于识别。水泥罐配备冷却设备,确保水泥搅拌温度,做到检验合格后再使用,配备除尘设置,防止扬尘。

搅拌控制室安装分体式空调及电脑,配备自动计量拌和系统,采用质量法自动计量。拌和机操作房前悬挂混凝土配合比标识牌,标识出混凝土设计和施工配合比,粗细骨料的实测含水量及各种材料的每盘使用量。

场地建设顺序:水泥储存罐、拌和设备、操作机房地基基础施工→按标准化管理规定进行场地硬化处理→设备设施安装→设备调试标定→安全、文明设施检查、交验。

(4)堆料区建设。

进出口备料场堆料区各设 3 个料仓,总长 18 m,宽 9.5 m。每个堆料区共 171 m²,采用 C20 混凝土隔墙及后墙(高 2.5 m,厚度 50 cm)分隔,理论最大存料量 427.5 m³,使不同规格的材料分仓堆放并按照名称挂上标志牌,防止串料。堆料场地设置 20 cm 厚 C20 混凝土进行硬化。

堆料场钢桁架结构搭建防雨棚,避免雨水淋湿集料,影响混凝土质量,防雨棚高 8 m,满足机械设备操作空间。

4. 空压机房

莲塘隧道主线压风机站拟设置在隧道出口外路基上两条隧道中间,内设 4 台 40 m³/min、2 台 20 m³/min 的电动空压机,为莲塘隧道主线左、右洞施工集中提供高压通风。莲塘隧道口岸段压风机站拟设置在隧道进口左洞左侧,内设 2 台 40 m³/min、3 台 20 m³/min 的电动空压机,为口岸连接线隧道左、右线施工集中提供高压通风,高压通风管道采用 φ100 的无缝钢管,设在隧道边墙墙脚处,管子下面采用托架将其托起,托架固定在边墙的墙脚处。随着隧道施工长度的延伸,高压风管分段接至工作面附近,在风管端头安装闸阀以便接至用风机具,闸阀至用风机具之间用高压皮管连接。

5. 通风设置

(1)通风系统。

由于莲塘隧道属长隧道,采用进口、出口两端同时面向对掘的施工方案。根据施工总体安排,四个工作面均采用独头通风,其中左线进口(口岸段)施工独头通风距离约 1295 m;右线进口(口岸段)施工独头通风距离约 816.44 m;左线出口(主线段)施工独头通风距离长约 1355 m,右线出口主线段施工独头通风距离长约 1383 m。

根据公司的类似工程通风经验,从技术、经济等多方面综合研究比较认为,该隧道各工作面施工通风均采用压入式通风。在正常施工时设置一套风机和一趟风管通风。

(2)通风指标值。

由于本段隧道以Ⅲ、Ⅳ级围岩为主,约占隧道单洞工程量的 65% 以上,开挖主要采用钻爆开挖,装载机、挖机机配合自卸汽车出渣的方式施工,因而本隧道通风除供施工人员呼吸、稀释炮烟外,主要以稀释内燃机废气为控制指标。隧道施工要求达到开挖面风流中氧气含量不小于20%,气温不高于28 ℃,二氧化碳含量不大于0.5%,一氧化碳含量不大于30 mg/m³以及其他有害气体容许值等,隧道内风速不小于0.15 m/s,但不大于6 m/s,提供新鲜空气每人不小于3 m³/min。

(3)有毒有害气体通风指标要求。

①一氧化碳(CO)最高容许浓度为30 mg/m。在特殊情况下,施工人员必须进入工作面时,可为100 mg/m,但工作时间不得超过30 min。

②二氧化碳(CO_2)按体积计不大于0.5%。

③氮氧化物(NO)浓度为5 mg/m以下。

④甲烷(CH_4)(瓦斯)按体积计不大于0.5%,否则必须按煤炭工业部门现行的煤矿安全规程有关规定办理。

⑤二氧化硫浓度不大于15 mg/m。

⑥硫化氢浓度不大于10 mg/m。

⑦氨的浓度不大于30 mg/m。

项目部配备专业瓦检员,主要选用三合一气体监测仪及CO、CO_2、H_2S、SO_2、NO_n等剂量浓度有害气体检测试管。因莲塘隧道为非瓦斯隧道,检测频率较瓦斯隧道少,围岩变化时必须进行检测,同时每班检测不得少于一次,遇有突发气体时,每班根据现场实际情况进行多次监测。有毒有害气体每100 m检测3个断面,每个断面测5个点,即拱顶、两侧拱腰、两侧墙脚处,掌子面应多测几点。重点检测的风流和场地包括:开挖面回流、放炮地点附近20 m内的风流,局部坍塌、冒顶处、各作业台车和机械附近20 m处及隧道顶部局部凹陷有害气体易于聚集处。瓦斯检测员做好监测数据整理分析,及时指导现场施工。

(4)通风量计算。

①按稀释炮烟要求:按压入式通风方式计算通风量。

$$V_1 = (7.8 \times \sqrt[3]{Q(SL)^2})/t \tag{12.1}$$

式中:Q为每循环同时爆破的炸药量为212~286 kg,取290 kg(Ⅲ级围岩三台阶最大断面开挖,单次爆破炸药消耗量最大,定额炸药单耗为0.88~1.02 kg/m³,每循环进尺2.5~3.0 m,每天折算完成1.0~1.5个全断面循环,正规循环率取0.80~0.90,则月进尺70~120 m,完全满足施工进度要求);S为隧道断面积(Ⅲ级围岩二台阶,单次爆破开挖面积最大);L为隧道通风稀释废气所需长度,取300 m;t为通风时间,取30 min。

则 $V_1 = (7.8 \times \sqrt[3]{Q(SL)^2})/t \approx 1434$ (m³/min)。

②按最小风速要求：要求最小风速 V_{min} 不小于 0.15 m/s，要求通风量 $V_2 = 60 SV_{min} \geqslant 2000$ m³/min。其中，S 为隧道断面积（Ⅲ级围岩，典型断面段）。

③按施工人员、设备需风量计算。

施工人员要求 $V_人 \geqslant 3$ m³/(min·人)，柴油机械要求 $V_机 \geqslant 3$ m³/(kW·min·机)，以工作面最多 20 人、机械 4 台（1 台 3.0 m³ 装载机 158 kW、3 台 14 t 自卸汽车 188 kW 计），要求通风量 $V_3 = 25 \times V_人 + (158 + 3 \times 188) \times V_机 \geqslant 2241$ m³/min。

(5)通风机械选型。

从以上几个方面考虑的通风量计算结果，通风量取其中的取大值。

$V_{max} = \{V_1, V_2, V_3\} = \{1434, 2000, 2241\} = 2241$ (m³/min)，考虑漏风、车辆阻塞的影响，取 1.1 的漏风系数，则 $V_{max} = 2241 \times 1.1 = 2465$ (m³/min)。

风压计算，通风机的静压在数值上等于风管沿程摩阻力损失和局部阻力损失，在一般情况下摩擦阻力是主要的，管道通风时，局部阻力一般可考虑增加 5%~10%，本隧采用管道压入式通风，管道摩擦阻力按下式计算：

$$H = 6.5 \times (\alpha L Q^2/d^5) \times g \qquad (12.2)$$

式中：H 为管道摩擦阻力(Pa)；L 为管道长度(m)，取 $L = 1300$ m；α 为管道摩擦阻力系数，取 0.00023；Q 为风量(m³/s)，$Q = 28$ m³/s；d 为风管直径(m)，取 $d = 1.5$ m；g 为重力加速度，$g = 9.8$ m/s²。

$H = 6.5 \times [(0.00023 \times 1300 \times 28^2)/1.5^5] \times 9.8 \approx 2368$ (Pa)。

总摩擦阻力：$H_t = 1.1 \times H = 1.1 \times 2368 \approx 2605$ (Pa)。

经上述计算，隧道各工作面施工通风机选用山西侯马鑫丰康风机有限公司生产的隧道施工专用通风机 SDF(B)-No12.5 型轴流风机，其风量为 1550~2912 m³/min，风压 860~5355 Pa，最高点功率 220 kW，最大配用电机功率 2×110 kW。表 12.5 为风机技术性能参数表。

表 12.5 风机技术性能参数表

风机型号	风量 /(m³/min)	风压/Pa	转速 /(r/min)	最高点功率/kW	设置位置	最大配用电机功率/kW
SDF(B)-No12.5	1550~2912	860~5355	980	220	进、出口	110×2

12.6　总体施工进度计划

1. 总体施工进度计划

本工程施工总体安排原则是:"以隧道进、出口进洞为突破口,以莲塘隧道左线贯通作为重点,兼顾莲塘隧道右线、通风竖井、路基工程,确保总工期目标的实现。"

根据本工程的工程规模、特点及单位的施工技术水平、施工能力和施工经验,总体施工计划安排如下。

合同工期:730 d(24个月),在业主及招标文件要求工期内完工。

计划开工日期:2016年4月1日。

计划竣工日期:2018年3月31日。

2. 施工进度安排

根据招标文件、工期和资源利用最优的要求,结合现场实际条件及施工技术力量,本标段施工进度安排如下:隧道由进、出口同时相向掘进组织施工(四个工作面),隧道仰拱及填充紧跟开挖工作面,与开挖面间距满足设计要求,同开挖初期支护平行作业;二衬紧跟仰拱,严格控制二衬与掌子面的安全距离,二衬与开挖间隔一月完工;隧道沟槽在二次衬砌完成全部约2/3开始进行,路面工程施工紧随其后,时间间隔约一个月;隧道附属及路基工程灵活组织穿插施工。具体施工计划详见表12.6。

3. 莲塘隧道开挖进度指标分析

本标段主要为隧道工程,施工主要由开挖、初期支护、二次衬砌三大工序组成,而开挖支护为隧道施工的关键工序,控制着整个隧道的施工进度。根据本标段隧道设计衬砌类型、围岩级别、水文地质情况,结合现场实际情况及施工技术水平,拟定隧道开挖支护综合进度指标如下。

主线段:

Ⅴ级围岩(S5a-5、S5a-6衬砌类型):每循环进尺1 m,月平均进尺39 m;

Ⅳ级围岩(S4a-5、S4b-5衬砌类型):每循环进尺2 m,月平均进尺69 m;

Ⅲ级围岩(S3-5衬砌类型):每循环进尺2.5 m,月平均进尺95 m;

表 12.6 隧道分项工程施工进度计划

分项部位			工期/天	开工时间	完工时间	长度/m	围岩	掘进方向
莲塘隧道施工			730	2016.4.1	2016.3.31	4923	单幅	→
开挖及初支	左线	K0+585～K0+600 洞口施工准备	15	2016.3.15	2016.3.30	15	明洞	
		K0+600～K0+680 开挖及初支（两车道）	39	2016.4.1	2016.5.9	80	Ⅴ	
		K0+680～K0+700 开挖及初支（两车道）	7	2016.5.9	2016.5.16	20	Ⅳ	
		K0+700～K0+940 开挖及初支（两车道）	64	2016.5.16	2016.7.20	240	Ⅲ	
		K0+940～K1+000 开挖及初支（两车道）	20	2016.7.20	2016.8.10	60	Ⅳ	
		K1+000～K1+092 开挖及初支（两车道）	45	2016.8.10	2016.9.25	92	Ⅴ	
		K1+092～K1+280 开挖及初支（两车道）	91	2016.9.25	2016.12.26	188	Ⅴ	
		K1+280～K1+380 开挖及初支（两车道）	33	2016.12.26	2017.1.29	100	Ⅳ	
		K1+380～K1+430 开挖及初支（两车道）	13	2017.1.29	2017.2.12	50	Ⅲ	
		K1+430～K1+800 开挖及初支（两车道）	98	2017.2.12	2017.5.20	370	Ⅲ	
		K1+800～K1+880.459 开挖及初支（两车道小净距）	21	2017.5.20	2017.6.11	80.46	Ⅲ	
		K1+880.459～K1+901.452 开挖及初支（大断面双侧壁左右导洞）	30	2017.6.11	2017.7.11	21	Ⅲ	
		K1+901.452～K1+915 开挖及初支（渐变段 1 双侧壁左右导洞）	6	2017.7.11	2017.7.16	13.46	Ⅲ	

续表

	分项部位	工期/天	开工时间	完工时间	长度/m	围岩	掘进方向
左线开挖及初支	K1+915～K1+935.501 开挖及初支（渐变段 1 双侧壁左右导洞）	10	2017.7.16	2017.7.26	20.5	Ⅳ	←
	K1+935.501～K1+981.285 开挖及初支（渐变段 2 双侧壁左右导洞）	12	2017.7.26	2017.8.8	45.78	Ⅳ	←
	K1+981.286～K2+044.128 开挖及初支（渐变段 3 双侧壁左右导洞）	31	2017.8.8	2017.9.9	62.83	Ⅳ	←
	K2+044.128～K2+075 开挖及初支（标准四车道双侧壁左右导洞）	15	2017.9.9	2017.9.24	30.87	Ⅳ	←
	K2+075～K2+115 开挖及初支（标准四车道双侧壁中导洞）	20	2017.9.24	2017.10.14	40	Ⅴ	K2+115 贯通点
	K2+115～K1+880.459 开挖及初支（双侧壁四车道）	78	2017.11.1	2018.1.18	234.5	中岩柱	
	K2+115～K2+215 开挖及初支（四车道）	77	2017.8.13	2017.11.1	100	Ⅴ	←
	K2+215～K2+675 开挖及初支（四车道）	200	2017.1.23	2017.8.13	460	Ⅳ	
	K2+675～K2+940 开挖及初支（四车道）	84	2016.11.29	2017.1.23	265	Ⅲ	
	K2+940～K2+980 开挖及初支（四车道）	17	2016.11.12	2016.11.29	40	Ⅳ	
	K2+980～K3+230 开挖及初支（四车道）	192	2016.5.1	2016.11.12	250	Ⅴ	
	K3+235～K3+230 洞口施工准备	20	2016.4.10	2016.5.1	5	明洞	

续表

分项部位		工期/天	开工时间	完工时间	长度/m	围岩	掘进方向
开挖及初支	R0K0+676~R0K0+658 洞口施工准备	30	2016.12.14	2017.1.14	18	明洞	
	R0K0+800~R0K0+676 开挖及初支（三车道）	95	2016.9.9	2016.12.14	124	V	←
	R0K0+845~R0K0+800 开挖及初支（三车道）	20	2016.8.19	2016.9.9	45	IV	
	R0K0+860~R0K0+845 开挖及初支（三车道）	5	2016.8.14	2016.8.19	15	III	
右线	R0K0+910~R0K0+860 开挖及初支（二车道）	13	2016.8.1	2016.8.14	50	III	利用A#人行横通扩挖进入右洞
	R0K0+910~R0K1+325 开挖及初支（二车道）	108	2017.1.14	2017.5.2	415	III	→
	R0K1+325~R0K1+375 开挖及初支（二车道）	13	2017.5.2	2017.5.15	50	III	
	R0K1+375~R0K1+476.644 开挖及初支（二车道）	27	2017.5.15	2017.6.12	101.6	III	
	R1K1+877~R1K1+770 开挖及初支（四车道）	47	2017.11.21	2018.1.8	107	IV	←
	R1K2+230~R1K1+877 开挖及初支（四车道）	153	2017.6.18	2017.11.21	353	III	
	R1K2+855~R1K2+230 开挖及初支（四车道）	197	2016.11.1	2017.6.18	625	IV	
	R1K2+936~R1K2+855 开挖及初支（四车道）	35	2016.9.25	2016.11.1	81	III	
	R1K3+125~R1K2+936 开挖及初支（四车道）	145	2016.5.1	2016.9.25	189	V	←
	R1K3+153~R1K3+125 开挖及初支（四车道）	30	2016.4.1	2016.5.1	28	明洞	

续表

		分项部位	工期/天	开工时间	完工时间	长度/m	围岩	掘进方向
衬砌及回填	左线	K0+585～K1+880.459 仰拱衬砌及回填	421	2016.5.1	2017.6.26	1295		
		K3+235～K1+880.459 仰拱衬砌及回填	623	2016.6.1	2018.2.18	1355		
		K0+585～K1+880.459 拱墙二次衬砌	421	2016.5.15	2017.7.11	1295		
		K3+235～K1+880.459 拱墙二次衬砌	638	2016.6.15	2018.3.18	1355		
	右线	R0K0+910～R0K0+658 仰拱衬砌及回填	170	2016.8.20	2017.2.4	252		
		R0K0+910～R0K1+476.644 仰拱衬砌及回填	150	2017.2.4	2017.7.2	566.6		
		R1K3+153～R1K1+770 仰拱衬砌及回填	578	2016.6.20	2018.1.28	1383		
		R0K0+910～R0K0+658 拱墙二次衬砌	170	2016.9.10	2017.2.24	252		
		R0K0+910～R0K1+476.644 拱墙二次衬砌	150	2017.2.24	2017.7.22	566.6		
		R1K3+153～R1K1+770 拱墙二次衬砌	578	2016.7.10	2018.2.20	1383		
附属	左线	K0+585～K3+235 电缆沟、路面、附属工程	396	2017.3.1	2018.3.31	2650		
	右线	R0K0+658～R0K1+476.644 电缆沟、路面、附属工程	396	2017.3.1	2018.8.31	818.6		
		R1K3+153～R0K1+770 电缆沟、路面、附属工程	250	2017.6.20	2018.3.10	1383		
连接线		SKL1+808.082～SKL1+879 开挖及初支（三车道）	22	2018.1.18	2018.2.10	70.92	Ⅲ	
市政		SKL1+808.082～SKL1+879 二次衬砌（三车道）	18	2018.2.10	2018.2.28	70.92	Ⅲ	
辅助措施		R1K1+877 通风竖井	120	2017.10.20	2018.2.20	49.7		
		A1#～A6#人行横通、A1#～A3#车行横通、洞内配电室，预埋与预留洞室等	510	2016.7.1	2017.12.1			

口岸段：

Ⅴ级围岩（S5a-7、S5b-7衬砌类型）：每循环进尺1.5 m,月平均进尺62 m；

Ⅳ级围岩（S4b-7衬砌类型）：每循环进尺2.5 m,月平均进尺90 m；

Ⅲ级围岩（S3-7、T3-7、S3X-7衬砌类型）：每循环进尺3 m,月平均进尺115 m。

根据我单位在类似工程的施工经验,结合本工程施工工艺和机械化配套情况,从而确定隧道正洞各级围岩条件下的开挖循环时间及指标,详见表12.7、表12.8。

表12.7 莲塘隧道主线开挖支护进度分析表1

围岩级别	循环时间										计划循环进尺/m	测算月进/m	计划采用指标月进尺/m
	测量放样/h	钻孔/h	装药放炮/h	通风排烟/h	清危/h	出渣/h	拱架及支护/h	喷射混凝土/h	影响系数/h	合计/h			
Ⅲ级	1	3.0	1	1	0.5	3	3.0	3.0	1.0	16.5	2.5	109	95
Ⅳ级	1.5	3.0	1	1	0.5	3	3.0	3	2	18	2	80	69
Ⅴ级	2	3.0	0.5	0.5	0.5	2.5	2.5	2.5	2.5	18.5	1	45	39

说明："影响因素"包含超前支护、围岩量测、地质预报等可能占用的时间。TSP203地质预测预报理论上可预测150～300 m的距离,计划每150 m预测预报一次,用时按2 h；超前水平钻探40～60 m的钻孔含钻机进出场一般需要1.5～2 d。小导管施作一环要3～4 h,超前锚杆施作一环约需3 h。考虑工序衔接、地质条件等因素,每月按26天正常施工。

表12.8 口岸连接线隧道开挖支护进度分析表2

围岩级别	循环时间										计划循环进尺/m	测算月进/m	计划采用指标月进尺/m
	测量放样/h	钻孔/h	装药放炮/h	通风排烟/h	清危/h	出渣/h	拱架及支护/h	喷射混凝土/h	影响系数/h	合计/h			
Ⅲ级	0.5	3.0	1	0.5	0.5	2	2	2.5	1.2	13.7	2.5	131	113
Ⅳ级	0.5	2.5	1.5	0.5	0.5	2	3.0	2.0	1.5	14	2	103	90

续表

围岩级别	循环时间										计划循环进尺/m	测算月进/m	计划采用指标月进尺/m
	测量放样/h	钻孔/h	装药放炮/h	通风排烟/h	清危/h	出渣/h	拱架及支护/h	喷射混凝土/h	影响系数/h	合计/h			
Ⅴ级	1	2.0	1.0	0.3	0.7	2.5	3.5	2.0	2	15	1.5	72	62

说明:"影响因素"包含超前支护、围岩量测、地质预报等可能占用的时间。TSP203地质预测预报理论上可预测150~300 m的距离,计划每150 m预测预报一次,用时按2 h;超前水平钻探40~60 m的钻孔含钻机进出场一般需要1.5~2 d。小导管施作一环要3~4 h,超前锚杆施作一环约需3 h。考虑工序衔接、地质条件等因素,每月按26天正常施工。

4. 莲塘隧道衬砌施工进度指标分析

隧道洞身二次衬砌施工是在初期支护变形趋于稳定后开始施作的,莲塘隧道主线四车道标准段拟投入2台9.0 m长液压衬砌台车与开挖平行施工(变径段台车利用标准段台车进行改装),莲塘隧道口岸两车道标准段拟投入2台9.0 m长液压衬砌台车与开挖平行施工(三车道台车利用两车道台车进行改装),莲塘隧道仰拱与二衬同步施工,口岸连接线仰拱超前二衬施工所用时间不单独计算(视为与开挖多工序平行作业)。拱墙衬砌月进度指标分析、衬砌施工各工序作业循环时间及月进度指标详见表12.9、表12.10。

表12.9 莲塘隧道主线拱墙衬砌进度指标分析表1

项目	台车脱模、移动	测量及台车就位	堵头模板安装	验仓	混凝土浇筑		养护脱模	合计	理论月进度	计划月进度
时间/h	4.0	3.0	5	5	Ⅲ级	8	24	49	132 m	80 m
					Ⅳ级	10		51	127 m	
					Ⅴ级	12.0		53	122 m	

说明:根据施工投入台车,二衬每个循环施作长度为9 m。根据表中分析,Ⅲ级围岩衬砌段理论月进度为132 m,Ⅳ级围岩衬砌段理论月进度为127 m,Ⅴ级围岩衬砌段理论月进度为122 m。实际施工过程中应充分考虑开挖及支护、仰拱、防水板及钢筋施工进度等的影响,即计划平均月进度按80 m考虑。

表 12.10　莲塘隧道口岸段拱墙衬砌进度指标分析表 2

项目	台车脱模、移动	测量及台车就位	堵头模板安装	验仓	混凝土浇筑		养护脱模	合计	理论月进度	计划月进度
时间/h	4.0	3.0	4	2	Ⅲ级	7	24	44.0	147 m	100 m
					Ⅳ级	8.5		45.5	142 m	
					Ⅴ级	10.0		47	137 m	

说明：根据施工投入台车，二衬每个循环施作长度为 9 m。根据表中分析，Ⅲ级围岩衬砌段理论月进度为 147 m，Ⅳ级围岩衬砌段理论月进度为 142 m，Ⅴ级围岩衬砌段理论月进度为 137 m，实际施工过程中应充分考虑开挖及支护、仰拱、防水板及钢筋施工进度等的影响，即计划平均月进度按 100 m 考虑。

12.7　主要分项工程施工方案和技术措施

12.7.1　隧道总体施工方案

本标段隧道工程主要包括莲塘隧道主线段（四车道总计长 2818 m）、莲塘隧道口岸段（二、三车道共计长 2033.644 m）及莲塘隧道市政连接线 SL 线（三车道共计长 70.92 m）。隧道设计为分离式双向四、八车道（除莲塘分岔大垮段外）隧道，按新奥法设计和施工，初期支护与二次衬砌之间设置防水板。整个隧道应遵循"管超前、严注浆，短进尺、弱爆破，早封闭、勤量测"十八字原则组织施工。

据设计图纸及现场条件，拟定隧道总体施工方案为采取进、出口同时双向掘进施工（四个工作面）。为了保证施工绝对安全，减小两洞同时爆破造成对中部岩柱的破坏，决定将莲塘隧道左线进口（口岸连接线段两车道）、右线出口（主线段四车道）作为超前洞，超前洞与后续洞掌子面施工间距控制在 35 m 以上。若莲塘隧道右线进口居民房征拆一直无法解决，将在左线开支洞法进入右线（利用左线 K0+815 处 1# 人行横洞扩挖进入右线），然后向右线进口掘进。莲塘隧道左线因进口（口岸段两车道）和出口（主线四车道）存在施工进度差的问题，根据实际施工进度，利用左线口岸连接线末端开凿小导洞进入主线大断面，再采用双侧壁导洞工法，先施工左右导洞预留中岩柱法直至与主线贯通，贯通后由大桩号往小桩号掘进施工，达到分摊主线的开挖工程量，加快总体施工进度的作用。整个隧道掘进采用人工配合机械或钻爆法开挖,无轨运输洞渣;初期支护紧随开挖面,采用钢架、钢筋网、锚杆、喷射混凝土联合支护,辅以超前措施(超前管棚、小导管、锚杆、注浆等)逐步形成主体;二次衬砌采用整体移动式模板台车一次浇筑成型。

12.7.2 洞口及明洞工程

洞口与明洞工程总体施工工序:坡顶排水系统→明洞路堑土石方开挖→边、仰坡开挖及加固→混凝土衬砌→防水层→回填→隔水层→洞门砌筑、装饰→洞顶截、排水沟修筑。

1. 洞口工程

在进行明洞施工前必须先完成洞口的排水和防护系统。排水系统包括洞顶截水沟和洞外临时排水系统,洞顶截水沟在边仰坡开挖线 5 m 以外位置采用 C30 混凝土进行浇筑。洞门段及洞口临时边、仰坡均采用喷锚防护:洞门段临时边坡采用 1∶0.75~1∶1 坡率,洞口套拱以上临时仰坡采用 1∶0.5 坡率,锚喷防护参数为:C30 喷射混凝土(10 cm)+砂浆锚杆($L=3$ m,间距为 1.2 m×1.2 m)+ϕ6.5 钢筋网(间距为 25 cm×25 cm)。边仰坡采用挂网锚喷防护,详见图 12.1。

2. 明洞工程

根据设计,莲塘隧道进口(口岸段)为直削式洞门,出口(主线段)为端墙式洞门。明洞开挖必须待洞口边、仰坡外的截、排水沟施工完毕后进行,隧道明洞采用明挖法施工,本着"早进、晚出"的原则采用挖掘机自上而下分层开挖,石质地段可采用风动凿岩机钻孔,浅孔松动爆破开挖岩石,挖掘机配合自卸汽车装渣、运渣,并及时进行边仰坡临时支护,明洞开挖形成的临时边仰坡采用喷射混凝土+锚杆+钢筋网的复合防护形式。

明洞拱墙与洞内相邻的拱墙衬砌由外到内依次进行施工,连成整体,并与隧道衬砌紧密连接。明洞衬砌采用衬砌台车整体浇筑,钢筋在制作场集中加工,现场绑扎,混凝土采用拌和站集中拌制,混凝土运输车运输,混凝土输送泵泵送入模。明洞衬砌建成后两边墙以上 6 m 范围采用 MU40、M7.5 浆砌片石回填+碎石土+黏土隔水层+耕植土,根植土厚度不小于 100 cm,利于恢复植被。

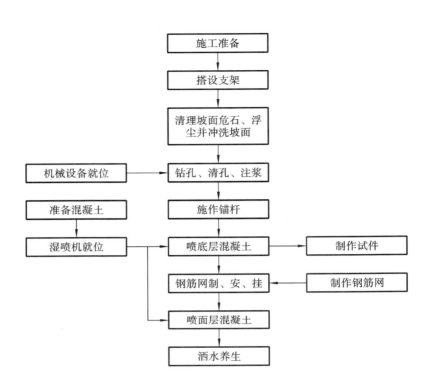

图 12.1 洞口边仰坡挂网锚喷支护施工工艺框图

3. 明洞施工工艺流程

本标段莲塘隧道主线段长 2888.92 m,口岸段长 2033.644 m,总长 4922.564 m。隧道围岩级别有 Ⅴ、Ⅳ、Ⅲ 级 3 种,其中 Ⅴ、Ⅳ 级围岩约占总长的 51.3%,主要分布在莲塘段隧道进、出口及中部段。莲塘隧道中部浅埋段围岩水文地质情况较差,地下水埋深浅且丰富,拱顶基本位于强、中风化构造岩、碎裂岩及变质砂岩中,正交及平行 F1～F6 多条断层,断层以碎裂岩及碎裂岩化混合花岗岩为主,局部见角砾岩及糜棱岩,围岩相当破碎。本标段隧道大部分为标准二、四车道,少部分为标准三车道及莲塘分岔大跨段,开挖跨度及高度均较大,标准四车道最宽处(S5a-5 型)达到 20.96 m,最高处(S5a-5 型)达到 13.5 m;莲塘分岔大跨段最宽处(大断面)达到 30.01 m,最高处(大断面)达到 18.4 m。洞身开挖为隧道施工三大工序(开挖、支护、二衬)关键工序,根据洞身现场实际地质情况及开挖断面尺寸,按照新奥法进行施工,充分发挥围岩的自承能力,以喷混凝土、锚杆及量测技术为手段对围岩变形进行控制,结合现有施工技术力量及类似工程案例,在保障安全、质量的前提下,针对不同的围岩情况采用不同的掘进方法。

莲塘隧道洞身根据不同围岩地质条件，采用全断面、两台阶、三台阶、单侧壁导洞（CRD）法及双侧壁导洞预留核心土开挖法等。本隧道围岩级别、开挖方法划分见表12.11。

表12.11 莲塘隧道围岩级别、开挖方法划分统计表

部位	分段里程	长度/m	围岩级别	开挖方法
莲塘隧道左线（口岸段）	K0+598～K0+670	72	V	三台阶
	K0+670～K0+690	20	IV	两台阶
	K0+690～K0+950	260	III	两台阶
	K0+950～K1+010	60	IV	两台阶
	K1+010～K1+270	260	V	三台阶
	K1+270～K1+380	110	IV	两台阶
	K1+380～K1+880.459	420	III	两台阶
莲塘隧道右线（口岸段）	R0K0+658～R0K0+790	132	V	双侧壁导坑
	R0K0+790～R0K0+835	45	IV	两台阶
	R0K0+835～R0K1+476.644	641.644	III	两台阶
莲塘隧道左线（主线段）	K2+044.128～K2+085	40.872	III	三台阶
	K2+085～K2+205	120	V	双侧壁
	K2+205～K2+665	460	IV	单侧壁
	K2+665～K2+950	285	III	三台阶
	K2+950～K2+990	40	IV	单侧壁
	K2+990～K3+235	245	V	双侧壁
莲塘隧道右线（主线段）	R1K1+770～R1K2+220	450	IV	单侧壁
	R1K2+220～R1K2+865	645	III	三台阶
	R1K2+865～R1K2+946	81	IV	单侧壁
	R1K2+946～R1K3+153	207	V	双侧壁
莲塘隧道左线（渐变段2～3）	K2+044.128～K1+935.501	108.627	IV	双侧壁
莲塘隧道左线（最大断面、渐变段1）	K1+935.501～K1+880.459	55.042	III	双侧壁
车行横通道	A1#～A3#		III、IV	全断面
人行横通道	A1#～A6#		III、IV、V	全断面

1) 全断面开挖法

莲塘隧道车行、人行横通道全部采取全断面开挖方法，每循环开挖进尺控制在 3.5 m 以内。

施工步序：全断面开挖→拱、墙初期支护→路面垫层施工→拱、墙浇筑（二次衬砌）。

2) 两台阶开挖法

莲塘隧道小断面Ⅲ、Ⅳ类围岩穿越隧道微风化带，地下水不发育，主要为基岩裂隙水，基本无水，围岩稳定性较好，采用上下台阶分部开挖，上下台阶间距保持在 20~30 m，每个台阶开挖出渣后立即进行初期支护施工，完毕后再进行下道工序施工，每循环开挖进尺控制在 3 m 以内。

（1）施工顺序。

施工顺序：隧道拱部超前支护施工→Ⅰ部断面开挖、初期支护→Ⅱ部断面开挖、初期支护→Ⅲ部断面开挖、初期支护，形成上半部闭合支护→Ⅳ部断面开挖、初期支护→Ⅴ部断面开挖、初期支护，形成整体支护→整体二衬混凝土浇筑施工。两台阶法施工横断面见图 12.2。

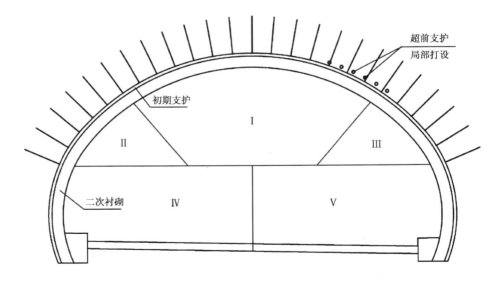

图 12.2 两台阶法施工横断面示意图

(2)施工方法。

①上台阶开挖支护。

开挖爆破作业采用自制工作平台,人工手持式 YT-28 凿岩机钻孔,非电毫秒系统光面爆破。爆破通风后立即初喷 4 cm 混凝土,再进行出渣,然后挂钢筋网,打设系统锚杆,完毕后复喷混凝土至设计厚度。出渣采用长臂挖掘机找顶、耙渣,出渣用 2 台装载机装渣,15 t 自卸汽车运输至洞外临时弃渣场。

②下台阶开挖支护。

上台阶开挖进尺达到 20～30 m 后,开始进行下台阶施工,为了不影响上半断面的出渣,下台阶拟采取左右侧分幅施工,左右侧分幅错位间距 15～20 m 开挖循环进尺 5～6 m。由于开挖高度约为 3 m,可利用底板作为工作平台,采用装载机配合挖掘机出渣,初期支护施工方法及工艺基本与上台阶相似。

3)三台阶开挖法

莲塘隧道两车道Ⅴ级深埋围岩、四车道Ⅲ级围岩采用三台阶开挖方法,地下水不发育,主要为基岩裂隙水,基本无水,围岩稳定性较好,采用上、中、下三断面分步开挖法,上、中、下三断面施工台阶长度各保持在 15 m 左右,每个断面开挖后立即进行初期支护,再进行下一道工序施工。为了不影响上半断面的出渣,中下断面拟采用左右半幅倒边施工,开挖循环进尺控制在 2.5 m 内。

(1)施工顺序。

施工顺序:超前支护→上台阶 1 号断面开挖、初期支护、预留核心土、架设临时支撑槽钢→中台阶 4 号断面开挖、初期支护→中台阶 5 号断面开挖、初期支护、预留核心土→取掉临时支撑槽钢、开挖②⑤核心土→下台阶 7 号断面开挖、初期支护→下台阶 6 号断面开挖、初期支护,形成初期支护闭合→仰拱浇筑、回填→断面整体浇筑混凝土。(注:各台阶及左、右导坑开挖距离应交错必须在 10 m 以上,核心土预留不得小于 5 m。)

(2)施工方法。

①上台阶开挖支护。

钻眼爆破采用自制作业平台,人工手持式凿岩机钻孔,非电毫秒系统光面爆破。上台阶尺寸以满足掌子面稳定为原则,以满足施工操作空间为宜,中间预留核心土,高度按 2.5 m、宽 6.4 m 设置。上台阶设置竖向临时支撑,采用两片槽钢组合焊接,纵向间距与初支拱架相同,顶端与拱架栓接,下部焊接平钢板置于稳固的开挖面核心土基层上,其长度根据现场需要确定,其两端采用钢楔楔紧,必要时加设横撑。爆破通风后立即初喷 4 cm 混凝土封闭开挖面,再进行出渣,再挂钢筋网,打设系统锚杆后复喷拱墙混凝土至设计厚度。隧道采用长臂挖掘机找顶、耙上台阶洞渣,用装载机装渣,15 t自卸汽车运输至洞外临时弃渣场。

②中下台阶开挖支护。

上台阶开挖支护进尺达到5～10 m后,开始进行中台阶施工;中台阶开挖支护进尺达到10～15 m后,开始进行下台阶施工;利用台阶平台作为工作平台,采用装载机配合挖掘机出渣,其他钻眼方式、初期支护方法基本与上台阶施工方法类似。为了不影响上半断面的出渣,中下台阶拟采用左右侧半幅错位施工,错位间距10～15 m。

4) 单侧壁导洞(CRD)法

(1)开挖方案。

莲塘隧道四车道Ⅳ级围岩深埋段采用单侧壁导洞法施工,严格按"管超前,严注浆,弱爆破,短进尺,早封闭,勤量测"的原则组织施工。先挖隧道一侧两部分,施工部分中隔墙,再开挖隧道另一侧的两部分,然后再开挖最先施工一侧的最后部分,并延长中隔壁墙,施工临时仰拱,最后开挖剩余部分施工。左右每侧又分上下台阶开挖,上下台阶错位4～6 m,先行侧比后行侧下台阶滞后4～6 m,根据监测情况,初期支护及围岩达到稳定后拆除临时支撑,然后浇筑仰拱及二次衬砌。

(2)施工顺序。

施工顺序:施工超前支护→Ⅰ号断面开挖、初期支护、预留核心土→安装临时钢架、施工锚杆、注浆小导管→Ⅱ号断面开挖、取核心土、初期支护→安装临时钢架,与上导坑临时钢架连接,形成侧壁导坑支护闭合→Ⅲ号断面开挖、预留核心土、初期支护→Ⅳ号断面开挖、初期支护→撤除临时支护钢架→断面初期支护形成闭合→仰拱浇筑、回填→断面整体混凝土浇筑。

(3)施工方法。

①左侧上台阶开挖支护。

先施作超前支护,按设计要求先施作局部注浆(根据需要)、注浆小导管等超前支护。完毕后进行开挖,由于Ⅳ级拱部围岩较破碎,稳定性较差,上台阶尽量采用挖机、振动炮机配合人工(丁字镐、风镐)开挖,硬质岩地段采用人工钻眼、松动控制爆破,循环进尺1.0 m,局部欠挖用振动炮机凿除;出渣采用装载机装渣、自卸汽车运出洞外;开挖完成后及时施作拱、墙初期支护,首先进行初喷,接着人工架设钢架、安装钢筋网,完毕后施作锚杆,人工钻眼、安装。钢架拱脚处必须垫牢实,锁脚锚杆与钢架焊接牢固。钢架、钢筋网、锚杆安装完毕经检查合格后,立即喷射混凝土至设计厚度。

②左侧下台阶开挖支护。

上台阶开挖支护3~5 m后开始进行下台阶施工,下台阶围岩硬度、破碎程度一般好于上台阶,采用人工钻眼、预裂爆破,循环进尺1~2 m,局部欠挖用振动炮机凿除;出渣采用装载机配合挖掘机出渣。完毕后施工墙、仰拱初期支护,人工架设钢架、安装网片与中部临时支撑闭合,形成封闭环,加强整个初期支护的受力。然后人工钻眼、安装锚杆。经检查合格后立即喷射混凝土至设计厚度。

③右侧上台阶开挖支护。

左侧(先行导坑)下台阶开挖支护完成3~5 m后,开始进行右侧(后行导坑)上台阶开挖支护,其施工方法与左侧上台阶开挖支护相同。

④右侧下台阶开挖支护。

右侧上台阶开挖支护完成4~6 m后,开始进行右侧下台阶开挖支护,其施工方法与左侧下台阶开挖支护相同。

由于同侧导坑上台阶施工难度及工作量大于下台阶,为了避免同侧导坑上下台阶施工相互影响,在条件允许的情况下,可采取上下台阶间隔一个循环施工,但循环进尺采取下台阶2倍于上台阶,这样达到均衡施工。左右导坑采取平行施工,确保施工进度。

⑤拆除中部临时支撑。

当右侧(后行导坑)下台阶进尺达到15~20 m,主洞初期支护及中部临时支撑监控量测达到稳定后,开始拆除中部临时支撑,每次拆除5~10 m,确保拆除端头距后行导坑下台阶掌子面约10 m。采用人工配合炮机,由上至下分段分片进行拆除。拆除时由专人指挥,防止发生安全事故。根据监控量测资料,如果围岩不稳定,临时支护不及时拆除,待仰拱及仰拱回填施作完后,施作二衬前拆除临时支护。

(4)施工注意事项。

①严格控制开挖进尺及装药量,严禁左右导坑同时起爆,防止爆破过程中振动过大引起中间临时支护失稳,进而导致主洞支护失稳。

②支护应及时紧跟开挖掌子面,防止支护缓慢及距开挖掌子面过长引起隧道塌方。

③加强主洞与临时支护钢架连接质量,形成整体受力,钢架拱脚应用木板垫实,防止初支下沉超限引起支护开裂、变形失去支护效果。

④拱架制作采用液压弯曲机加工成型,把平面翘曲度控制在允许范围内,并充分保证连接板与拱架的焊接质量,将加工好的拱架先在平整的场地上预拼,检查合格后批量加工、编号分类存放。

5)双侧壁导洞开挖法

莲塘隧道四车Ⅳ、Ⅴ级围岩段,分岔大跨Ⅲ、Ⅳ级围岩段,三车道Ⅴ级围岩段,采用双侧壁导洞法开挖。

(1)开挖方案。

莲塘隧道采用双侧壁导洞开挖法围岩隧以全风化岩、块状强风化岩、微风化岩为主,块状强风化岩层具一定富水性,渗透性一般,地下水埋藏浅,主要为基岩裂隙水,隧道洞身埋深浅,自稳能力差,因此严格按照"预探测,管超前,严注浆,小断面,短进尺,强(紧)支护,早封闭,勤量测"的原则组织施工。在利用超前大管棚(小导管)预注浆加固后采用双侧壁导坑开挖法,侧壁导坑开挖高度为 8 m,宽度为 8 m,可以方便机械施工,开挖进尺采用 1 榀钢架,间距 0.75 m,如果地质条件较好,开挖进尺可采用 2 榀钢架,间距 1.5 m。

(2)施工顺序。

施工顺序:施工超前支护→Ⅰ号断面开挖、初期支护、预留核心土→安装临时钢架、施工锚杆、注浆小导管→Ⅱ号断面开挖、取核心土、初期支护→安装临时钢架,与上导坑临时钢架连接,形成侧壁导坑支护闭合→Ⅲ号断面开挖、预留核心土、初期支护→Ⅳ号断面开挖、初期支护→撤除临时支护钢架→断面初期支护形成闭合→仰拱浇筑、回填→断面整体混凝土浇筑。(注:左、右导坑开挖距离交错必须在 10 m 以上。)

(3)施工方法。

隧道辅助施工措施:$\phi 108$、$\phi 127$ 超前大管棚,环向间距 45 cm,超前注浆小导管($\phi 42$,$L=4.5$、5 m,环向间距 0.4 m,环向搭接不小于 1.0 m,拱部 150°范围布设,倾角 10°~30°),中空注浆锚杆($\phi 25$,$L=4$、4.5 m,环纵间距 0.75×1 m,梅花形布置),钢筋网($\phi 6.5$,网格间距 20×20 cm),拱、墙双层设置,型钢拱架(24b、22b、20b),纵向间距 0.5 m、0.75 m,喷射混凝土($t=0.26\sim 33$ m,C30),全断面设置。

①侧壁导坑开挖。

先施作超前大管棚(小导管)注浆,导坑采用挖机配合人工(丁字镐、风镐)开挖,个别孤石和少量硬质岩段采取风钻打眼、微药量解体,风镐修凿轮廓。导坑出渣由机械直接装入汽车内运至洞外临时弃渣地点。开挖完毕立即进行侧墙及侧壁导坑支护,即初喷 4 cm 混凝土,挂钢筋网,架立隧道钢架,设置锁脚锚杆,打设系统锚杆后复喷拱墙混凝土至设计厚度。下半断面延后 4~6 m 施工,采用机械配合汽车施工。

②主洞中部上半断面开挖。

正洞中部开挖分上下断面两部分开挖,一般在侧壁导坑开挖超前 10~15 m 后进行上半断面开挖。采用挖车开挖配合汽车装运。上半断面开挖时间在侧壁导坑初期支护闭合后进行,开挖完毕立即进行拱部支护,即初喷 4 cm 混凝土,挂钢筋网,架立隧道钢架,设置锁脚锚杆,打设系统锚杆后复喷拱墙混凝土至设计厚度。

③主洞中部下半断面开挖。

为方便汽车运输,拟在上半断面开挖超前 15 m 后进行下半断面开挖,采用挖车开挖配合汽车装运,运至洞外临时弃渣地点,下半断面开挖时底部保留 1~2 m,开挖出 2~3 m 后一次性落底,并及时完成仰拱初期支护。

④仰拱开挖(落底)浇筑。

下断面每开挖出 2~3 m 后,立即落底进行仰拱格栅及喷混凝土支护,使整个隧道初期支护尽早形成闭合环,确保隧道施工安全,仰拱每开挖出 5~6 m 后进行浇筑和仰拱填充,保证仰拱浇筑工作面滞后开挖面距离在 10~20 m。

⑤拱部二次衬砌。

在仰拱施作并达到设计强度后,进行拱部二次衬砌。洞口段 9 m 开挖后先进行二次衬砌方可继续开挖,洞内类围岩当变形量较大时提前施作二次衬砌。

12.8　现场施工监控量测及计划

1. 施工量测

(1)现场量测应及时根据量测数据绘制净空水平收敛、拱顶下沉时态曲线及拱顶下沉距开挖工作面距离的关系图。

(2)对初期的时态曲线应进行回归分析,选择与实测数据拟合好的函数进行回归,预测可能出现的最大拱顶下沉及净空水平收敛值。

(3)围岩及支护的稳定性应根据开挖工作面的状态,净空水平、收敛值及拱顶下沉量的大小和速度综合判定。隧道周边允许相对收敛见隧道监控量测设计图中说明,当速度位移无明显下降,而此时实测相对位移值已接近表中的规定数值,或者支护混凝土表面已出现明显裂缝时,必须立即采用补强措施,并改变施工方法或设计参数。二次衬砌应在围岩和初期支护变形基本稳定后施作。变形基本稳定应符合下列规定:

①隧道围岩变形速度有明显减缓趋势;

②施作二次衬砌前的总变形量,已达预计总变形量的 80% 以上;

③初期支护表面裂缝不再发展。

当不能满足上述条件、围岩变形无收敛趋势时,必须采取措施使初期支护基本稳定后,才允许施作二次衬砌,或者根据要求采用加强衬砌,及时施工。在洞口浅埋地段应及时施作二次衬砌。以线路中线为准的隧道实际净空,标出拱顶高程、起拱线宽度、路面水平宽度。应埋设洞内水准点,并应在墙上画出标志。

2. 围岩及支护状态量测

开挖工作面的观察,应在每个开挖面进行,开挖后应立即进行地质调查,绘出地质素描图。若遇特殊地质情况,应派专人进行不间断的观察。

开挖后应立即进行对工程地质及水文地质、岩层结构面产状、节理裂隙发育程度及其方向、开挖面的稳定状态、涌水情况、是否有底板隆起等的观察;对于已初期支护地段,应加强对围岩动态情况的观察,观察锚杆的受力变形情况、喷射混凝土是否产生裂隙和剥离现象、拱架是否受压变形等。及时获取围岩稳定状态和支护结构可靠性的信息,不断修正支护参数,调整施工方法,及时将地质病害消除在萌芽状态,确保隧道顺利安全施工。

3. 周边水平位移、净空量测

(1)测点布置及反射膜片安装。初期支护施作后,用冲击钻凿 $\phi 25$、深 200 mm 的孔,用锚固剂填满再插入测点固定杆。固定杆采用 $\phi 25$ 螺纹钢,杆头焊 30×30 角钢,在角钢上粘贴膜片,膜片表面法线方向最好垂直于隧道轴线方向,以使仪器接收到最强的反射信号。

(2)监测精度及仪器参数设置。对应测量规范精度要求应对仪器测量参数设置如下。

"ΔD"(测距较差限差):0.5 mm。

"GL"(归零差限差):5″。

水平角 2C 差限差:15″。

2C 互差限差:5″。

"Δi"(测回较差限差):10″。

测回数:6 个。

(3)外业数据采集。测量内容主要是测量各点之间的相对距离,因此全站仪可自由架设(只需整平仪器,无须对中设站,输入坐标、仪高等),但为了消除膜片倾斜对测距的影响,每次量测时架设位置应大致相同,同时为了加强反射膜片对仪器的反射效果和量测准确性,应将仪器架设在距所测断面前 5 m 范围内。完成仪器架设后,首先对各目标点学习,学习过程中可启动激光导向和自动照准功能,以便加快学习过程,学习顺序应由左向右,每个点学习完后记录一次,点号全部学习完成后,分别进入左右站测量,测量过程全部自动化完成。

4. 拱顶下沉量测

拱顶下沉量测测点和地表下沉量测断面应根据规范和设计说明进行布设。测点用电动冲击钻打眼埋设好固定杆。测点凸出大小应适中,如过小,测量时不容易找到,补喷混凝土容易被盖掉;如过大,爆破时容易被飞石破坏。支护结构施工时要注意保护测点,一旦发现测点被埋或损毁,要尽快重新设置,保证量测数据不中断。拱顶下沉量测测点,一般布置在拱中和两侧拱腰,每断面布置三点,当受通风管限制或遇到其他障碍时,可适当移动位置。

5. 监控量测计划

为观察隧道在施工过程中是否有变形、沉降等因素,本合同段根据莲塘隧道施工进度,对隧道进行监控量测,量测计划如表 12.12 所示。

表 12.12　施工量测计划一览表

序号	项目名称	方法及工具	布置	量测间隔时间				备注
				1～15 天	16 天～1 个月	1～3 个月	大于 3 个月	
1	地质和支护状况观察	岩性、结构面产状及支护裂缝观察或描述,地质罗盘等	全长度,开挖后及初期支护后进行	每次爆破后进行				必测项目

续表

序号	项目名称	方法及工具	布置	量测间隔时间 1～15天	量测间隔时间 16天～1个月	量测间隔时间 1～3个月	量测间隔时间 大于3个月	备注
2	周边位移	BJSD-2型激光隧道限界检测仪	每10～50m一个断面,每断面2～3对测点	1～2次/天	1次/2天	1～2次/周	1～3次/月	必测项目
3	拱顶下沉	水平仪、挂钩式钢尺水准尺或BJSD-2型激光隧道限界检测仪	每10～50m一个断面	1～2次/天	1次/2天	1～2次/周	1～3次/月	必测项目
4	地表下沉	水平仪、水准尺	每5～50m一个断面,每隧道至少2个断面。中线每5～20m一个测点	开挖面距量测断面前后小于2B时,1～2次/天。开挖面距量测断面前后小于5B时,1次/2天。开挖面距量测断面前后大于5B时,1次/周				必测项目
5	钢支撑、锚杆内力及喷层表面应力	钢筋应力计、应变片、锚杆测力计等	每10榀钢支撑一对测力计,每10m一个断面,每断面5个测点	二次衬砌施作前				选测项目
6	二次衬砌内应力、表面应力	各类混凝土内应变计、应力计、压力盒及表面应力解除法	每代表性地段一个断面,每断面宜为11个测点	1～2次/天	1次/2天	1～2次/周	1～3次/月	选测项目

12.9 建立健全各项规章制度

12.9.1 组织保证措施

成立项目经理领导的安全生产领导小组,全面负责本项目的安全生产工作,主管安全生产的副经理为安全生产的直接责任人,总工程师为安全生产的技术负责人。未经安全教育培训,并且未经考试合格的管理人员及生产人员不准上岗。

12.9.2 制度保证措施

(1)必须严格执行安全生产责任制,各级各部门必须有明确的安全责任,经济承包中有安全生产指标。

(2)执行三级安全教育制度,并做好登记。变换工种、工序前应接受所从事的工序的安全教育。

(3)所有特种作业人员(爆破员、电焊工等),必须持证上岗,严禁非特殊工种人员从事特种作业。

(4)必须执行定期安全检查制度,每次检查必须有记录,查出的事故隐患整改要定人、定时间、定措施,对重大隐患整改通知书,必须如期按要求完成。

(5)进入施工现场的人员,必须戴好安全帽,危险作业、高空作业人员按规定佩戴劳动保护用品和安全带等安全用具。

12.9.3 技术保证措施

1. 施工现场

(1)施工现场必须按施工组织设计搞好"三通一平",大型构件、材料堆放合理有序,现场有醒目的标语、宣传栏、安全措施、安全标志。

(2)参加施工人员必须经过安全教育,熟知本工种安全操作规程,特种作业工作人员应持证上岗。在工作中遵守操作规程,坚守工作岗位。严禁酒后上岗。

(3)正确使用安全防护用品和安全防护措施。进入施工现场的人员,必须戴安全帽。不得穿高跟鞋、拖鞋、硬底易滑鞋。在无防护设施的高处作业必须系安全带。距地面 2 m 以上处所作业要有防护栏杆、挡板或安全网。

(4)施工现场的坑、沟、洞、井等危险处应设防护,夜间有红色警示灯。

(5)脚手架的材质、立杆基础、杆柜、扫地杆、杆的连接、外侧防护、脚手板铺设等必须符合规程要求。脚手架应由专业架子工搭设。拆除脚手架由上而下逐步拆除,严禁使用推倒或拉倒的方法拆除。严禁上下同时作业。拆下的材料严禁投扔。

2. 施工安全措施

(1)隧道施工应做好施工前期准备工作,正确选用施工方法,并结合地形、地质等实际情况,编制施工技术方案,并向施工人员进行技术交底,合理安排施工。

(2)隧道施工各班组间应建立完善的交接班制度。在交接班时,交班人应将本班组的施工情况及有关安全事宜及措施向接班人详细交代,并记载于交接班记录本上,工地值班负责人(领工员)应认真检查交接班情况。每班开工前未认真检查工作面安全状况,不得施工。

(3)施工中应对围岩加强检查与量测。对不良地质段隧道施工,应采取弱爆破、短开挖、强支护、早衬砌、先护顶等小循环的施工方法。隧道施工要充分利用监测手段预测预报围岩位移与支护结构受力状况,量测要为生产安全服务。

(4)如发现隧道内有险情,必须在危险地段设置明显标志或派专人看守,并迅速报告施工现场负责人,及时采取措施处理,情况危急时,应将工作人员全部撤离危险区,并立即上报。

(5)所有进入隧道工地的人员,必须按规定佩戴好安全防护用品,遵章守法,听从指挥。

(6)未刷好洞口仰坡或未做好洞顶防护和排水设施的洞门,不得开挖进洞。

(7)隧道掌子面钻眼。

①钻眼人员到达工作地点时,应首先检查工作面是否处于安全状态,如支护、顶板及两帮是否牢固,如有松动的岩石,应立即加以支护或处理。

②台车和凿岩机进行钻眼时,必须采用湿式凿岩。

③严禁在残眼中继续钻眼。

④不得在工作面拆卸修理凿岩设备。

(8)爆破作业。

①洞内爆破作业必须持证上岗,统一指挥。

②进行爆破时,所有人员必须撤至不受有害气体、振动及飞石伤害警戒区

外,并设置安全警戒,其安全警戒的距离应遵守有关规定:独头坑道内不小于100 m;相邻的上下导坑不小于200 m。

洞内爆破不得使用 TNT(三硝基甲苯)、苦味酸、黑色火药等产生大量有害气体的炸药。爆破后必须经过通风排烟15 min 后,其他工作人员才准进入工作面;如发现瞎炮,必须由原爆破人员按规定进行处理;严禁在炸药加工房以外的地点进行炸药加工,加工人员严禁穿着化纤衣物;每日放炮时间及次数,应按照施工规定,装药到点炮时间不应过久。

(9)支护。隧道各部分开挖后要立即支护;施工期间,现场施工负责人应会同有关人员对各部支护进行定期检查。在不良地质地段,每班应责成专人检查,当发现支护变异或损坏时,应立即整修加固;如遇喷射混凝土尚未达到一定强度即趋失稳的围岩,或喷锚后变形量超过设计容许值以及发生突变的围岩,宜用钢架支撑进行支护;安装钢架支撑,应遵守起重和高处作业等有关安全规则,宜用小型机具进行吊装;对开挖后自稳程度很差的围岩,应采用超前锚杆和挂网喷射混凝土的办法进行临时支护;应把喷层的异常裂缝作为主要安全检查内容之一,经常进行观察与检查,并作为施工危险信号引起警惕;喷射混凝土及注浆作业,要按规定戴好防护用品。

(10)装渣与运输。

①装渣前及装渣过程中,应检查开挖面围岩的稳定情况,发现松动岩石或有塌方征兆时,必须先处理后装渣。

②用装载机装渣时,机械回旋范围内不得有人通过,防止与人挤碰。

(11)二次衬砌。

①衬砌工作台上应搭设不低于1 m 的栏杆,跳板设防滑条,梯子应安装牢固,不得有钉子露头和凸出尖角。

②工作台、跳板、脚手架的承重量不得超负荷,并应在现场挂牌标明。脚手架与工作台的底板应铺设严密,木板的端头必须搭在支点上。

③吊装拱架、模型板时,工作地段应有专人监护。

④在隧道内作业地段倾卸衬砌材料时,人员与车辆不得穿行。

⑤在2 m 以上高处工作时,应符合高处作业的有关规定。

⑥检查、修理压浆机械及管路,应停机并切断风源与电源。

⑦拆除混凝土输送软管或管道,必须停止混凝土泵的运转。

(12)防尘。

①隧道施工必须采用综合防尘措施,定期检查测定粉尘浓度。

②在凿岩和装渣工作面,必须做好下列防尘工作:放炮前后必须进行喷雾与洒水,出渣前应用水淋透渣堆和喷湿岩壁。

(13)供电与电气设备。

①施工机械、机具和电气设备,在安装前按照安全技术标准进行检测,经检测合格后方可安装,经验收确认状况良好后才可运行。

②隧道施工照明线路电压在施工区域内不大于 36 V,所有电力设备设专人检查维护,并设警示标志。

③在操作洞内电气设备时,要符合以下规定:非专职电气操作人员,不得操作电气设备;操作高压电气设备主回路时,必须戴绝缘手套,穿电工绝缘胶鞋并站在绝缘板上;手持式电气设备的操作手柄和工作中必须接触的部位要有良好的绝缘,使用前应进行绝缘检查;低压电气设备宜加装触电检查。

④电气设备要有良好的接地保护,每班均由专职电工检查。

⑤电气设备的检查、维修和调整工作,必须由专职的电气维修工进行。

⑥洞内照明的灯光应保证亮度充足、均匀及不闪烁,凡易燃、易爆等危险品的库房或洞室,必须采用防爆型灯具或间接式照明。

(14)紧急预案。施工过程中难免会发生突发事件,因此必须制定切实可行的紧急预案以应对突发事件的发生。对每一种可能的事故或紧急情况,现场负责人可越级上报,并立即临场指挥,处理突发事件。

参 考 文 献

[1] 陈宝智,吴敏.事故致因理论与安全理念[J].中国安全生产科学技术,2008(1):42-46.

[2] 陈震红,董俊武.超自然信仰与华人企业家决策——管理学视角的原因及影响因素探析[J].战略决策研究,2011(6):51-57.

[3] 丁传波,关柯,李恩辕.施工企业安全评价研究(续)[J].建筑技术,2004(4):302-306.

[4] 范玉祥,何亚伯,汪琴,等.隧道施工安全风险的模糊综合评判[J].华中科技大学学报(城市科学版),2010(1):46-50.

[5] 付学问,薛亚东,李彦杰.基于Web的隧道工程建设安全风险可视化研究[J].现代隧道技术,2017(1):160-167.

[6] 华燕,王际芝,汪东.建筑企业需要什么样的安全管理[J].土木工程学报,2003(3):79-83,109.

[7] 金波,韩常领,王万平,等.既有隧道改建施工的安全风险及对策[J].公路,2008(7):269-271.

[8] 金朝光,林焰,纪卓尚.基于模糊集理论事件树分析方法在风险分析中应用[J].大连理工大学学报,2003(1):97-100.

[9] 李兵,张顶立,房倩,等.基于围岩变形控制的海底隧道突水安全风险分析[J].中国铁道科学,2010(2):84-89.

[10] 梁润华.基于管理失误论的顶岗实习风险防范对策[J].价值工程,2012(28):236-238.

[11] 林雯,杨玲,陈洁,等.从"轨迹交叉论"看辽源12.15特大火灾成因[J].安防科技,2006(9):38-40.

[12] 刘新喜,郭瑞清.三峡库区场地建筑安全评价研究[J].中国安全科学学报,2004(6):78-81.

[13] 卢浩,施烨辉,戎晓力.水下隧道盾构法施工安全风险评估探讨[J].中国工程科学,2013(10):91-96.

[14] 卢岚,杨静,秦嵩.建筑施工现场安全综合评价研究[J].土木工程学报,2003(9):46-50,82.

[15] 马辉,刘仁智,陈寿根,等.当前铁路隧道施工亟待解决的若干技术问题[J].现代隧道技术,2011(5):1-6.

[16] 戚政伟,胡昌炳.港珠澳大桥岛隧工程施工安全风险与控制措施[J].铁道建筑,2014(6):31-33,34.

[17] 卿三惠,谢文清,辜文凯,等.胶州湾海底隧道钻爆法施工关键技术创新[J].铁道工程学报,2011(9).63-69.

[18] 汪金育.施工隧道瓦斯突出安全风险分析及预警[J].中外公路.2014(4):225-230.

[19] 王春明,王建设,秦喜文.运用轨迹交叉论进行煤矿生产安全管理[J].西安建筑科技大学学报(社会科学版),2007(4):73-76.

[20] 田水承,李红霞,王莉,等.从三类危险源理论看煤矿事故的频发[J].中国安全科学学报,2007(1):10-15.

[21] 王辉麟,蒋秋华,索宁,等.铁路隧道施工安全管理与风险预警技术的应用[J].铁道建筑,2013(3):72-74.

[22] 许崇帮,田海宁,周宁.鳌峰山隧道洞口段风险源辨识与风险评估分析[J].公路交通科技,2012(10):96-101.

[23] 夏润禾,边玉良.山岭地区铁路隧道施工安全风险评估及管理研究——以贵广铁路客运专线金宝顶隧道为例[J].中国安全生产科学技术,2012(10):64-71.

[24] 薛模美,杨铭,胡恒福.金沙洲隧道淤泥地层改良加固技术[J].铁道科学与工程学报,2010(2):110-114.

[25] 杨光,刘敦文,褚夫蛟,等.基于云模型的隧道塌方风险等级评价[J].中国安全生产科学技术,2015(6):95-101.

[26] 杨秀权.复杂地质盾构隧道安全管理与风险防范对策[J].隧道建设,2012(6):763-766.

[27] 杨志勇,江玉生,江华,等.北京地铁盾构隧道安全风险组段划分方法研究[J].铁道标准设计,2012(3):65-68.

[28] 余红军,王维高,万德才.高瓦斯隧道施工安全风险控制措施[J].现代隧道技术,2013(4):56-62.

[29] 张悦,石超,方来华.基于FMEA和HAZOP的综合分析方法及应用研究[J].中国安全生产科学技术,2011(7):146-150.

[30] 周杨,黄宏伟,胡群芳.基于LQI的隧道工程人员安全风险控制决策模型[J].地下空间与工程学报,2007(5):854-858,932.

后　　记

　　隧道工程是一种安全风险极高的工程。它的施工安全既要依托山体本身的情况，又要依靠施工单位过硬的施工素质。因为它的特殊性，隧道工程施工过程中的管理就变得尤为重要。隧道工程施工是一个相当危险的过程，因为它会涉及山体的爆破、钻孔挖掘等，如果施工方法不恰当，很有可能会造成山体塌方，给国家和社会带来经济损失，严重的甚至会影响工作人员的生命安全。本书就隧道工程施工过程中出现的问题进行了分析和探讨，并提出了相应的解决办法，为我国的隧道工程施工提供一定的安全保障。

　　高速公路与铁路对于路线的线形有很严格的要求，而且隧道规模与数量也在不断增多。在工程施工中，爆破、开挖、支护与通风均为关键技术，其应用、管理会对工程质量造成直接影响。与此同时，关键技术的成本管理也会对工程质量与工期造成严重的影响。本书通过对隧道施工关键技术的深入阐述与施工成功经验的总结，充分结合施工关键技术的成本和功能间的相互关系，探讨技术本身对成本管理造成的实际影响，最终确定一种由施工关键技术出发，实施有效成本管理的策略。实践证明，这一方法合理有效，值得在实际工程中借鉴使用。